柏林

一座古城的千年史诗

[德] 亨利·维尔纳（Henry Werner） 著

张亚婕 译

中国出版集团 现代出版社

版权登记号：01-2021-3554

图书在版编目（CIP）数据

柏林：一座古城的千年史诗 / (德) 亨利・维尔纳著；张亚婕译. -- 北京：现代出版社, 2021.3
ISBN 978-7-5143-9077-3

Ⅰ. ①柏… Ⅱ. ①亨… ②张… Ⅲ. ①柏林 – 地方史 Ⅳ. ①K561.9

中国版本图书馆CIP数据核字(2021)第040769号

柏林：一座古城的千年史诗

著　　者	［德］亨利・维尔纳
译　　者	张亚婕
责任编辑	刘全银
出版发行	现代出版社
地　　址	北京市安定门外安华里504号
邮政编码	100011
电　　话	(010) 64267325
传　　真	(010) 64245264
网　　址	www.1980xd.com
电子邮箱	xiandai@vip.sina.com
印　　刷	北京启航东方印刷有限公司
开　　本	787mm × 1092mm　1/16
印　　张	15.75
字　　数	216千字
版　　次	2021年9月第1版　2021年9月第1次印刷
书　　号	ISBN 978-7-5143-9077-3
定　　价	98.00元

序言

对柏林感兴趣的朋友们：

今天，柏林作为“当代历史之都”，吸引着来自世界各地的客人。这里不仅遍布着这座城市的历史，世界历史的痕迹也随处可见：两次世界大战以及一座城市在长达数十年的分裂后再次实现统一的印迹。自 1990 年以来，这座城市逐渐发展成了一个现代化的欧洲大都市。柏林过去有的那样激动人心的历史记忆，今天依然令人激动，深深吸引着人们的目光！

柏林的官方历史记载是从 1237 年开始的，这也是它在文献中最早被提及的时间。这被作为柏林建城的时间而加以纪念，特别是在 20 世纪和 21 世纪，城市里的人们会举行非常隆重的庆祝活动。然而，实际上，柏林有人定居的历史要比这更久远，这一事实不仅仅是因为最近人们对佩特里广场（petriplatz）[1] 的发掘和调查才广为人知的。柏林的历史还包括斯拉夫人在施潘道（Spandau）和克珀尼克（Köpenick）的定居，以及坚守这座双子城（Doppelstadt）对抗勃兰登堡藩侯。今天，人们有充分的理由可以说，“柏林”已有上千年的历史了。

无论在什么时代，经受了何种影响，柏林一直保持着其重要的特点——作为德国首都的柏林是具有自我意识的公民们生活的地方，在第二次世界大战之前，他们让这座城市成了欧洲较大的工业城市之一和一座独一无二的文化之都，而且柏林给人的感觉并不仅仅是一座国际大都会——不断变革的意愿以及城市建设中的矛盾，在这座城市能看见 “柏林长期处于紧张状态！”对于柏林的定义，迄今为止，我找不到比沃尔夫冈·卡舒巴（Wolfgang Kaschuba）所给出的更好的解释了。

城市博物馆（Stadtmuseum）作为柏林的文化和历史的博物馆，其使命就是以博物馆这种方式来反映这种多样性。因此，我们希望通过多样化的收藏和主题展览，不断展现这座城市数百年的历史和文化面貌。柏林城市博物馆也非常高兴能与合作伙伴密切协作，使一系列项目得以落实。我们很荣幸能够通过 Elsengold 出版社的图书项目，用精

1　本文括注内容均为德文。

美的图片来展示、说明我们收藏的物品。您可以带着轻松愉快的心情，通过这本书，踏上一段探寻柏林千年历史之旅。

衷心希望您能从这本出版物中收获满满的乐趣和灵感，也非常期待和欢迎您到我们的博物馆做客参观。

弗兰齐斯卡·南特威希（Franziska Nentwig）博士柏林城市博物馆基金会总干事兼董事

版权页对页图：约翰·威廉·布吕克（Johann Wilhelm Brücke），眺望前柏林市政厅塔楼，1840 年
序言对页图：尤利乌斯·雅各布（Julius Jacob），春天的威廉广场（Wilhelmplatz），1886 年

一千年来“始终在变化，永远未定型”

一座“不断变化的城市”，其实这种说法几乎没什么独特可言。坦率来讲，这样的形容，细想一下，难道不是对所有大城市都适用的吗？这是当然的。不过，如果一定要比较的话，或许柏林最配得起这样的修饰。比如，试问世界上还有哪座城市曾在八种不同的社会制度下八次成为首都？还有哪座城市最近几年经历过如此多的变革和危机。重大的历史事件在今天的柏林呈现出不同的表现情形——在许多地方，历史事件表现出与其他地方不同，一种令人耳目一新、丰富多彩的地域文化，而在另一些地方则不过是毫无魅力的风格大杂烩，在那里，人们可能将这些历史转折的痕迹视为城市景观中的伤疤。今天，无论谁来到德国的首都，都可以在市中心几乎每一处地方，在米特区（Mitte）或克罗伊茨贝格区（Kreuzberg）、蒂尔加滕区（Tiergarten）或普伦茨劳尔贝格区（Prenzlauer Berg）的每条街道上，看到这座城市不同时代和阶段的历史痕迹，它们就像层层叠叠的沉积岩一样。由钢铁、混凝土和玻璃构成的光彩夺目的新柏林，与摇摇欲坠的柏林亚文化颓废态势比邻而立。在很多地方，尽管建筑密集的城市景观越来越多，但市中心地带仍透着荒凉，在无声地讲述着这个城市的历史。你偶尔会遇到一些老旧的建筑物，它们孤零零地耸立在“二战”轰炸后留下的废墟之上，就像是断了的牙齿一样，孤独而又突兀。如果你仔细观察，还会发现昔日中世纪的柏林、霍亨索伦家族统治时期的首都和普鲁士首都的些许痕迹，它们历经几十年甚至几百年间所有的不安与动荡留存了下来。甚至在电视塔下方那令人压抑而看起来又虚幻的市中心的空地上，圣玛丽教堂（St. Marienkirche）也依然倔强地矗立着，它的基墙可以追溯到 13 世纪，讲述着旧日的柏林，那些曾经熙熙攘攘的人群挤在一起的狭窄小巷。然而，很多时候，城市的不断变化是表现在不可见的事物上的。就像柏林米特区那块不真实的地方，也是大家争议不休的地方，因为洪堡论坛（Humboldt-Forum）即将出现在重建的城市宫（Stadtschloss）之中（目前在建中）。然而，共和国宫（Palast der Republik）是一座于德国分裂时期在城市宫原址上兴建的建筑，与城市宫一样，已经被掩埋在集体记忆中了。城市宫的废墟在第二次世界大战后就被拆除了。如果人们回忆起这座城市的早期历史，那么很明显，莱比锡大街（Leipziger Straße）周围的大片空地和预制式建筑物（platten bauten）的位置，从前必定是克尔恩（Cölln）狭窄的街道和拥挤的市场的所在，克尔恩与它的姐妹城柏林都起源于此。几年前，在磨坊街（Mühlendamm）停车场裂开的沥青地下面出现了基墙和防御工事，其中的木材来自1171年砍伐的树木。很明显，刚刚庆祝的这座城市的七百七十五周年纪念只不过反映了这里的人类定居历史的一部分，这里如今已成为国际大都会。尽管对于这座城市究竟是在何时建立的答案可能永远隐藏在迷雾之中，但达默河（Dahme）和哈弗尔河（Havel）之间的施普雷河谷（Spreetal）却蕴藏着一段一千年来人类定居的历史——就像磨坊街一样——一次又一次出乎意料地出现在历经沧桑巨变的城市地壳之下。

柏林充满了历史的气息，以一种与博物馆完全不同的方式展现历史，因为它向我们讲述的大部分内容都已经不再存在。历史的一个共同点，一言以蔽之，或许就如记者和艺术评论家卡尔・舍夫勒（Karl Scheffler）对其恰如其分的描述：“柏林，注定了始终在变化，永远未定型。”但这种被舍夫勒斥为“缺少传统、缺乏风格”的持续的不安和躁动，恰恰是今天柏林吸引世界各地人们的城市特征：这座城市丰富多彩，令人难以捉摸，人口也在不断变化。正是这些，让柏林一直都是一座令人兴奋的城市，但同时也让人觉得它尚未定型。波希米亚人、胡格诺派（Hugenotten）教徒、俄罗斯人、自 20 世纪 60 年代以来来自土耳其和其他地方的移民，以及德国各地的人们，在繁荣时期塑造了这座城市及其文化。而三十年战争、拿破仑占领，以及第二次世界大战的破坏等危机和灾难，又一次次让这座城市面临着从头再来的挑战。

柏林这座城市总是随着居住在这里的不同的人，在各自时代不同的感知而呈现出不同的模样。寻找一个万变不离其宗的主旨是徒劳的。如果你想要了解柏林的历史，那么最好是关注柏林人本身。人是《柏林：一座古城的千年史诗》的主题。在政治恶作剧粗糙的网格中，本书反复在问：柏林人是如何生活的？他们的日常生活是什么样的？透过由不同视角组成的万花筒，我们可以形成对这座城市的印象，它从来就不止一张面孔。

《柏林：一座古城的千年史诗》并不停留于过去。我们不仅在结尾大胆地放眼未来，还介绍了一些可以直接去体验历史的地方。除了那些众所周知的景点之外，在其他地方你也可以发现许多令人兴奋的有趣故事。本书介绍了柏林历史名胜中的一小部分。柏林最吸引人的去处往往是后院、后街或只是“远离城市的地方”。

1000—1415

柏林城的诞生：从市井小镇到中世纪商业城市

1415—1700

勃兰登堡选侯国的中心：霍亨索伦王朝的首都

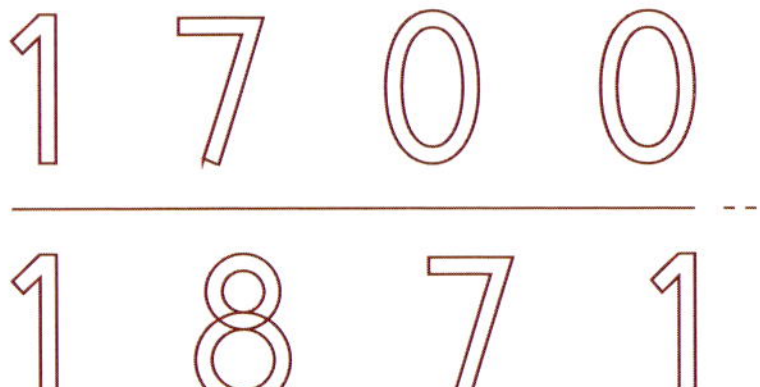

从“施普雷河畔的雅典”到军事城市：普鲁士政权中心

1871
1918

夹缝中的帝国首都（德意志第二帝国）

1945
1961

毁灭与新生：被划分成四个区域的城市

1961
1989

双面之城：东柏林与西柏林

1918—1932

“大城市交响曲”：魏玛共和国，黄金二十年代与经济危机

1933—1945

柏林与“卐”字符：从纳粹政权中心到废墟之城

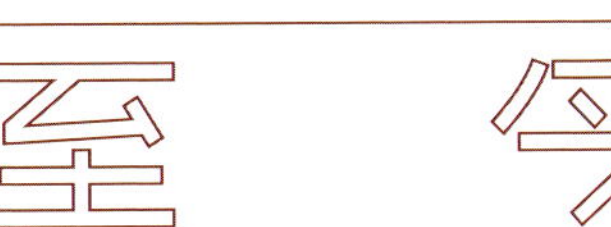

首都与文化中心：柏林重新合而为一

2030

柏林的今天与明天

Krug
Na Spandowe
Zpriawa
Dūblitz
To
Berli
Markt
Kerkpr
St Niclai
Der Berlin
Oberfahrt
Kollue
St. Peter
Na Teltowe
Elÿmel Tempel

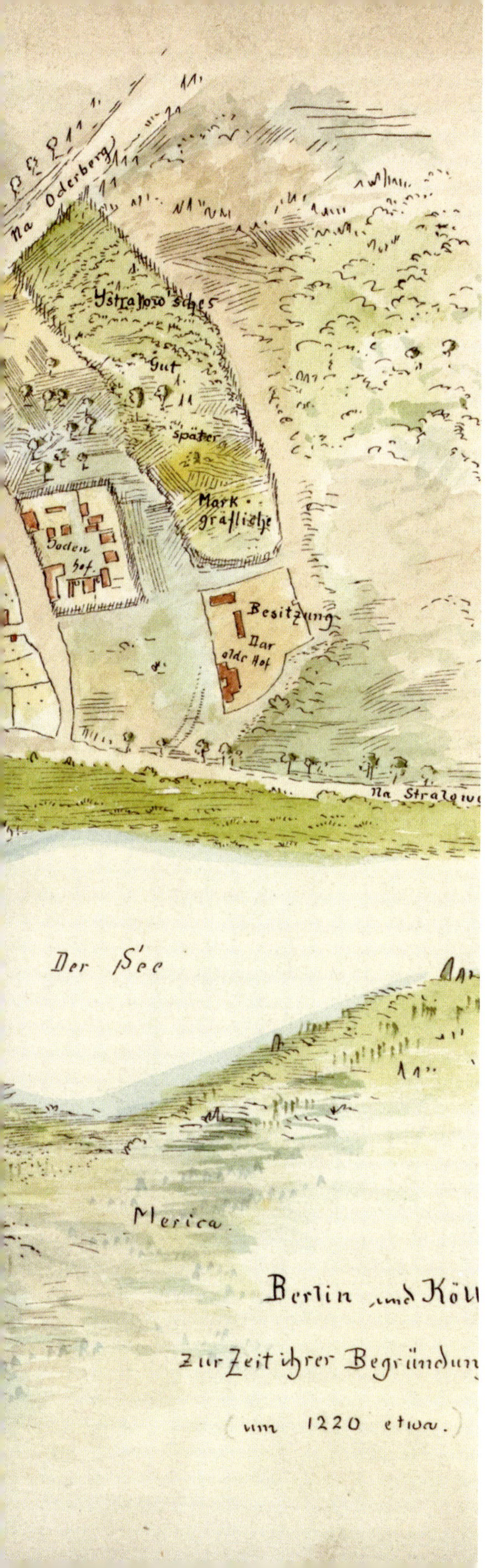

1000

1415

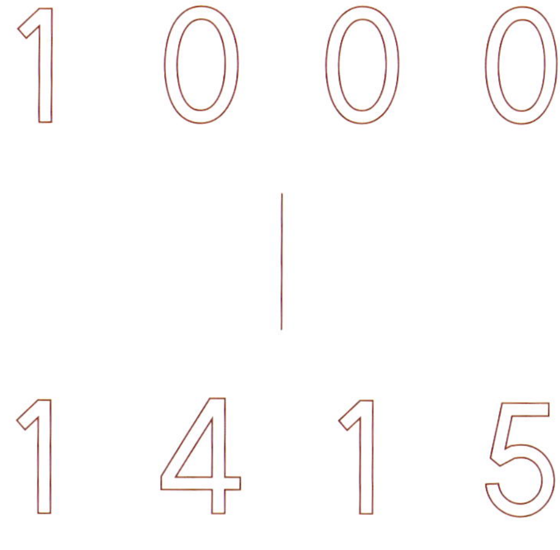

柏林城的诞生：从市井小镇到中世纪商业城市

斯拉夫前史
阿尔布雷希特一世的传说
聚焦施普雷河畔
磨坊街的繁荣时期
相互联合，共同发展
克服混乱
繁荣与危机

这就是人们想象中 1220 年的柏林和克尔恩。这张地图是基于推测绘制的。

汉萨广场（Hansaplatz）的麋鹿

1956 年，当汉萨广场上的建筑工人在为地铁线路开挖基坑（位置大致就是今天汉萨广场站北入口处）时，一个发现让他们十分惊讶。他们在地下发现了数量可观的动物骨骼。是鹿的骨骼吗？不，确切地说，这是麋鹿的骨骼。可以看出，这只麋鹿是在大约 11 000 年前陷入了由施普雷河一条干涸支流形成的沼泽里。这是一个独特的保存完好的发现。它证明了，在第四纪末次冰期结束、冰川消退之后，柏林地区总体植被稀疏，气候凉爽。同样引起轰动的，还有在同一地点发现的一件由驯鹿鹿角制成的刺杀武器。过去一定有人用它来狩猎麋鹿或驯鹿，而这个人也成为历史上较早有据可考的“柏林人”之一，也就是说，在几千年之前的新石器时代，这一地区就出现了第一批人类定居点。这块麋鹿的骨骼至今仍然可以参观。

史前史和古代史博物馆（Museum für Vor-und Frühgschiche），柏林新博物馆，博德街（Bodestraβe）1-3，米特区

在历史文献中，柏林似乎是“凭空”出现的——这是一座起源于沼泽地的城市。尽管在文献记载里，“柏林”首次被提及是在 1237 年，多年来为了纪念城市的诞生，这一点也被反复引用。然而，近年来的考古发掘已经表明，并且历史学家早已知道，或者至少推测过：这里有人开始定居的历史至少要再往前推五十年。也就是说，当日耳曼部落离开之后，该地区人口大幅减少，从 7 世纪开始又有斯拉夫部落居住，后来，由绰号“大熊”的阿尔布雷希特一世（Albrecht der Bär）率众大规模迁居于此。这里有很多斯拉夫人的定居点，但后来这个国际大都会的发源地周边地区依旧荒无人烟。原因很简单：施普雷河流域（Spreelauf）贫瘠、潮湿而又泥泞。沙质土壤、河道密布、湖泊众多，这里的地质条件是一直持续到公元前 10 000 年左右的末次冰期的结果，那时，欧洲中部和北部的大部分地区都被冰川所覆盖。

随着冰川的消融，冰川水汇集到了冰蚀谷之中，柏林地区有三个这样的冰蚀谷。与南部的巴鲁特冰蚀谷（Baruther Urstromtal）和北部的埃伯斯瓦尔德冰蚀谷（Eberswalder Urstromtal）相比，柏林冰蚀谷（编者注：urstromtal，又称“U”形谷、“槽谷”。由冰川侵蚀，谷地比较平直，谷坡陡，谷底宽平，横向呈“U”字形，纵向成槽行。）对于柏林的空间和植被条件的形成具有决定性的作用，主要是由于施普雷河因流入冰蚀谷而改道。随着气候变暖，从公元前 5000 年开始，巴尔尼姆（Barnim）和泰尔托（Teltow）高原逐渐变成森林，而冰蚀谷的低地却仍是沼泽与湿地。这一时期，施普雷河周围形成了一片巨大的桤木沼泽森林地带（Erlenbruch），在城市建立之前，一直由于人难以涉足而渺无人迹。

斯拉夫前史

该地区的考古发现证明，最后一个人类在这里定居的历史已经非常漫长了，可以从最后一个冰期结束追溯至今。当然，这段历史中也有一些断裂。青铜时代（Bronzezeit，公元前1800—前700年），哈弗尔河和施普雷河流域诞生了非常丰富的文明。在此期间，人口增长到一千多。但随着民族大迁徙（Völkerwanderung），这些定居者与其他日耳曼部落一起南迁，这里又成了无人之地。随后，斯拉夫部落移居了过来，居住在哈弗尔河、施普雷河和达默河附近，住在曾经的日耳曼定居点的人并不少见，他们开辟树林，开垦土地。在西部，赫弗尔人（Heveller）居住在从勃兰登堡（Brandenburg），经波茨坦（potsdam），沿着哈弗尔河直到哈弗尔兰（Havelland）和林沼泽（Rhinluch）的一片带状地区。在东边，施普雷万人（Sprewanen）定居在从泰尔托到巴尔尼姆的区域里。在8世纪和9世纪的时候，这两个部落在该地区的发展具有重要战略意义。赫弗尔（Heveller）人在今天的勃兰登堡的勃伦纳堡（Brennaburg）建立了总据点，但同时也在施普雷河汇入哈弗尔河的河口处，即在他们势力范围的东部边缘建立了一个重要的战略要塞：今天的施潘道。施普雷万人在今天的城堡岛（Schlossinsel）中的克珀尼克（Köpenick）建造了他们的主城堡。从发展缓慢的贸易中受益的主要是赫弗尔人，而施普雷万人所居住的地区，人口仍然十分稀少。那里只有一些零星的村庄，如考尔斯多夫（Kaulsdorf）和马尔斯

在施潘道发现的这种火石，封闭的海胆，表明史前时期柏林的气候温暖潮湿。

多夫（Mahlsdorf），人们主要从事农业和手工业。那个后来成了柏林的地方，在当时还是一片覆盖着茂密森林的沼泽地，涉及两个部落的利益。贸易路线并不经过施普雷河，而是经过施普雷河以南的泰尔托高原。

由于德意志国王亨利一世（Heinrich Ⅰ）和他的儿子神圣罗马帝国皇帝奥托大帝（Otto der Große）努力将德意志的影响向东扩展，所以早期斯拉夫的繁荣发展遭遇了挫折。因此，斯拉夫人不得不臣服并接受了基督教。勃兰登堡在 929 年已经被征服，而在施潘道的考古发掘也显示，10 世纪中叶，这里建立了一座德意志式样的城堡。这段早期的德意志统治只持续到 983 年，当时斯拉夫人利用皇帝奥托二世（Ottos Ⅱ）和马格德堡的大主教阿达尔贝特（Adalbert von Magdeburg）的继承纠纷，占据了马格德堡（Magdeburg）和哈弗尔贝格（Havelberg）的主教职位。位于施潘道的德意志城堡被摧毁了。在斯拉夫人的起义中，来自该地区的斯拉夫部落的松散联盟卢提岑（Lutizen）成功地将他们的势力重新扩展到了易北河边界（Elblinie），并将所有德意志统治的代表和基督教神职人员驱逐到了易北河以西。

这一状况持续了近两个世纪，直到气温上升使农作物产量增加，以及随之引起的人口增长，促使城市基础设施的大量建设、贸易的进一步扩张、土地的快速开垦，并激发了德意志人对易北河以东新的定居土地涌动的渴望。1134 年，阿斯坎尼家族（Askanier）的亲王阿尔布雷希特一世从神圣罗马帝国皇帝洛塔尔三世（Lothar Ⅲ）处得到了北方马克（Nord-mark，边区），其在地理位置上大致相当于后来的勃兰登堡侯国（Mark Brandenburg）。这成了马克融入罗马 - 德意志帝国的前奏。

阿尔布雷希特一世的传说

一代代柏林的学生学习了关于城市名称“柏林”起源的传说：其中有个版本说，当阿尔布雷希特一世在狩猎中穿过施普雷河的沼泽地时迷了路。晚上，他来到了一座斯拉夫神庙，那里正在举行一场可怕的仪式——异教的神父正在将俘虏的基督徒献给三头神特里格拉夫（Triglav）。阿尔布雷希特无法在不承认自己是基督徒的情况下拯救他的兄弟姐妹，所以不得不离开，但却立下了誓言："我要放一头小熊（Bärlyn [Bärlein]）到这片沼泽中，让它把这些文德人（Wenden，斯拉夫人）统统抓起来，好叫基督徒们不用再被烧死！"这个传说是柏林这座城市的起源，据说发生在施普雷河畔的那座山丘上，斯拉夫神庙曾经就在那里。

这个故事尽管也许并不真实，但仍然蕴含着许多真实的内容，当然，其中包括对这个地方的描述：这里荒凉而又潮湿。所以以今天的眼光来看可能更合理的是，"柏林"这个名称来源于斯拉夫语的词根"brlo"（沼泽、泥潭、潮湿的地方），而绝不是来自要把斯拉夫人"抓起来"的"小熊"。

事实上，马克的基督教化和"日耳曼化"进行得并没有那么英勇和充满血与火。赫弗尔人亲王普利比斯拉夫（Pribislaw）是阿尔布雷希特的支持者，阿尔布雷希特一出生就已经是基督徒了——所以不需要臣服或改教皈依。恰恰相反，阿尔布雷希特这位阿斯坎尼家族的亲王甚至成功地成为普利比斯拉夫的继承人。然而，更大的难题似乎是居住在克珀尼克的施普雷万人亲王雅克萨（Jaxa）。历史学家认为，他可能与普利比斯拉夫有亲戚关系，因此他反对普利比斯拉夫遗嘱中有利于阿尔布雷希特的安排也是理所当然的。1150 年，在普利比斯拉夫去世后，雅克萨试图扩大自己的势力范围。1157 年，他甚至一度成功占领了勃兰登堡的城堡。不过在不久之后，阿尔布雷希特就把他打回去了，为自己加强对勃兰登堡侯国的统治铺平了道路：从此阿尔布雷希特就自称"在勃兰登堡的藩侯"（后来变成"勃兰登堡藩侯"）。

这枚铸于 1150 年左右的银币上面的图案就是来自克珀尼克的施普雷万人亲王雅克萨的头像。

从阿尔布雷希特一世成为勃兰登堡藩侯的那一年起，他就鼓励移民进入勃兰登堡，他们从阿尔特马克（Altmark）、哈尔茨（Harz）、佛兰德（Flandern）和莱茵地区（Rheingebieten）涌入该地区。拓殖有计划地进行：在藩侯的引导下，人们确定了新的贸易路线和定居点，并对当地的城市建设进行了规划。阿尔布雷希特一世甚至把荷兰移民吸引到了该地区，他们带来了堤防建设方面的知识，使冰蚀谷的沼泽湿地变成了可以耕种和建造房屋的土地。建造了堤坝和磨坊之后，水资源得到了合理有效的管理，水力也能够得到利用，实现了水力发电。与米特尔马克（Mittelmark）东部斯拉夫聚居区相比，该定居地区的经济实力和生活水平显得越发突出。阿尔布雷希特一世扩建了施潘道城堡（Spandauer Burg），这座城堡从 1200 年起迁到了北方以作为阿斯坎尼家族的城堡，也是今天施潘道古堡（Zitadelle Spandau）的前身。在城堡的围墙前面，施潘道发展成为一个相当大的定居点，在 1232 年获得了城镇特权（Stadtrecht）。卡罗（Karow）、罗森塔尔（Rosenthal）、潘科（Pankow）或吕巴斯（Lübars）等新建立的村庄将定居区域进一步往东北方向扩展。熙笃会（Zisterzienser）和圣殿骑士

图为 1200 年左右的施潘道的定居点模型。

（Templer）等宗教团体作为藩侯的代表为城镇发展做出了贡献。熙笃会从 1180 年修建莱宁修道院(Kloster Lehnin)开始推动殖民开拓，圣殿骑士在滕珀尔霍夫（Tempelhof）、马林多夫(Mariendorf)和马林费尔德(Marienfelde)拥有自己的定居点，其主要用于履行军事职能。据估计，到 1320 年，总共约有二十万移民来到这个地区，该地区很快就在人口数量上占据了绝对优势，如此一来，斯拉夫人口也早在 13 世纪就已完全被同化了。

杜佩遗址公园（Das Museumsdorf Düppel）

在贝克塔尔（Bäketal）的各种考古发现确认这里是斯拉夫人和早期德意志的定居点后，人们决定在杜佩（Düppel）的策伦多夫区（Zehlendorf）重建 13 世纪的早期德意志定居点。一座露天博物馆建成并于 1975 年开放，占地面积约 8 公顷。在这个国际公认的实验考古学研究中心，人们采用中世纪的轮耕方法，实行三圃制（Dreifelderwirtschaft）种植苗圃，将收割的谷物磨成面粉用来烤制面包，还纺纱织布。遗址公园内设施的运营维护，使用的是忠实复原的原始工具。杜佩遗址公园种植着一些古老的农作物，甚至畜养着一些古老的家畜品种，包括杜佩牧场猪（Düppeler Weideschwein）和史库登羊（Skudden）。史库登羊是一种濒临灭绝的绵羊品种。所有这些在 3 月至 10 月间都可以见到。

杜佩遗址公园
克劳尔大街 11 号（Clauertstraße 11）
策伦多夫

聚焦施普雷河畔

今天的历史学家通常将柏林的发展与约翰一世（Johann Ⅰ）联系在一起，他在1220—1266年时作为藩侯与他的兄弟奥托三世（Otto Ⅲ）共同治理藩侯国。这对兄弟开辟了新的贸易路线，要将“旧的”德意志地区与东部新的经济区连接起来。这条路线从马格德堡一直延伸到波森（Posen），再从南部一直延伸到什切青（Stettin）。然而最重要的是，勃兰登堡侯国的这些路线不再需要经过克珀尼克，而克珀尼克属于迈森藩侯（Markgrafen von Meißen）的管辖区域。施普雷河畔这个过去并不引人注意而且交通不便的地方突然成了人们关注的焦点——不仅因为其处在贸易路线交叉点的特殊位置，还因为河谷的沙岛确保了施普雷河与还算干燥的建筑用地之间的安全过渡。

近年来的考古发现为我们提供了一些线索，这些线索可以说明人们是如何在这些岛上定居下来的。虽然没有任何关于早期斯拉夫定居者的证据，但在曾经的圣彼得教堂（Petrikirche）下面出土的木板表明，施普雷岛（Spreeinsel，它的北部就是今天的博物馆岛 [Museumsinsel]），在12世纪后期已经发展成为一个定居点了。据猜测，这个名字叫作克尔恩（Cölln）的定居点是商旅用来歇脚和越冬的地方。是不是因为他们主要来自莱茵兰（Rheinland），所以用莱茵兰的科隆（Köln）来为他们的定居点命名？无论如何，柏林就在克尔恩的对岸，中间隔着一条施普雷河。1247年的文献中首次提及的柏林的镇长兼法官——马西利乌斯（Marsilius de Berlin）是一位莱茵商人。对从事长途贸易的商人来说，他们掌控着这个年轻的定居点的命运，且竭力将新的“基地”发展成为一个重要的市场。他们沿着现在的布莱特大街（Breite Straße）和施普雷河岸大街（Spreeufer）建造了房屋，并设置了让船只停泊的码头，水路也因此被打开了。人们在克尔恩和柏林之间的浅滩上建造了一座磨坊坝（Mühlendamm），利用水力来推进两个地方的切削、碾压和谷物加工工序的运行。不仅如此，同时，大坝也能控制从易北河和哈弗尔河向东的水运成为可能，因为船只在此必须转运。

施普雷河只有从这里通过，才能流入施潘道和克珀尼克。磨坊坝成了当时新的贸易交通网络的枢纽。

克尔恩于文献中首次被提及是在1237年，其内容涉及藩侯与勃兰登堡主教之间关于征收什一税的一次争执，其中克尔恩牧师西米恩为争端的解决做了见证。西米恩（Symeon）在很多保存下来的文献中也出现过，有时是作为柏林的大教堂教长（1244年），有时作为“柏林附近的克尔恩”的教长，管辖佩特里教堂（1247年）。这些相继出现的称呼显示了这两个城市是平行发展的，其中柏林逐渐占据了主导地位。

这份1237年10月28日的文书中，提到了“西米恩，克尔恩的牧师”——这是现存的最早提及克尔恩的文献记录。

这两座教堂是两个姐妹城市发展的起点。虽然为了纪念城市建成七百五十周年，人们在尼古拉教堂（Nikolaikirche）周围复原重现了这片中世纪小区的结构，但在1964年拆除教堂的废墟后，作为克尔恩中心广场的佩特里广场在长达几十年里仅仅被当作一个毫不起眼的停车场，旁边是繁忙的格特劳登大街（Gertraudenstraße）。

磨坊街的繁荣时期

从集镇通往重要贸易地点的路途非常遥远——主要得益于藩侯约翰一世和奥托三世兄弟，在1240年左右，他们决定通过城市特许和贸易特权促进柏林－克尔恩的发展。这可能也是为了进一步降低克珀尼克的影响力。对于柏林－克尔恩商人和手工业者来说，这些特权就意味着免税，从事自由贸易、经营行当，以及享有地产继承的权利。“过路税”（Stapelrecht），即外地的贸易商人暂时将商品在当地商人处存放一天，并且当地商人具有出售商品的权利。“过路税”既带来了关税收入，也使当地商户补充了货物。很多人来到柏林和克尔恩，就是为了从这些优势中获利。作为施普雷河上水闸的磨坊坝，由于它的位置是建设仓库和商号的有利地点，所以成了这座新兴的双子城脉动的中心。如果说磨坊坝起初只不过是一座建在木桩上、由碎石和泥土铺填的木桥，那么最晚到 1230 年，它就已然是一座巨大的水坝了。这里共有三座磨坊。正是它们使得大坝成了柏林 - 克尔恩天然的中心，因为“磨粉强制令”（Mahlzwang）要求柏林和克尔恩的所有市民，将自己的粮食拿到大坝的磨坊来磨粉。此外，大坝也是克尔恩鱼市和莫尔肯市场（Molkenmarkt）之间的天然连接点，在这里，磨坊里生产的各种产品都有出售。

其中，交易最多的商品包括通过大规模砍伐周边地区的树木而获得的木材，以及主要来自巴尔尼姆（Barnimer）和泰尔托地区的“柏林黑麦”。不过，或许一个更加明显的标志是约翰和奥托在柏林建立的一座藩侯宫，虽然他们很少会待在这里，但它显示了这座城市新的经济和政治地位。

在柏林的发展过程中，另一个起到重要作用的角色就是教会。最初是 1239 年在施潘道建立的本笃会（Benedictine）修

莱宁修道院在勃兰登堡侯国的发展扩张中发挥了重要作用。

道院和熙笃会的莱宁修道院发挥重要的地区影响作用，在 1250 年左右柏林也吸引来了方济各会（Franziskaner）的托钵修会（Bettelorden）。他们来到这座城市，在城市的东北边缘由藩侯让出的一块地建起了一座宏伟的“灰色修道院”（Grauen Kloster）。早在 1252 年，来自萨克森教团省（Ordensprovinz）各地的方济各会代表第一次在灰色修道院举行集会。教团与藩侯之间的密切关系成为城市发展的另一个推动力，并将阿斯坎尼家族与这座城市联系在了一起。方济各会的修道院教堂甚至取代了莱宁修道院，作为藩侯家族的葬礼教堂。

这些促进政策取得了成效：1251 年，也就是在柏林诞生仅仅约八十年之后，其首次作为城市被提及——而克尔恩则至少是在十年之后。到这个时候，克尔恩的发展已经明显落在了后面。一方面，由于其孤岛状态，城市的发展很快达到了自然极限，而柏林则由于享受的特权而获得了迅速的发展。在圣玛丽教堂和新市场（Neuer Markt）周围，城市生活欣欣向荣，蓬勃发展。因而，在 1270 年左右，柏林的市政厅也搬到了今天的“红色市政厅”（das Rote Rathaus）所在的地方。这里有一座监狱，一个布商行会大厅，以及一层可能还有一间饮水室，一间供议员、布商行会和商人公会使用的会议室，一个用于举办婚礼和宴会的大厅，而且这个地方的地下室里还有储藏室。这座城市第一次按照网格状的布局规划有计划地发展。

与柏林和克尔恩狭窄、曲折的街区完全不同，这座“新柏林”无疑是前所未有的宽敞、气派与明亮。在尼古拉教堂的塔门前的考古发掘，显示的还是建造在黏土板（Lehmestrich）上的木质和木框架建筑。房屋规模也十分简朴，一般为 3.5 米 ×4 米，而这时已出现了越来越多的砖砌建筑——必须使用砖是因为该地区缺乏天然石材，而使之成为可能的，从技术上来说，得益于来自佛兰德的定居者带来的专业知识。在此之前，只有传统贵族才被允许用砖造房子，而现在城市新贵们也想要同他们平起平坐，拥有一样的权利。13 世纪中叶，柏林和克尔恩第一次建造了石头城墙作为城防，其中柏林的城墙包围面积为 47 公顷，克尔恩的城墙包围面积为 23 公顷。由此，这座双子城直至中世纪末，可以一直在城墙的守护下发展。

到了13世纪末期，柏林的商人在长途贸易方面已经建立起了影响力，影响范围已远远超出了该地区的边界，到达了汉堡、荷兰和佛兰德：在汉堡，“柏林黑麦”从1288年开始作为独特的高档品种被引进。来自该地区的橡木也通过汉堡到了西部，而柏林本身也成了东欧重要的毛皮和皮革中间贸易中心。此外，经汉堡运到柏林的不仅有佛兰德的布、波罗的海的鲱鱼，还有来自殖民地的商品。柏林成为胡椒、生姜、藏红花和大米等异国商品的转运中心。商人将获得的利润的一部分投资于农村地区的地产。他们收购并建造了自己的农场，甚至整个村庄，其中就包括特雷普托（Treptow）、施特拉劳（Stralau）和威丁（Wedding）。因此，商人们不但从不断增长的地区销售市场中获得了利润，紧接着，柏林－克尔恩也可以开展出售或出口贸易。资源短缺的马格德堡曾短暂地受到欢迎，这些商人进入此地后逐渐安居下来，地区政府因此开辟了新的收入来源。事情的发展也存在不利的一面：虽然诸侯从柏林－克尔恩地区的繁荣发展中获得了不少好处，但新贵族们的影响越来越大，威胁到了诸侯的权力。这也埋下了后来使邦国（Landesherrschaft）和城市商人之间冲突演变升级的种子。

柏林议员康拉德·冯·贝利兹(Conrad von Belitz)，1308年去世，他的墓碑保存在今天的勃兰登堡博物馆（Märkisches Museum）中，上面刻有他的画像。这也是现存最早的柏林市民的形象。

商人们不仅经济实力与日俱增，也在不断积累着政治权力。在柏林－克尔恩的商人公会中，城市中最有权势的城市新贵族组织了起来。两个城市的参议会都是由这些“可参议家族”组成的。一个职位一年任期满后，通常都是在家族内部完成换届交接的。因此，在经济和政治生活中渐渐形成了依靠亲属关系联系在一起的统治阶层。

除了占主导地位的贸易商人之外，面包师、屠夫、鞋匠和布商也组织了起来，形成行会。他们所在的行业就是所谓的“四大行当”。他们组成了一个特权中产阶层，这给他们带来了一定程度的财富与繁荣，但是议会的席位却始终不对他们开放。这对他们来说是无法接受的，他们越来越强烈地要求获得参与议会的政治权力。通过获得公民权利，手工业者有机会加入行会或公会。为此，他们必须证明自己的体面正派（Ehrbarkeit）。如果一个人能够以“新迁入者”的身份来缴纳“市民费”（Bürgergeld），并且只要不是非婚生子女或来自被剥夺公民权的家庭，那么这一点通常是可以实现的。

柏林城市印章（1280 年）。

通过这种方式，斯拉夫商人也可以被纳入市民群体，从而改善生活境况，实现小康。甚至妇女也没有被剥夺公民权，例如，她们丧偶之后，继续经营已故丈夫的生意。但对于那些从事“不体面”职业的人来说，境况就不怎么如意了，比如，剥兽皮工人或刽子手、牧羊人或磨坊工人。他们为温饱挣扎着，沦为城市社会的边缘人群，与穷人和骗子、罪犯和赌徒、做零活的杂工和短工们生活在一起。

随着文献中提及的最早可追溯到 1280 年的第一枚硬币的铸造，柏林对该地区的经济影响力也在不断增强。同年，勃兰登堡议会在柏林举行，除了被称为“高大的奥托”（Otto der Lange）的奥托五世（Otto V）藩侯以及他的弟弟阿尔布雷希特三世（Albrecht Ⅲ）和奥托六世（Otto Ⅵ），阿尔特马克、普里格尼茨（Prignitz）和米特尔马克的整个贵族阶层都参加了。这次会议显示出，勃兰登堡侯国的政治重心继续在向现在这一地区最重要的城市转移。从此，第一枚带有柏林熊标志的印章——确切地说有两只熊，围绕着中间一只代表勃兰登堡侯国的鹰——

就流传了下来。这是一个体现城市自信的明显标志，这个城市希望通过选择自己的纹章符号来展示其政治自治。至于熊是从何而来的，目前尚未有证实的定论，虽然有一些纹章学者认为，它就相当于一个“说话的徽章”，象征了音节“Ber”——这是一种在中世纪颇为流行的设计纹章的方法。

尽管经济日益繁荣，但这座城市并没有变得光鲜富丽起来，因为基础设施在很多方面都无法承受这样的突然增长。尽管刽子手的助手们也忙着定期清理垃圾坑，但臭气熏天的垃圾仍然到处都是。腐烂的残羹冷炙、制作皮革剩下的废弃物，在施普雷河岸上散发着难以言喻的恶臭，还有其他各种各样的垃圾被扔进河里、城墙边的沟渠里，或直接倒在土路上。虽然较富裕的市民可以使用他们在城外的农田和牧场，但城市的其他居民不得不把他们的家禽和山羊养在后院狭小的空间里。

相互联合，共同发展

1307 年，柏林和克尔恩结成城市联盟，这个联盟主要用于制定共同的联盟和防御政策。到了 14 世纪，邦国的权力逐渐下降，因此各个城市一方面必须扩大自己的权力范围；另一方面也不得不纷纷组织起来，以抵御外部的威胁。

这些威胁包括强取豪夺和穷兵黩武的乡绅贵族，他们让藩侯国的生活越来越不安宁。

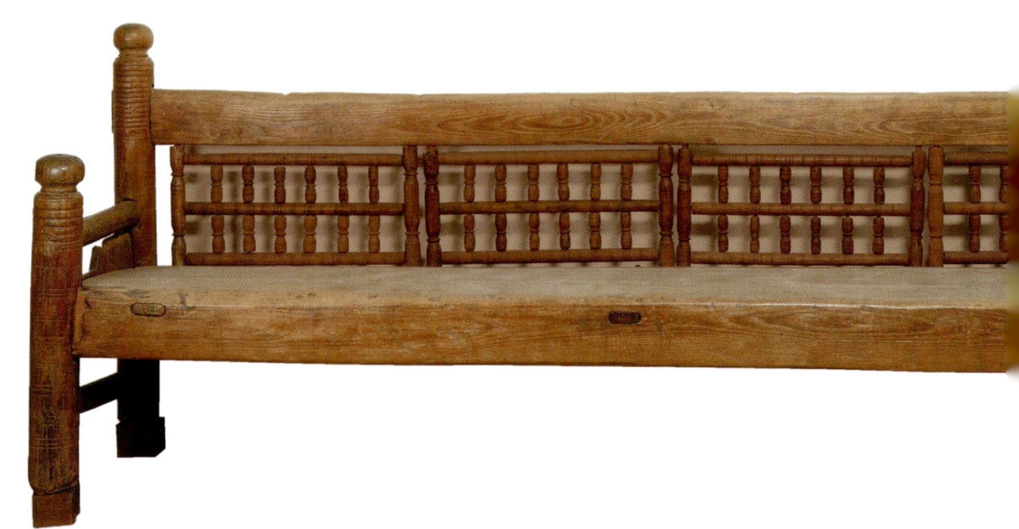

从经济上讲，两个城市已经在靠拢了：它们都引入了市民权利，每周集市和年集也是相互配合协调举行，最重要的是，共同的商人公会将柏林和克尔恩能参议的家族联合了起来。两个城市保持各自的议会并且也继续制定各自的城市财政预算，但同时会有十二名柏林议会成员和六名克尔恩议会成员被派往一个联合议会。联合议会在新建的市政厅召开，该市政厅位于两个城市之间，挨着施普雷河上第二座桥——长桥（die Lange Brücke），也就是今天的市政厅桥（Rathausbrücke）所在之处。虽然这两个城市各自内部的事务仍然继续由其各自的议会处理，但对外事务则由两个城市的联合议会共同负责，因而由联盟缔结的协议也要有两个城市的印章。如此，联盟与勃兰登堡其他城市建立了一系列战略联盟。14 世纪时，这种紧密的联盟政策，使得藩侯国内部的瓦解得以中止——而柏林和克尔恩在这一过程中始终扮演着核心角色，而于 1321 年建立的勃兰登堡城市同盟（米特尔马克和下劳西茨地区共二十三个城市加盟参与）也发挥着重要作用。

法院凉亭中的法院长椅（Gerichtsbank）是柏林现存最古老的家具。

法院凉亭（Gerichtslaube）的第二次生命

法院凉亭建于 1270 年左右，在中世纪时是柏林市政厅的侧楼。该建筑采用哥特式风格，完全是用砖块建造的——这座正崭露头角的新兴城市的瑰宝。在 17 世纪时，人们根据巴洛克样式对这座建筑进行了改建，但在 1871 年，其不得不让位于红色市政厅。位于尼古拉街区（Nikolaiviertel）的巴洛克样式的法院凉亭是德意志民主共和国（DDR，以下简称“民主德国”）时期的复制品，是 1985—1987 年尼古拉街区重建的一部分。不过，如果你去波茨坦的巴贝尔斯贝格宫公园（Schlosspark Babelsberg）游玩的话，就会吃惊地发现：原来的法院凉亭赫然矗立在小山上。它是由德皇威廉一世（Kaiser Wilhelm I）建造的，柏林市将法院凉亭的各个部分拆下来作为礼物送给了他，他把它们重新组合建成了一座独立的凉亭。这就是要参观柏林现存古建筑之一——法院凉亭，你必须前往邻近的波茨坦市的原因。

巴贝尔斯贝格宫公园（Park Babelsberg），距离格伦茨大街（Grenzstraße）入口约 10 分钟的步行路程，波茨坦

克服混乱

城市同盟追求的是很实际的目标：在阿斯坎尼家族的勃兰登堡支系绝嗣之后，围绕继承问题有必要采取合适的行动，以防止藩侯国的解体崩溃。当时，阿斯坎尼家族的瓦尔德马藩侯（Markgraf Woldemar）努力将权力范围扩大到波罗的海沿岸，这已经动摇了藩侯国的稳定。他在 1319 年去世，紧接着他的

19 世纪的版画展示了《虚伪的沃尔德马》，（它描绘了）1348 年的所谓的宗教朝圣者。

堂兄弟亨利二世（HeinrichⅡ）也离世，这个统治家族至此绝嗣。接下来就发展成了几个对立的王室家族之间的权力斗争。柏林－克尔恩的领导阶层绝不会对此置之不理：联盟已经建立了高度的政治自治，必须予以捍卫。1323年，国王路德维希四世（Ludwig Ⅳ）授予了他来自维特尔斯巴赫家族的只有八岁的儿子——勃兰登堡人路德维希（Ludwigden Brandenburger）藩侯爵位，从而有了五十年的维特尔斯巴赫统治时期，而且柏林首先服从于这位新的幼年君主。这激怒了教皇约翰二十二世（Johannes XXⅡ），因为维特尔斯巴赫家族是罗马教廷水火不容的仇敌，他拒绝承认路德维系四世（Ludwig Ⅳ）的合法性。1325年，在圣玛丽教堂举行的一次布道活动中，贝尔瑙（Bernaubei）的教长尼古劳斯·西里亚库斯（Nikolaus Cyriacus）威胁要对国王的追随者实施严厉的教会制裁，这让矛盾变得更加尖锐起来。在场的柏林和克尔恩市民对此反应十分激烈，他们在教堂前伏击了教长，将他杀死并焚烧了尸体。对于这一行为，罗马教廷发布了将柏林市民逐出教会的禁令以作为回应，这一禁令直到1346年才被取消。为此，市议会承诺支付巨额的罚款，并设立一个忏悔的十字架，这在今天圣玛丽教堂的入口旁边仍然可以见到。在禁令期间，柏林不能进行任何礼拜仪式，甚至婚礼或葬礼也都不能由神父来主持——在对上帝如此虔敬的时代，这是一种极其严厉的惩罚。

到1347年，这场冲突似乎已经解决了，但柏林仍然处在日益激烈的权力斗争的旋涡之中：国王路德维希四世在1328年被选为神圣罗马帝国的皇帝，而一名敌对教皇也迅速被册立，路德维希四世在禁令撤销的那一年去世。而在一年前，来自卢森堡的查理四世（Karl Ⅳ）在教皇克雷芒六世（Klemens Ⅵ）的支持下被选为敌对国王。突然之间，勃兰登堡藩侯（北方马克的阿斯坎尼家族）和维特尔斯巴赫家族的藩侯地位岌岌可危，他们不得不臣服于教皇的麾下。于是在1348年，当一位朝圣者向马格德堡大主教提出申诉，声称自己是二十九年前去世的瓦尔德马藩侯时，这对于卢森堡人来说是一个极好的机会。他们选择相信这个后来被史书记载为“假瓦尔德马”（Falscher

Woldemar）的骗子编造的荒诞故事，认为瓦尔德马的葬礼只是一场掩人耳目的策划安排，而他此后一直在圣地朝圣。“假瓦尔德马”很快在批判维特尔斯巴赫家族的城市新贵中找到了追随者，这也是因为他向他们承诺恢复他们原有的权力地位并且保护城市的自治。由于承诺支持对维特尔斯巴赫统治的斗争，他在勃兰登堡侯国的一次效忠之行中受到了民众极其热烈的欢迎，1348 年 10 月，国王查理四世甚至将勃兰登堡侯国作为封地授予了他。尽管“假瓦尔德马”的身份在 1350 年被揭穿，但他还是在德绍（Dessau）的阿斯坎尼家族的宫廷里度过了生命的最后六年时光，并且享受了所有的宫廷荣誉。勃兰登堡人路德维希，这位在还是个孩子的时候就已经被他的父亲任命为藩侯，统治着勃兰登堡侯国。而直到 1351 年，当罗马人路德维希（Ludwig），即勃兰登堡人路德维希同父异母的弟弟，与共治者懒惰的奥托（Otto der Faule）一起从勃兰登堡人路德维希手中接管了勃兰登堡侯国后，才以非常好的条件——新统治者认可这座双子城迄今为止获得的所有的权力和特权——与联盟达成停火与和解的共识。正因如此，柏林 - 克尔恩才能够在 14 世纪的动荡混乱中在政治和经济上以更强大的姿态脱颖而出。

繁荣与危机

持续的经济增长带来了财富，同时也滋生了一种奢侈浪费的倾向，这对许多议员来说是一个亟待解决的棘手问题。在 1334 年颁布的《柏林奢侈品条例》中，市议会试图对城市新贵和富有的手工业代表进行约束，并对他们追求的豪华与排场予以限制。该条例明确规定了“妇女和少女们”能公开展示多少手镯、珠宝。镶嵌金线的布料被禁止使用，花冠的价格也被限制了。该条例还明确规定了，“在最后一声钟响之后……任何人都不允许在街上跳舞”。

城市联盟获得了越来越多的特权：1358 年，柏林 - 克尔恩与勃兰登堡的一些其他城市成了汉萨同盟的成员。周围地区的许多村庄都被收购了，而村庄的居民则纷纷去从事公共服务行业的工作。1387 年，联盟甚至买下了连同城堡在内的整个克珀尼克城市。1396 年，柏林获得了邦国的铸币权，这使柏林除了来自当地法院的诱人收入之外，也有了更多的进项。1391 年，柏林市议会完全接管了司法管辖权，因此罚款收入也直接归于柏林市。然而，在这个接管过程中特别值得注意的是，克尔恩的市民从此也属于柏林的司法管辖范围了。这一前所未有的事件破坏了原本在平等条件下不断发展的伙伴关系。新的竞争关系也使得长期以来彼此和谐共生的关系开始崩溃。这种紧张的关系不仅发生在克尔恩人与柏林人之间，也发生在“四大行当”之外的那些被剥夺政治权力的手工业者团体和那些与商人一起掌控议会的行业团体之间。虽然手工业行会在藩侯的支持下对城市新贵权力的反抗取得了成效，并且从 1346 年起被允许派代表参与议会，但在那里仍然是少数。许多行业团体仍然完全被拒绝参与决定。这些行业团体很容易在藩侯国争夺统治地位的斗争中被利用和煽动去对付城市新贵。围绕勃兰登堡的权力争夺产生的政治动荡造成了人们之间的分裂。

这些紧张局势随后被一系列的灾祸给盖过了，而这些灾祸让柏林和克尔恩的发展大为倒退。1348 年，鼠疫在欧洲肆虐，柏林、克尔恩及周围的村庄有许多人死亡，而犹太人则遭到了屠杀，因为人们指控是犹太人在井水里下了毒。当时有许多犹太人被杀害。1376 年，一场大火烧毁了克尔恩，仅仅四年之后，柏林的大部分地区也在一夜之间被大火烧得面目全非。所有公

迪特里希·冯·奎措（Dietrich von Quitzow）于 1409 年为被他占领的克珀尼克颁发了这份法院特权。

共建筑和教堂——除了方济各会的修道院教堂之外——以及众多的城镇住宅都在熊熊火焰中被摧毁，还有很多人死亡。不过，由于城市的大量积蓄和多年来通过邦国豁免的税款可以用于拓宽和铺设道路，以及将房屋重建得更好、更牢固，因而 14 世纪末的时候，这座城市就已经拥有最新的基础设施。

这把柏林行刑剑可以追溯到 1400 年左右。

骑士埃里希·法尔克（Erich Falke）作为 1380 年大火的纵火犯被定罪，他的头颅被挂在了奥德博格门（Oderberger Tor）上示众，以儆效尤。这是因为该地区有许多强盗骑士，对城镇和村庄里人们的生活造成了极大的困扰。他们争夺地区的权力，部分原因是挽救自己衰败的家族，为此，他们利用了从 1378 年神圣罗马帝国皇帝查理四世（Kaiser Karls Ⅳ）去世后进一步恶化的无政府状况，因为没有人愿意主宰勃兰登堡选侯国的命运。在这种混乱中，地区的贸易基本停滞，柏林再一次陷于灾难性的危机之中。

奎措家族（Quitzow）是试图在该地区增加自身影响力的贵族家族之一。在这里，即使是盟友之间也经常发生背叛和欺骗。比如这就发生在了波美拉尼亚公爵（Pommersche Herzöge）的身上，最初他是与迪特里希·冯·奎措及其兄弟约翰·冯·奎措（Johann von Quitzow）一起入侵巴尔尼姆的。他们占领了众多的城堡，甚至占领了一整座一整座的城市，比如伯措（Bötzow，今奥拉宁堡，[Oranienburg]）以及施特劳斯贝格（Strausberg）。柏林则采取了非常巧妙的策略进行自卫：通过任命迪特里希·冯·奎措为地区军队的领袖，而他的兄弟约翰也被任命为米特尔马克的长官，随后奎措兄弟就将他们的前盟友驱逐出了波美拉尼亚（Pommern）。虽然作为“城市解放者”的奎措兄弟在柏林受到了市民们隆重的礼遇和热烈的欢迎，但并没有停止他们在勃兰登堡侯国的掠夺行为，在侵占柏林时也丝毫没有手软，1405 年时甚至将克珀尼克也占领了。来自卢森堡王朝的摩拉维亚的约布斯特（Jobst von Mähren，也作：约斯特 [Jost]）于 1397 年继任为勃兰登堡藩侯，在他当藩侯的时候，奎措兄弟已经统治了哈弗尔兰、泰尔托和巴尔尼姆。占领了克珀尼克之后，他们几乎就可以阻断所有通往柏林的贸易路线。而迪特里希对柏林的一次攻击，则让这座城市与肆无忌惮的奎措家族之间的紧张矛盾达到了高潮：在没有任何决斗宣告的情况下，他赶走了柏林和克尔恩的人在城门前放养的牲畜，洗劫了城市的村庄，并放火烧了柏林的部分地方。奎措家族的衰落是直到1411 年摩拉维亚的约布斯特去世才开始的。他的继任者——霍亨索伦家族的腓特烈六世（Friedrich Ⅵ）对勃兰登堡地区的奎措家族以及强盗骑士进行了清剿。1415 年，腓特烈六世成了勃兰登堡选帝侯，称“选侯腓特烈一世（Friedrich Ⅰ）”。随着权力关系的明确，勃兰登堡地区的治安和秩序也得到了恢复。

当城墙突然重现于世

如果你在柏林想找寻中世纪的痕迹，那会感到失望。曾经的克尔恩并没有留下任何中世纪的建筑。施普雷河的另一边也同样如此。虽然尼古拉教堂和圣玛丽教堂是令人印象深刻的柏林历史古迹，但经过多次翻修改建之后，它们与从前的中世纪教堂几乎没有什么关系了。但在一些远离旅游景点，稍微有点隐蔽的地方，你可能会突然发现那些见证过 13 和 14 世纪历史的遗迹。繁忙的格鲁纳大街(Grunerstraße)的南侧，耸立着在第二次世界大战期间被毁坏的新哥特式的方济各会修道院教堂的遗迹；而在北侧，你还可以看到 13 世纪的原始石墙的残迹。但建筑的其余部分可以追溯到 13 世纪末和 14 世纪，并且也是柏林最早的砖砌建筑的证明。来自佛兰德的定居者带来的砖砌建筑经验，对这座天然石料资源匮乏的城市来说是极大的助益，帮助柏林应对其快速发展的需求。

修道院教堂(Klosterkirche)，修道院街(Klosterstraße)73A，米特区

如果你从这里再往前走几步，进入利敦路（Littenstraße），就会看到 13 世纪中叶的旧城墙遗迹。留下的城墙在 17 世纪时逃过一劫，因为这座城墙当时是几座城镇住宅的后墙。一直到第二次世界大战后将孤儿路（Waisenstraße）被毁坏的房屋拆除时，这座城墙才重新出现在世人的面前，并于 1948 年被列为文物保护建筑。

柏林城墙，利敦路和孤儿路，米特区

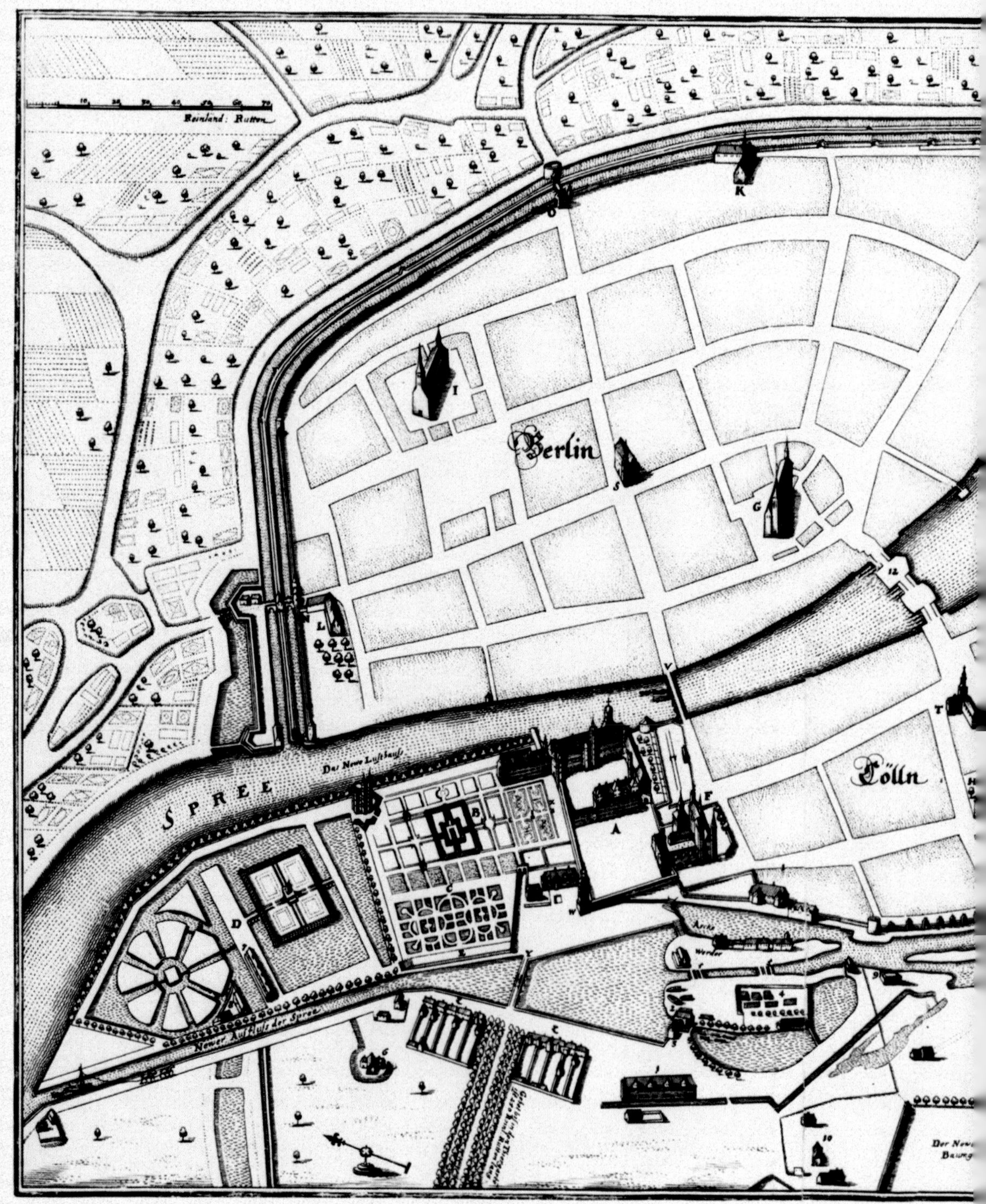

Reinland: Rutten
Berlin
Cölln
SPREE
Das Newe Lusthauss

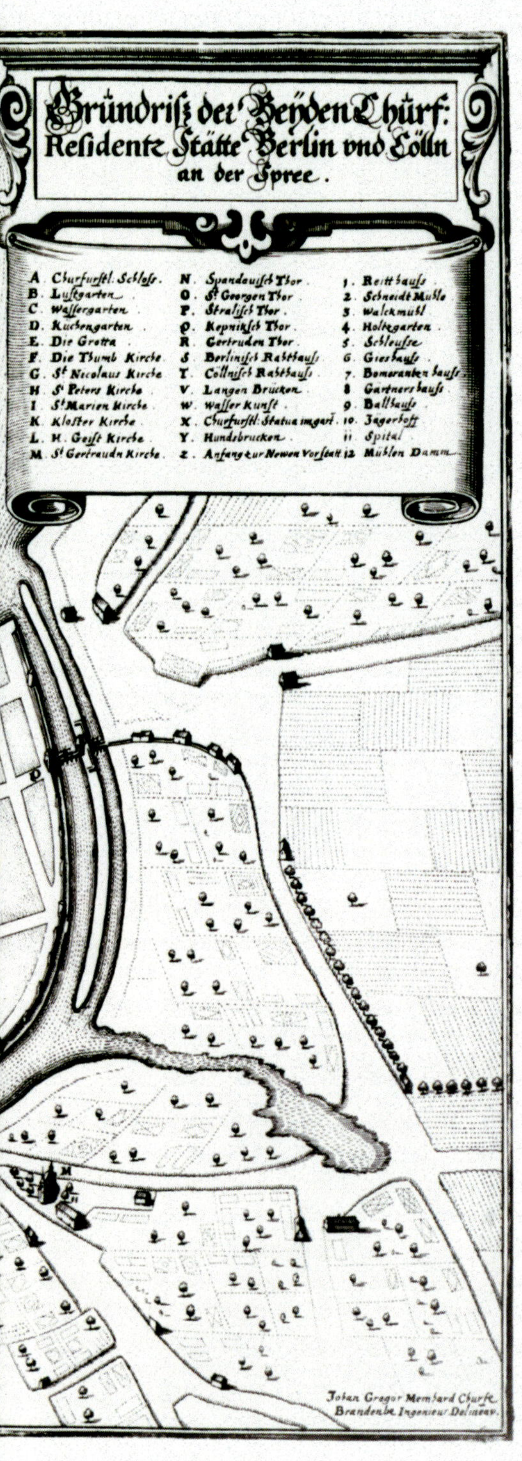

1415 | 1700

勃兰登堡选侯国的中心：霍亨索伦王朝的首都

当柏林市民冲向建造中的城堡

官员的入侵

柏林历经艰辛的宗教改革

驱逐，融入，驱逐，融入……

城市的衰落

破败城市的重新出发

旧郊区的新繁荣

约翰·梅姆哈特（Johann Memhardt）于 1652 年绘制的地图是基于测量绘制的最古老的柏林地图。

随着霍亨索伦 – 法兰克尼亚系（Frankish Hohenzollern）的城主（Burggraf）腓特烈六世在 1411 年被任命为勃兰登堡侯国的最高长官与统治者，勃兰登堡多年以来在政治上群龙无首的局面结束了。早在 1412 年，腓特烈就已经征服了波美拉尼亚，为 1414 年打败奎措家族以及强盗骑士，占领他们的起源地弗里萨克（Friesack）奠定了基础。1415 年，腓特烈获得西吉斯蒙德国王授予的勃兰登堡选帝侯封号。这次任命标志着霍亨索伦家族在勃兰登堡地区五百多年统治历史的开始，也意味着他们会成为勃兰登堡藩侯和选帝侯，以及后来的普鲁士国王。

虽然混乱动荡的岁月不可避免地给柏林 – 克尔恩留下了创伤，但与勃兰登堡地区的其他城市相比，这座双子城要更为强大。五千名至八千名居民，以及精心守护的特权和收入来源，巩固了城市作为勃兰登堡地区经济中心的地位。这座城市有一千多所房屋，其中包括三座市政厅、三座医院、几座教堂和多座修道院，同时城市周围还有一圈用石头修建的城墙。尽管如此，这座城市在辉煌、规模和重要性上还是无法与汉萨同盟的其他城市相抗衡。

霍亨索伦家族带来的政治稳定是一把“双刃剑”。这座城市竭尽全力地反对霍亨索伦家族在柏林 – 克尔恩扩大其影响力。在城市地区建造一座城堡的计划激起了市民们的抵制，但抵制

1414 年，对位于哈弗尔兰的弗里萨克的奎措城堡的炮击中，使用了“懒惰的格雷特”（Faule Grete），这是一种为条顿骑士团制造的巨型大炮。

从勃兰登堡博物馆中的城市模型可以看出，1688 年，柏林已经发展到了相当的规模。城市模型的前面是佩特里教堂，右边是磨坊街，城堡则在后面的背景中。

在 1448 年被绰号“铁牙”的选帝侯腓特烈二世（Friedrich Ⅱ Eisenzahn）成功打压，他对与柏林和克尔恩联盟的城市进行了威胁并给予了承诺，这让它们背叛了盟友，从而使柏林人对他的反抗变得孤立无援。从 1486 年起，选帝侯的官邸就设在当时新建的城堡里了。虽然柏林 – 克尔恩成了勃兰登堡地区的政治中心，但霍亨索伦家族的统治者在用一切办法来驯服这座不听话的城市：城市的特权被限制，柏林的独立外交权和联盟政策也被取消。

这些变化改变了城市的性质：主导柏林 – 克尔恩两个多世纪的商人失去了影响力，现在官员们正在崛起，那些为宫廷工作的手工业者获得了成功。

从 1517 年起，宗教改革从根本上改变了德意志。1539 年，选帝侯约阿希姆二世（Joachim Ⅱ）将新的信仰引入勃兰登堡，并在这一过程中没收了许多教会财产。从中获得的资金收入不仅被他用来扩建柏林城堡，还被用于建设施潘道古堡和古纳森林猎宫（Jagdschloss Grunewald）。这座宫殿今天仍然还在，是柏林现存最古老的宫殿建筑。但是这个城市也遭受了痛苦的磨难：1576 年的大瘟疫席卷了整个城市，而 1618—1648 年的三十年战争则使这座城市的三分之一都成了废墟。这座城市曾拥有约一万两千名居民，现在只剩下六千人左右了。

17 世纪下半叶，柏林再次兴盛了起来。随着一个带有十三座堡垒的星形要塞的扩建完成，这座城市的边界也首次超越了旧城墙。这一发展得到了移民们的支持，从 1661 年开始，大选帝侯腓特烈·威廉（Friedrich Wilhelm, der Große Kurfürst）为他们提供了安全稳定的生活条件。自 1510 年和 1573 年的大屠杀之后，柏林于 1671 年建立了第一个犹太社区，并且仅仅一年之后，第一批胡格诺派教徒也来到柏林定居了——法国新教徒在普鲁士开始了新的生活。大选帝侯的“宽容诏令”（Toleranzedikt），让柏林成为一个信仰自由的天堂。城堡扩建时，建了一个供王公贵族休憩游乐的大花园，向西通往蒂尔加滕狩猎场的道路变成了两旁种植着椴树的郁郁葱葱的林荫大道。弗里德里希韦尔德（Friedrichswerder）、多罗廷城（Dorotheenstadt）和腓特烈施塔特（Friedrichstadt）等新的郊区也出现在柏林的地图中。1688 年，柏林有两万名居民，其中 20%是来自法国的宗教难民。

当柏林市民冲向建造中的城堡

在霍亨索伦家族统治之初，城市贵族的力量还没有被削弱。尽管受尊敬的四个手工业行业（“四大行当”[1]）在议会中有它们的代表，但面包师、屠夫、布商和鞋匠始终占少数，因而他们实际上一直无法拥有真正的影响力。而其余的市民则完全没有政治上的发言权。

选侯腓特烈一世介入了各种城市的内部冲突，这唤起了四大行当和其他行会的希望，它们要求实现更公平的权力分配。与之相反，城市贵族们则不仅要求维护城市的特权，以及多年来建立起来的联盟网络和其他对外关系，而且要求捍卫自己的权力地位。因此，腓特烈对城市内部事务的干涉受到了他们坚决的反对。

1 制鞋、磨镜子、打铁、酿酒。——编者注

格奥尔格·布莱布特罗伊（Georg Bleibtreu）在这幅19世纪的历史绘画中形象地描绘了柏林和克尔恩的联合。

柏林和克尔恩对此的反应则是重新加入汉萨同盟，并寻求与奥得河畔法兰克福和勃兰登堡结盟。霍亨索伦所构成的强大威胁，让彼此之间长期存在冲突的双子城的关系更加紧密。1433年，两个城市建立联盟，这相当于城市的合并。从此以后，联盟中就只有一个市议会，在位于长桥的共同的市政厅举行会议。这也是第一次由市议会管理共同的收入和支出。但是，广大的市民阶层再一次被排除在外——这是一个严重的制度设计错误，不久之后它所产生的后果便显现了出来。

选帝侯腓特烈一世的继任者——“铁牙”腓特烈二世给城市造成了更大的压力。当他于1440年被授予选帝侯资格时，只是在口头上确认城市的特权，却不愿意宣誓承诺，这引起了柏林商人的骚动。不久之后，在被排除在政治权力之外的失意的市民们的支持下，他说明了当前的状况：在行会和其他市民的广泛支持下，“四大行当”控诉了两个城市的合并，并向邦国的君主寻求帮助。城市贵族们坚信自己的权力地位不可动摇，于是将城门的钥匙交给了“铁牙”，为市议会的重新选举铺平了道路。然而，“铁牙”却废除了城市的合并，并颁布法令规定：从此以后，各个行业和普通公民都应该在市议会中拥有代表。对于任何一名市议会的代表，君主都可以拒绝承认其资格。“铁牙”还取消了双子城独立的城市外交权和联盟政策。

勃兰登堡博物馆中藩侯官邸（Hohes Haus）的大门。

这只是一个开始。接下来，“铁牙”着重对城市的领地开刀。事实上合并之后不久，这座双子城已经收购了滕珀尔霍夫、里克斯多夫（Rixdorf）、马林费尔德和马林多夫的地产，但并没有得到君主的同意。现在这被“铁牙”用来作为施压的手段：他威胁要将这些地产没收，如有必要，将会动用武力。不过，这并没有发生。当“铁牙”扬言要用六百名武装骑士来实践自己的决心时，这座城市就屈服了。他强迫人们让出克尔恩岛北半部的沼泽地来为他建造一座城堡。

他还要求设立一个供自己永久自由出入的大门，以便他能够随意去往其位于城市东边修道院街上的藩侯官邸。在那之前，邦国的统治者只是偶尔会使用这所房子。"铁牙"则相反，他要求在柏林有一个固定的居所。

克尔恩岛上的新建筑与其说是一座宏伟的建筑，不如说是一种权力的宣示："迫使"克尔恩将最重要的贸易中心置于选帝侯的监视之下。为此，选帝侯拆除了克尔恩北端的城墙，这被市民们理解为城市失去自治的明显标志。此外，对过路商人的管辖权等非常具体的特权也落到了选帝侯的手里。越来越多曾经被他吸引、站在他这边的市民转而反对他。1448 年，当这位君主再一次开始考虑城门外的土地所有权的问题，并且要审查市民的财产的合法性时，人们已经忍无可忍了：现在的问题不再只关于城市，还包括个人的资产。整整八个月的时间里，这座城市充斥着反抗与暴力。市民们冲进了位于长桥的曾经是共同市政厅的法院，并

15 世纪的盔甲。

勃兰登堡博物馆里的藩侯官邸残留部分

从 13 世纪中叶一直到选帝侯建造城堡之前，藩侯官邸——并不经常，只是偶尔——被用作藩侯和后来的选帝侯在柏林的官邸。该建筑建于 1315 年，是该市较早的石头房屋之一，建筑面积近 300 平方米，两层楼高达 10 米。城堡建成后，这座位于修道院街的方济各会修道院对面的官邸日渐衰落，后来成了一家孤儿院，然后又成了一所骑士学院，再然后在 18 世纪时，变成了羊毛工厂和仓库。普鲁士各种当局部门都曾入驻过这里，从 1819 年起，这里成了雕塑家克里斯蒂安·丹尼尔·劳赫（Christian Daniel Rauch）的工作室，1874 年，普鲁士机密国家档案馆搬到了这里。当建筑物在 1924 年再次被改造成一间仓库时，由于改建的次数太多，它已经变得面目全非，曾经作为藩侯官邸的历史几乎已经无人知晓，至少从外观上是无论如何也看不出来了。1931 年，韦特海姆（Wertheim）想要将这间仓库扩建成百货商店。当隐藏于外墙之下的官邸原来的哥特式大门暴露出来的时候，所有人都大吃一惊。不过，这座历史悠久的建筑最终还是消失了，但大门得以保存了下来。如今，它就在勃兰登堡博物馆里供人观瞻。

勃兰登堡博物馆，克尔恩公园旁 5 号（Am Köllnischen Park 5），米特区

抓住了选帝侯的宫廷法官。磨坊主和税务官也被强行驱逐。暴徒袭击了众议院，销毁了档案和文件（包括那些本来用来审查合法性的档案和文件）并毁坏了房屋。不过，相比其他抗议行动，最让人拍手称快的还是对城堡建造工地的攻击：在一次秘密行动中，市民们打开了水闸，将城堡建设工地周围的施普雷河的河水引了过来，灌进建造中的城堡的基地。河水涌进建筑工地，冲毁了建筑材料和设备，工匠们不得不匆忙逃离。

但是，在这次反抗行动之后，这场被称为“柏林愤慨”（Berliner Unwillen）的暴动也结束了。选帝侯没有使用他的军队，而是邀请市议会和市民到施潘道的仲裁法庭上。柏林人拒绝了他的邀请，甚至扣留了选帝侯的侦查员，但柏林与其他城市所谓的防御联盟早已不再完好无损。柏林和克尔恩也各自独立。武装起义的计划就这样被扼杀在了萌芽状态。

“铁牙”实施了他的计划，并按计划建造了城堡。大多数抵抗者受到了轻微的罚款处罚，也有一些人被没收财产，还有少数人被驱逐。选帝侯通过这样的做法，避免了更多的抗议活动。与此同时，城市中少数“铁牙”的支持者也得到了回报，例如，巴尔塔萨·博伊汀（Balthasar Boytin）在暴乱中离开了这座城

勃兰登堡博物馆里展示的1450年左右的这座双子城的模型，左边是克尔恩，右边是柏林。模型的前端是佩特里教堂，中间是横在施普雷河之上的磨坊街，左侧是城堡。

1860 年，鲁道夫・希克（Rudolf Schick）绘制了这幅主题为“死亡之舞”的水彩画。这里展示的是其中一个局部。

市以避免遭到攻击，不过这并没有妨碍他占领和掠夺周边地区中效忠柏林的村庄。他在 1449 年返回这座城市，并被“铁牙”任命为柏林的新市长。尽管他任职的时间只有一年多，但选帝侯传达的信息已经很明确：城市自治的时代已经终结。这一点尤其鲜明地反映在了城市印章上图案的转变中：在 1280 年的印章上，图案是两只熊围绕着一只勃兰登堡之鹰；而在 1448 年之后，印章上的图案变成了这只鹰以胜利者的姿态坐在蹲伏着的熊的背上，爪子抓进了熊的皮毛里。

圣玛丽教堂的“死亡之舞”

圣玛丽教堂是柏林为数不多的几座反映城市各个历史阶段的建筑之一，同时，这里还有保存完好的最著名的中世纪柏林艺术作品。《死亡之舞》（*Totentanz*）壁画宽度超过 22 米，是当时城市宗教和世俗各个阶层的一个缩影，画中每个阶层的人物都在与一位死神交替进行着可怕的舞蹈。根据艺术史研究考证，这幅壁画创作于鼠疫肆虐的 1484 年。在壁画下面的诗文中，各个阶层的代表在向死神祈求推迟他们生命终结的日子。宗教改革之后，壁画被遮盖住了，到 1861 年才再次被发现。今天，壁画上这支令人印象深刻的舞蹈（Tanzreigen）已经非常模糊，只隐约可辨了。

圣玛丽教堂，卡尔－李卜克内西大街（Karl-Liebknecht-Straße）8 号，米特区

官员的入侵

“铁牙”的城堡早在1451年就完工了。但到后来，柏林－克尔恩才成为勃兰登堡选帝侯的固定首都。从1486年起，选帝侯约翰·西塞罗（Johann Cicero）成为第一个完全以柏林为统治中心的邦国君主。柏林成为首府之后，勃兰登堡的阶层代表议会、邦国议会和所有当局部门都搬到了柏林。随之而来的是一个新的官员队伍，他们与首都一起形成了全新的经济部门并推动柏林蓬勃发展。这一点很重要，因为城市在其他领域停滞不前：随着特权的丧失，柏林对于城市贵族来说再也不是什么轻松的地方了，甚至连他们在议会中的影响力也荡然无存，议会已经变成选帝侯的从属机关。许多城市贵族举家离开了这座城市，到莱比锡或奥得河畔法兰克福等其他地方另起炉灶，这些地方也逐渐形成了新的商品交易市场和贸易中心。

“新柏林”是一座到处有与政治有关的建筑的城市。约阿希姆二世（Joachim Ⅱ，1535—1571年）将“铁牙”的城堡扩建成了一座富丽堂皇的三层城堡，其有着令人印象深刻的塔楼。以前这里看起来像是一处防御工事，而现在已经成了一个具有代表性的宫殿区的中心，宫殿区内有供骑士竞技的施特西跑道（Stechbahn）、骑马房（Reithaus）和狩猎场，还有室内网球场。后来，宫殿区又建造了一个可供游乐的花园。很快就有不少民间节日活动在施特西跑道上举行：很多市民来到宫殿区观看比赛，各类商贩也在街道两旁摆摊，一直摆到了长桥上。

在改革过程中，城市的蓬勃发展吸引来了商人和工匠——布商、泥瓦匠和石匠从萨克森（Sachsen）和图林根（Thüringen）来到了这里。他们的到来也使“萨克森－迈森”高地德语取代了低地德语。城门前出现了砖厂、石灰厂和铜作坊等城市企业。不过，宫廷生活本身就已催生了之前并没有的奢侈品的生产行当。仅在16世纪就出现了二十三个新的手工业行会，其中包括刺绣工（Seidensticker）、帽子制造商（Hutstaffierer）、

这些石头是在16世纪25号大街一栋房子的墙壁上发现的，它们显示了居民的个性特征。

地毯制造商（Teppichmacher）和糕点师（Pastetenbäcker）。但是，所有这些经济活动并不能弥补失去原来的收入来源造成的损失。因此，虽然城市人口增加了，但城市的平均生活水平并没有提高。

这座城市新的社会状况让来自霍亨索伦家族的法兰克尼亚（fränkischen）的迁入者从中受益不少。他们占据了许多新设立的宫廷官职并且享有特权：作为宫廷官员，他们属于选帝侯的管辖范围，因而被免除了市政的税费和义务。这个来自法兰克尼亚的精英阶层在这里生活的好几年，都是与其他人分隔开的，他们有意识地使用他们自己的语言，他们认为自己的语言更文雅，也更能体现自己的教养。不过，他们也渐渐地与当地居民融合了，宫廷官职也逐渐对非法兰克尼亚人开放。这也是必要的，因为当时在柏林，随着新的宫廷官职的不断出现，对受过良好教育的专业人士的需求也不断增加。宫廷官员和经济领导阶层人员要将他们的子女送到莱比锡（Leipzig）、罗斯托克（Rostock）、布拉格（Prag）和博洛尼亚（Bologna）的大学，所以需要有更好的学校教育。因此，多米尼克修会（Dominikaner）从 1477 年开始就已将其在爱尔福特（Erfurt）和马格德堡的基础研究迁移到了克尔恩的修道院；而在被选帝侯约阿希姆二世转作世俗用途的灰色修道院，则从 1574 年开始建立了自己的市立文理中学——这也是这座城市的第一所人文教育机构。

当柏林与施潘道之间发生激烈的“棍棒战争”时

选帝侯约阿希姆二世对享乐的追求有时会导致非常荒唐的后果。一个特别引人注意的例子就是 1567 年 8 月发生的所谓的“棍棒战争”。选帝侯为了大众的娱乐需求，也许最重要的还是为了自己的娱乐，在柏林人和施潘道人之间举行了一场超过三天的军事演习。第一天，举行了一场盛大的彩船巡礼，紧接着是一场模拟海战，为此，一些施潘道人会被推入水中，然后再被救上来。特奥多尔·冯塔内（Theodor Fontane）在他的《勃兰登堡漫游记》中描述了这场“战斗”。根据他的描述，这场“海战”发生在大马尔奇湖（Great Malchsee），不过，这个地名与今天的并不一样——他所描述的这片水域今天被称为克里尼克（Krienicke），位于当时正在建造中的施潘道古堡的东北边。接下来的两天，战斗在陆地上继续进行，根据事先的安排，应该是由以棍棒武装的柏林人和克尔恩人取得战争的胜利。然而，第一天的水战让施潘道人非常恼火，也激起了他们的好胜心，他们无视预定的结果，将柏林人引入了埋伏并毫不犹豫地予以狠狠的痛击。选帝侯再也无法作壁上观，不得不把大炮搬了出来（虽然并没有装填炮弹），甚至亲自上马到战场上出手干预。在他也被棍棒打中之后，人们的情绪平静了下来。然而，选帝侯非常生气，施潘道的市长巴塞洛缪·比尔（Bartholomäus Bier）也因此被抓到监狱里关了几个月。

当时的“战场”，如今是大片的博世和宝马的工厂厂房。但如果你从城堡的大门往东走，就会到达一块绿色洲渚，而今天城堡的露天舞台就在这里。

柏林历经艰辛的宗教改革

尽管轰轰烈烈的宗教改革运动是从马丁·路德（Martin Luthers）于1517年将他的《九十五条论纲》张贴在属于勃兰登堡教区的维滕贝格（Wittenberg）开始的，但柏林的宗教改革在拖了很长时间之后才拉开序幕。这主要是因为选帝侯约阿希姆一世（Joachim I）笃信天主教。当他的妻子伊丽莎白（Elisabeth）皈依新教时，这对于他来说，简直是奇耻大辱，是绝对无法接受的！他威胁要将他的妻子囚禁起来，迫使她改变信仰。但伊丽莎白在1528年逃到了托尔高（Torgau），投奔了她的叔叔——萨克森的选帝侯约翰（Johann）。直到1545年，在她的丈夫去世十年后，她才回到了勃兰登堡，并于1555年在柏林去世。

乔瓦尼·巴蒂斯塔·佩里尼（Giovanni Battista Perrini），选帝侯约阿希姆二世的肖像，1562年（局部）。

但选帝侯约阿希姆一世不合时宜的反对与阻挠不可避免地彻底失败了。新教在这座城市早已获得越来越多的支持者。1537年，克尔恩市议会甚至敢在圣佩特里教堂（Sankt-Petri-kirche）聘请新教传教士。约阿希姆一世于1535年去世，他的儿子约阿希姆二世要坚持父亲的路线，而柏林和克尔恩的市议会则利用这个时机，要求在两个城市引入新教的圣餐礼。选帝侯起初是反对的，最后同意兼用两种仪式来进行圣餐礼——正如他的母亲之前的做法。因此，宗教改革实际上已在悄然进行着，并于1540年确立并巩固了新的教会秩序。要理解约阿希姆二世的信仰转变，可能要考虑到选帝侯当时窘迫的财政状况。为了支付宫廷的开销，他只能从被没收的教会财产中获得资金。宗教改革对诸侯来说是一桩有利可图的生意。

驱逐，融入，驱逐，融入……

继因1348—1349年的鼠疫而对柏林的犹太人实施大屠杀之后，柏林的犹太人的生活再次逐渐发展起来。早在1354年，在藩侯罗马人路德维希承诺恢复经济指令的号召下，犹太人重新在这座城市定居。然而，由于犹太人不被允许购买任何土地，所以只能生活在他们自己的社区——犹太院落（Große Jüdenhof）。这处建筑群已在第二次世界大战期间被摧毁，它的占地面积大约是 900 平方米，只有一条进出通道，也就是留存至今的犹太街（Jüdenstraße）。这个建筑群在当时是由一个看起来很封闭的庭院以及周围相对松散的低矮建筑组成的。犹太院落位于莫尔肯市场附近，对这里进行的考古发掘直到几年前才开始，旧市政府办公大楼（Alten Stadthaus）前面一个毫不起眼的停车场。在犹太院落，犹太人从事经销、典当和货币兑换等行当。在选帝侯腓特烈一世确认了犹太人从事贸易和典当业的特权之后，1446 年，选帝侯腓特烈二世又没收了犹太人的财产，并再次将他们驱逐出了勃兰登堡。勃兰登堡主教随后为此大声呼吁，仅仅一年之后，他又说动了“铁牙”再次给犹太人签发保护信——毕竟，怎么会有人愿意放弃收入来源呢?

城市的市民阶层对犹太人仍然充满了敌意，从 1510 年的“亵渎圣体事件”就可以充分看出来。事件的起因是凯钦（Ketzin）附近克诺布劳赫教堂中一个圣体盒和两片圣体（饼）被偷。小偷——补锅匠保罗·弗罗姆（Paul Fromm）很快就被抓住了，在审讯中他表示，他将圣体卖给了施潘道的犹太人萨洛蒙（Salomon）。接着就开始了对柏林和施潘道的犹太人的大肆抓捕：在酷刑之下，他们不得不承认他们多次毁坏与亵渎圣体，并将圣体的碎片烤制成他们自己的无酵饼。被捕的犹太人甚至被迫承认对七名基督徒儿童实施了酷刑和谋杀。十名犹太人在酷刑中丧生，而另外四十一名犹太人则被带到新市场进行了为期九天的公开审判。其中有三十八人被活活烧死，两名皈依基督教的被告则死在了剑下。该地区剩下的四百名至五百名犹太人再次被驱逐出勃兰登堡。位于施潘道的中世纪的犹太人墓地被毁。后来人们在施潘道古堡的地基

这是 1595 年的一块柏林城市贵族女儿的墓碑，显示了柏林富裕阶层妇女的着装。

上发现了大约六十块以前的犹太人墓碑，今天在那里仍然可以看到它们。

钱在这里很可能也是一部分原因：通过驱逐犹太人，部分负债累累的庄园一举从债权人手中解放出来。

三十年后，勃兰登堡再次接纳了犹太人，这主要是由于1539年在美因河畔法兰克福（Frankfwrt）举行的“选帝侯会议”（Fürstentag），改革者菲利普·梅兰希顿（Philipp Melanchthon）在会上对“亵渎圣体事件”的描述是：司法犯罪。当约阿希姆二世宣布重新向犹太定居者开放时，与其说是出于人道主义，不如说更多的还是关乎金钱：犹太人不得不支付4.2万帝国塔勒（Reichstaler）的“准入费”——按照今天的购买力，这可能是150万欧元。

过去尽管犹太人总是生活在社会的边缘，但约阿希姆二世还是做了一些极不寻常的事情：他让犹太人米夏埃尔（Michael）进入了宫廷，在这里米夏埃尔不仅是作为仆人，而且还成了选帝侯的亲信。这一举动不仅激怒了社会各阶层，也震惊了宗教改革者马丁·路德，后者告诫勃兰登堡选帝侯警惕“犹太人的

1573年，利波尔德在众人面前被公开执行死刑。

狡诈”，并鼓励柏林各阶层强烈反对。而约阿希姆二世非但没有听从，反而越走越远，他在 1556 年让出生于布拉格的犹太人利波尔德·本·克卢希姆（Lippold Ben Chluchim）担任选帝侯的宫廷银行家，也就是负责宫廷的货币和财务事务的御用商人和银行家。作为“宫廷银行家”，他负责为宫廷筹集资金。利波尔德担任铸币厂厂长采取的第一个措施就是铸造劣质货币，使其在市场上流通，同时对贵重金属强制性征税，以此来充盈国库。而当邦国的钱币贬值到几乎无法进行对外贸易之后，约阿希姆二世直接禁止民间拥有贵重金属。但是，对于商人来说，白银和黄金非常重要，因为他们只有用真金白银才能进行对外贸易。因此，商人们把贵重金属藏了起来。约阿希姆二世则派人搜查商人的房屋，把搜出来的黄金白银全部没收。

利波尔德负责了这些措施的实施，这使他成了这座城市中非常让人痛恨的人之一——市民和商人把这种仇恨也转到了其他犹太人身上。由于利波尔德是名义上的放债人，因此可以名正言顺地从选帝侯和各阶层不断累积的债务中获得巨大的利息收入，这一事实更是激起了债务人的公愤。

1571 年，约阿希姆二世去世后，他的儿子约翰·格奥尔格（Johann Georg）并没有过多犹豫。在不得不接管高达 250 万塔勒（保守估计相当于 9000 万欧元）的债务情况下，他在父亲去世后的第二天就把利波尔德关押了起来，并指控其贪污和非法牟利。在接下来的几天里，市民的怒火爆发，烧向了城里的犹太人，而约翰·格奥尔格对此并未反对。犹太人遭到公开虐待，犹太教堂被毁，犹太人的家产被掠夺。就像以前的大屠杀一样，欠债的市民也抓住了这个“天赐良机”，销毁所有债据。约翰·格奥尔格甚至还对这些正为自己的性命惶惶不可终日的犹太人实行宵禁，这真是对他们赤裸裸的嘲弄。

法庭判决减免了利波尔德的罪责，不过这对他并没有多少帮助。法官甚至在完成审计后宣布，选帝侯还欠

市议会还对乞讨进行了控制：15、16 世纪时，在柏林，任何生活陷入困境的人，只有在衣服上佩戴了市议会发放的贫困标志的情况下，才被允许行乞。

他的宫廷银行家89塔勒和5银格罗森（Silbergroschen）。但即使在利波尔德相当于待审拘留的被软禁期间，他仍然被指控犯有一项新的罪行：据说，他蛊惑并谋杀了选帝侯。而且由于利波尔德被指控使用了巫术，所以法律允许对他使用酷刑，他只能被迫认罪。就因为这个罪名，他于1573年被判处死刑。在新市场上，他被处以车裂之刑，即五马分尸，他的内脏被焚烧，头颅被插在了格奥尔格门（Georgentor，在今天的亚历山大广场）的一根铁棍上。之后紧接着，选帝侯就下令将所有犹太人驱逐出境，而且还要根据他们各自的资产收取一笔相当可观的“撤走费”。

这一天也标志着一百年来犹太人在柏林和勃兰登堡地区生活的结束。

城市的衰落

在17世纪时，三十年战争就像一张黑暗的幕布笼罩着欧洲——同样也笼罩着柏林。选帝侯格奥尔格·威廉（Georg Wilhelm）一开始试图让勃兰登堡远离这场发生在德意志北部的神圣罗马帝国皇帝与瑞典国王之间的激烈战争。他鼓励人们通过虔诚，为和平做出贡献。于是，日历上显示的全是选帝侯定下的各种各样的忏悔日。公共节日和娱乐活动也被禁止，例如从前那些四处演出的相当受欢迎的杂耍者和喜剧团体被禁演。流窜的士兵——不论是敌方的还是己方的，以及猖獗的盗贼在勃兰登堡一路劫掠，使经济和社会生活陷于瘫痪。那么在城墙的后面，城里面的情况又怎么样呢？越来越多的市民选择退守到自家四面墙之内的小天地中，据编年史记载，他们在家里暴饮暴食。

这种向私人领域的撤退，不仅是对公共生活领域的限制的反应，也是在战争年代里暴发的多次严重的瘟疫和流行病的结果。到1631年，瘟疫使两千多名柏林人丧生。1637年，瘟疫再度暴发，造成八百人死亡，其中包括数名议员和有影响力的商人。伴随瘟疫席卷而来的还有天花和痢疾等传染病。

直到那时，战争对柏林人的影响最多也只是体现在物质上。尽管勃兰登堡各地都在激烈地交火，但柏林并未遭到实际的战争的侵袭。不过，这座城市不得不忍受时不时来往的军队在这里驻扎。与其说他们将柏林－克尔恩视为敌方的城市，不如说他们把这里当成了予取予求的自助餐厅。神圣罗马帝国军队统帅瓦伦斯坦（Wallenstein）也是如此，他于1628年带着一千五百名士兵来到这里，于1630年再一次进驻这座城市，并因和平撤军而得到慷慨的资助。1631年，选帝侯的妹夫瑞典国王古斯塔夫二世·阿多夫（Gustav Ⅱ Adolf）紧随其后，他带着一千人来逼迫选帝侯与自己结成同盟，选帝侯别无选择，不得不压制自己的愤怒与不满勉强接受。然而，与此同时，格奥尔格·威廉也承诺效忠于神圣罗马帝国皇帝，1633年皇帝利用瓦伦斯坦的军队让勃兰登堡屈服，但瑞典人并没有因此完全被逐出勃兰登堡。局面错综复杂。

选帝侯决策不力，对于联盟政策摇摆不定，以及对勃兰登堡造成的灾难性后果，柏林－克尔恩的市民和议会代表们别无选择，只能尽可能避免采取战争行动。为了尽可能地减少其作为军事目标的吸引力，柏林－克尔恩试图摆脱驻守在这里的军团。因此，这也引起了选帝侯任命的行政长官亚当·冯·施瓦岑贝格（Adam von Schwarzenberg）的不满。在选帝侯格奥尔格·威廉于1638年将官邸迁至普鲁士公国的柯尼斯堡（Königsberg）之后，施瓦岑贝格接管了选帝侯在柏林的事务。自1618年起，普鲁士公国与勃兰登堡就共同都由勃兰登堡选帝侯统治，勃兰登堡－普鲁士君合国（Personalunion）建立。施瓦岑贝格想要让柏林拥有更多的士兵，但当面对1639年瑞典人的进攻时，柏林人却试图通过金钱来阻止。仅在1635—1641年，这座城市就为此付出了15.3万塔勒，其中部分还只能以杂货、武器和马匹的形式支付，因为该市的财政储备很少。按照现在的购买力计算，这可能相当于大约300万欧元。

亚当·冯·施瓦岑贝格的画像（约1635年）。

柏林人是否曾背信弃义，勾结瑞典人呢？占领军撤走后，柏林市长弗里德里希·布莱希施密德（Friedrich Blechschmied）遭到了施瓦岑贝格伯爵的猛烈攻击。对选帝侯的行政长官来说，报复的时候到了：他将布莱希施密德关进了施潘道的要塞。虽然布莱希施密德后来复职，成了宫廷和议会法庭议员，但对自己遭受的冤屈与不公倍感痛苦，最终郁郁而终。可以肯定的一点是：所谓的这座城市背信弃义的态度，也意味着柏林受到的战火的影响远比勃兰登堡的其他城市受到的要少得多。而施瓦岑贝格对布莱希施密德的指控则主要是为了转移人们视线的焦点：1640 年，他自己在瑞典人逼近时一时冲动逃跑了，并为了建立防御工事烧毁了城郊地区。愤怒的市民要求他赔偿，连选帝侯也站到了他的对立面。可是，在接受审判前，施瓦岑贝格在 1641 年就死于中风。

当战争结束时，柏林只剩下了大约六千人，也有消息甚至说只有三千五百名居民。柏林的一千二百座房屋中有四百五十座都空了，还有一部分遭到了毁坏。不论是没有被卷入战争的人，还是在战争中幸免于难的人，抑或是熬过了各种传染病的死亡威胁的人，都在沉重的赋税压迫之下变得一贫如洗；而要避开赋税，人们最终就只能出售自己的房屋——如果找得到买主的话。但是，即使是有人居住的房屋也已变得破败不堪。这些住宅多数仍然是木质结构、茅草屋顶，远远未达到繁荣城市的标准。1641 年颁布的一项建筑法令规定，建造石墙可以临街向外扩展。这一规定旨在吸引人们建造石质房屋建筑，但这在普遍贫困的生活状况下显然是无法实现的。在战争年代兵荒马乱的阴影下，生活在巨大痛苦中的人们，连这项建筑法规中“禁止窗户下方的猪圈侵占街道”的禁令都无法有效执行。

破败城市的重新出发

1643 年，格奥尔格·威廉的继任者大选帝侯腓特烈·威廉将官邸从柯尼斯堡迁回柏林，受到了这座城市的人民欣喜的欢迎。尽管在勃兰登堡的所有城市中，柏林 – 克尔恩受到的战争的影响最小，并且 1654 年的人口统计显示当时城市中已有一万名居民，但这座双子城要恢复昔日的繁荣，需要大约三十年的时间。

人口增长的部分原因是，众多来自勃兰登堡、布伦瑞克（Braunschweig）、西里西亚（Schlesien）、萨克森和利沃尼亚（Livland）的退役士兵于战争结束以后在这里定居并成为这座城市的公民。起初，这里只有选帝侯的一支由三百六十名禁卫军士兵组成的屯驻军队，但 1657 年，大选帝侯决定将柏林和克尔恩建成驻军城市。大约有一千五百名士兵被带到柏林，随他们一起来的还有他们的家人——另外还有六百人。人数远远超过了可用的房屋数量，因此法律规定市民们有提供宿营的义务。这还

1678 年，大选帝侯和他的家人。

不是加诸市民们身上唯一的负担：随着驻军城市的不断扩展，用以资助军队而征收的军税也进一步提高。沉重的税收压迫，在一开始就减缓了城市经济的重新繁荣发展的速度。

贸易主要是以来自荷兰、普鲁士公国和萨克森的商人为主导。三大重要贸易商的产业在战争中丧失后，对于这些贸易推动者来说是绝好的发展机会。因此，在1650年左右，这座城市中只有五分之一的商人是柏林本地居民。

柏林－克尔恩很快就不堪重负，变得拥挤不堪，尽管在三十年战争之后的几十年中，公共秩序逐渐得到了一定程度的恢复，但这座城市仍然严重的卫生问题和垃圾问题没有得到解决。1660年，大选帝侯颁布了新的“井水与街道法令”，向“公共街道上的肮脏”和“空气中蔓延的恶臭”宣战。第一次，市民们被迫在自家的房屋前铺设人行道，将垃圾装到容器中，然后集中倒到“街道清洁工”的运输车里。并且，该法令再一次禁止猪圈侵占街道，不过这次是彻底禁止各家的猪圈超出自家的地块范围侵占街道。该法令包含详细的处罚措施，其中还有一些创造性的手段。比如，法令中规定，随意丢弃的垃圾将会从窗户扔回到房子里去。这座城市变得更加明亮和整洁——而道路的铺设、大量公共路灯的安装，以及下水道系统的逐步兴建都对此起到了积极的促进作用。

卡斯帕尔·梅里安（Caspar Merian）绘制的1646年的柏林－克尔恩。在图片的中间部分，字母A的下方可以看到这座城堡。

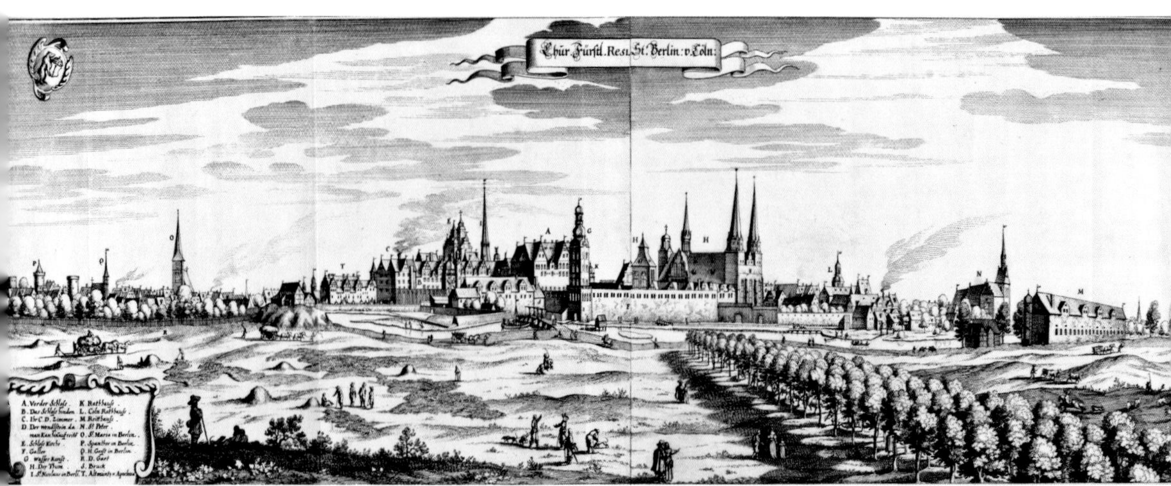

旧郊区的新繁荣

然而，在这个特别拥挤的城市里，越来越严重的混乱局面无法一味通过制定法规来消除，只有增加土地供应才是根本的解决之道。一种新的消费税，即所谓的国内货物税和交通税（Akzise），提供了一条途径，利用该税收，第一个郊区——弗里德里希韦尔德于1662年被开发出来。这是一条坐落在克尔恩以西施普雷运河沿岸紧靠着双子城的狭长地带。该郊区始建于1658年，周围环绕着新的防御设施，柏林一侧的防御工事基本上是按照旧时的城墙走向来建造的，而向西则将新的土地纳入了城市地区的范围之内。弗里德里希韦尔德有自己的行政管理机构和城市特权，有自己的市场和行会。在这里定居的主要是选帝侯的公职人员。这座新城的政治和社会中心是韦尔德市场（Werdersche Markt），除了市政厅之外，这里还有一座双教堂（Doppelkirche）。这就是今天的弗里德里希韦尔德教堂（Friedrihswerderche kirche）的所在。

建立不久后，新城不断发展壮大，从1672年起，就已超越了防御设施所划出的范围。沿着铺设于1647年的菩提树下大街（Allee Unter den Linden），诞生了一座宽敞宏伟、规划整齐的新城，这座新城同样也拥有独立的城市管理机构和管辖权，并于1681年更名为多罗延城，以纪念选帝侯夫人多罗特娅（Dorothea）。横平竖直的道路网络向北延伸至格奥尔格路（Georgenstraße），向西延伸至沙多路（Schadowstraße），其建造非常整齐统一，只有一百五十座半木结构的房屋排成五排，因此，与拥挤的柏林、克尔恩和弗里德里希韦尔德相比，这座新城显得格外空旷而又宽敞。在施普雷河沿岸的多罗延大街（Dorotheenstraße）以北，于1680年建起了一座造船厂。这有助于选帝侯实现建立一支勃兰登堡海军舰队的梦想。

大选帝侯去世后，从1688年起，以楔形向南延伸的城区腓特烈施塔特成为第五个自主的城区。同样，在这里，建立一个有序、明亮而整齐的城市的理想也实现了，尽管建筑在泥泞的沼泽地上，却呈现出了与柏林和克尔恩截然不同的面貌。得益

施潘道郊区犹太人的生活

1671年，大选帝侯为来自奥地利的大约五十个犹太家庭在勃兰登堡提供了新的住所，他们中有许多移民迁到了柏林。他们在柏林郊外的施潘道郊区获得了一块土地，在这里建立了自己的犹太墓地。该遗址至今仍然存在，是这座城市最古老的犹太人墓地，直到1827年公墓关闭，这里共建了三千座墓。1844年，人们在这里建造了第一座犹太人养老院，但在1942年被盖世太保改建成了"犹太人集中营"。

公墓本身在1943年被党卫队士兵彻底摧毁了，在1945年被用作在第二次世界大战中阵亡者的万人冢。这个饱经磨难、压抑沉重的地方，现在以墓地和纪念馆的形式重现于世人面前。一个石棺中藏有"亵渎圣体事件"后留下的一些墓碑的碎片。只有一块模仿摩西·门德尔松（Moses Mendelssohn）原始墓碑的石头，被作为标志重新竖了起来。

犹太公墓，
大汉堡大街（Große Hamburger Straße）26号，米特区

于政府的资助，在不到五年的时间里，这里建造了大约三百所住宅。最重要的是，这座城区对于胡格诺派教徒具有吸引力。1685年，腓特烈·威廉颁布"波茨坦敕令"（Potsdamer Toleranzedikt）之后，他们纷纷来到这里。该敕令不仅为在自己的家乡法国遭受迫害的新教徒在勃兰登堡提供了一个自由、安全的定居之所，而且还赋予了他们广泛的特权，例如，免除税收和各项关税，以及对欲从事技术性工作的胡格诺派教徒发放补贴。随着胡格诺派教徒的到来，再加上1671年大约五十个因被奥地利驱逐而迁入此地的犹太家庭——这些家庭十分富有并且在经济上联系紧密，这一地区的经济得到了增强。新的移民群体主要定居在腓特烈施塔特，也有一部分人定居在多罗廷城，他们对当地的发展产生了深远的影响。大约有六千名胡格诺派教徒居住在柏林，此人口占整个城市人口的三分之一。在腓特烈施塔特，他们甚至占了多数，并在这里发展出了自己的文化生活。1685年，一所法语文理中学在弗里德里希韦尔德的尼德拉克大街（Niederlagstraße）上建立起来，于1701年在腓特烈施塔特为一座法国教堂奠基。胡格诺派教徒们在精细纺织品和奢侈品的制造和贸易方面的丰富知识与经验，也让许多德意志商人黯然失色。

大选帝侯对于文化也进行了积极的推动。他广泛的艺术品收藏也成为后来柏林博物馆的基础。他在1686年建立的图书馆已经收藏了一千六百份手稿和两万多本书。在大选帝侯的统治下，城市面积扩大了一倍，人口增加到两万。柏林重新确立了自己作为勃兰登堡地区最重要

城市的地位，当然，它还是无法与巴黎或伦敦等欧洲主要城市相提并论，这些城市在当时已经有超过五十万居民了。

随着城市建设按计划向西和向南如火如荼地发展，北边和东边的郊区围绕着外围工事的居民点也发展起来了，但当时这些居民点的居住条件不是很好。一个例子就是位于施潘道郊区东边的“谷仓区”（Scheunenviertel），建于 1672 年。1670 年，大选帝侯出于防火安全原因禁止人们在城区内建造谷仓，之后在这里建造了二十七座大型仓库，其目的是给所谓的“国王之城”（Königsstadt）——今天的亚历山大广场（Alexanderplatz）——的牛市供应麦秸和干草。很快就有很多农场工人和临时工在“谷仓区”定居。从 1684 年起，围绕格奥尔格教堂（Georgenkapelle）高地的城墙东面的一个露天市场，建起了格奥尔格郊区（Georgenvorstadt）。这里的耕地要被占用，然而与施潘道和施特拉劳尔门（Stralauer Tor）之前的情况一样，郊区的发展很快便多少有些不受控制。当选帝侯在 1691 年禁止人们在那里进行建筑活动时，已经阻止不了这些郊区的发展了。

“难民”——来自法国的宗教难民——接受大选帝侯赠送的圣诞节礼物。

Cum Privilegio Sacræ Cæsareæ Majestatis Gratiosissimo
Die Königl. PREVS: u. Churf. BRANDENBVRG.
RESIDENZ STADT BERLIN
entworffen von Johann Friedrich Waltern zu Berlin 1737
u. nach dem grossen Original in diesen kleinen Form
gebracht u. herausgegeben von Homann. Erben.
Regiæ BORVSS. & Elector. BRANDENB. Sedis
BEROLINI Ichnographia ex prototypo Walteriano majori Berolini edito in hanc minorem formam reducta, et excusa per Homannianos Heredes.
Ruthen
Prospect der Stadt BERLIN, wie solche Nord
Cobbusische Thor
Spree fl.

1700—1871

从“施普雷河畔的雅典”到军事城市：普鲁士政权中心

普鲁士的首都

步调一致的城市

启蒙之城

敌后的企业家

女性将掌权

拿破仑两次入侵这座城市

改革之时

梦想破灭

从居住城市到工业城市

柏林地图（ 1738 年）。

随着 1701 年腓特烈三世[1]（Friedrich Ⅲ）加冕成为普鲁士王国的国王，选帝侯官邸所在的都城也成为普鲁士的国都。腓特烈的愿景是将柏林发展成为欧洲一流的城市。为此，在 1709 年，他将柏林、克尔恩、弗里德里希韦尔德、多罗廷城和腓特烈施塔特这些以前独立的城市合并，当时总共有大约五万五千名居民。同时，他还引入了义务教育，虽然到其真正得到实行花了几十年

1　1648 年《威斯特伐利亚合约》之后，神圣罗马帝国的皇位被架空。腓特烈三世也不敢在神圣罗马帝国的境内（勃兰登堡）称王，于是在东普鲁士克林斯堡称王。遂《中国大百科全书》上写腓特烈一世也是以普鲁士国王算起的。但就德国而言是算作腓特烈三世。——编者注

的时间。夏里特医院（Charité）原是施普雷河畔的一所瘟疫病院（Pesthaus），后来被用于接收前来勃兰登堡定居的宗教难民。一些具有代表性的新建筑也被建造了起来，例如，夏洛滕堡宫（Schloss Charlottenburg）和军械库（Zeughaus）。通过设立新的学术机构和博物馆，柏林逐渐被打造成一座教育城市。在第一任普鲁士国王的儿子——简朴、务实的“士兵王”腓特烈·威廉一世（Friedrich Wilhelm Ⅰ）的统治下，柏林发展成为一座军事城市。1720 年的时候，这座城市五分之一的居民都是士兵，该城市制服成了这座城市的形象，到 1734 年已经有大约八万名居民。城区的面积现在已经扩展到 1330 公顷，四周环绕着新建的海关城墙，设有

1834 年，柏林还呈现一片乡村景象。图为 2014 年从位于新克尔恩（Neukölln）的罗尔贝格（Rollberg）山丘上看到的景色。

十四座城门，这道城墙也被称为关税城墙（Akzisemauer）。

1740 年，腓特烈二世登上了普鲁士国王的王位，史称“腓特烈大帝”（Friedrich der Große），民间也称其为“老弗里茨”（Der Alte Fritz）。他主张艺术、政治和科学的统一，营造了宽容以及重视文化和教育的氛围。在这样的氛围下，柏林再次吸引了来自欧洲各地的宗教难民。

柏林大学的这枚图章上印有腓特烈·威廉三世（Friedrich Wilhelm Ⅲ）的肖像。

尽管他的继任者腓特烈·威廉二世（Friedrich Wilhelm Ⅱ）通常被视为普鲁士发展停滞的象征，但在这位“老弗里茨”的侄子的统治期间诞生了许多古典主义的建筑，如 1791 年建成的勃兰登堡门（Brandenburger Tor）。街道照明设施的扩建、1792 年第一条从柏林到波茨坦的柏油路的开通，以及在 1795 年蒸汽机的首次使用，都是柏林在早期工业化道路上的里程碑。柏林当时已发展为一座拥有十七万名居民的城市。这种快速发展导致不利的一面是大部分人的贫困状况日益加剧，特别是在北部和东部经济萧条的郊区生活的人。城市里实行镇压和审查制度，自由出版甚至发表政治言论都是不可能的。

1806—1808 年，由于拿破仑的军队占领了柏林，柏林的城市历史发生了重大的转变，大部分经济和行政方面的精英都离开了自己的职位。整个王室宫廷也都迁回了柯尼斯堡。国库负担了驻扎在柏林的三万法国士兵的费用。一方面，这座城市在经济上被吸干了血；另一方面，拿破仑又无耻地掠夺了它的艺术品。法国人占领柏林，标志着普鲁士发展处于低谷时期。这个国家必须改变，如果想要生存下去的话。

占领者撤出后实施的改革也影响了柏林。当时，第一次有了一个通过自由选举产生的以市长为首的市议会，虽然议会成员只占总人口的 7%。新的营业税、行会制度的废除以及犹太人公民权利的平等带来了经济的繁荣。然而，在此期间，由于从俄国撤出的拿破仑军队于 1812 年再次在该市驻扎了一年，因此城市上升发展的步伐被中断了。

19 世纪是一个工业化快速发展、艺术和教育日益制度化的世纪。1810 年，柏林第一所大学，即今天的洪堡大学成立。位于卢斯特花园（Lustgarten），由卡尔·弗里德里希·申克尔（Karl Friedrich Schinkel）设计的柏林老博物馆（Alten Museum）奠定了今天的博物馆岛的基础。许多重要的工业、企业在柏林及其周边地区落户，并蓬勃发展。许多新的劳动力当时也搬进了这座城市，居住在这个城市各个角落正在建造的出租房屋中，条件简陋。到 1850 年左右，已经登记在册的就有约四十万名居民，他们的主要居住地仍然在旧关税墙的边界之内。

柏林那时已成为仅次于伦敦、巴黎和圣彼得堡的欧洲第四大城市。社会关系的紧张也是这些变化的必然结果。由于日益严重的社会贫困问题以及政治上的压迫，在 1844 年西里西亚纺织工人起义后，柏林的工人们也掀起了反抗的浪潮，要求改善恶劣的社会条件。1848 年 3 月，普通工人、高级工匠和皇家部队发生了巷战，冲突升级。人们明确呼吁要求公民权利和自由，呼声高涨，让人无法忽视。3 月 18 日，数百名起义者丧生。这令普鲁士公众无法容忍，所以国王腓特烈·威廉四世（Friedrich Wilhelm Ⅳ）不得不为此道歉；但是，他并没有进行任何自由主义的改革。11 月，国王设立了一个新的反动内阁，以公共安全为借口，在城里集结了约一万三千名士兵，宣布全城进入戒严状态。

这座城市在 19 世纪发展的势头不减，在合并了威丁、健康泉（Gesundbrunnen）、莫阿毕特（Moabit）以及夏洛滕堡（Charlottenburg）、舍讷贝格（Schöneberg）、滕珀尔霍夫和里克斯多夫的部分地区后，到 1861 年，该城大约有五十五万人。仅仅十年之后，在帝国成立前夕，这座城市已经有大约八十二万六千名居民，另外郊区还有十万零五千名居民。

普鲁士的首都

1701 年 1 月，一群人为了参加选帝侯腓特烈·威廉三世（Kurfürst Friedrich Ⅲ）的加冕礼，从柏林出发前往柯尼斯堡。他加冕的称号是“在普鲁士的国王”（König in Preußen），而不是“普鲁士之国王”（König von Preußen），因为西普鲁士是波兰领土，腓特烈仅统治了普鲁士的一部分地区，而且这一部分普鲁士还远远没到可以成为一个王国的地步。神圣罗马帝国内的其他邦国统治者们起初并不承认普鲁士国王与他们是平起平坐的，因为神圣罗马帝国内部一般来说不会再授予别的国王称号了，所以腓特烈一世要了一个手段：尽管皇帝的影响力日益减弱，但皇帝戴着的仍是德意志民族神圣罗马帝国的皇冠，相对于让来自维也纳哈布斯堡家族的皇帝利奥波德一世（Leopoldi）为他加冕，他选择了在帝国边界以外的普鲁士公国（东普鲁士）自行加冕为王。

选帝侯夫人索菲·夏洛滕（约 1690 年）。

这位因长得畸形而被柏林人戏称为“石板弗里茨”（Schiefer Fritz）的国王，此后一直在努力使自己和自己的宫殿都得到应有的地位和对待。他委托建筑大师安德烈亚斯·施吕特（Andreas Schlüter）将这座城市宫殿改建成为阿尔卑斯山以北最大、最宏伟的宫殿。它的造型变得相当浮夸，1707 年完工后，它的高度超过了这座建设中的城市里的所有建筑物。在此之前不久，选帝侯的妻子索菲·夏洛滕（Sophie Charlotte）命人在城市西边的利措（Lietzow）村附近建造了一座新的夏宫。1705 年索菲·夏洛滕死后，国王将这座宫殿也扩建得富丽堂皇，极尽奢华，并在 1712 年为其加盖了非常醒目的独特圆顶。圆顶也成为这座宫殿的标志，宫殿也以这位英年早逝的王后命名：夏洛滕堡宫。

腓特烈极力将顶尖的学者和艺术家招揽到勃兰登堡。他扩大了1696年成立的艺术学院（Akademie der Künste）的规模，并召集哲学家和数学家戈特弗里德·威廉·莱布尼茨（Gottfried Wilhelm Leibniz）到柏林，后者在1700年被任命为普鲁士勃兰登堡科学院（后来的普鲁士科学院）的首任院长。尽管莱布尼茨于1711年离开了这座城市——因为在他看来这座学院发展的速度太慢，但腓特烈的战略计划还是继续下去了。1706年，第一次有人把柏林称为“施普雷河畔的雅典”和“欧洲的精神之都”。尽管这个评价在当时来说有些过高了，但是柏林作为德国早期启蒙运动的中心，其作用和地位仍然是不可否认的。

国王的宫廷生活对柏林的经济也产生了积极的影响。许多行业都关注着宫廷生活所产生的需求。各行业所获得的销售收入大部分都以税收的形式——引入了诸如假发税和马车税之类奇奇怪怪的苛捐杂税——流回了宫廷，这个臃肿庞大的宫廷就像是一张血盆大口，吞下了大量的资金。此外还有数量庞大的公职人员队伍，政府给他们十分优厚的报酬。在新的市政府中聚集了大批的高官，国王的儿子们和其他亲信也获得了不少钱。新的政府官员们居住在豪华的市区别墅中，而其他大部分人却因沉重的税收负担而濒临破产——就好像是五十多年前三十年战争结束时的景象。

在腓特烈一世统治期间，年度支出增加了两倍。光是宫廷生活开销就占去了政府全

晚上聚会庆祝，早晨做回国王

吕岑堡宫（Schloss Lützenburg，即后来的夏洛滕堡宫）修建得金碧辉煌，在那之前，这样的建筑风格在柏林是很罕见的。如果你在下午的时候开车经过蒂尔加滕的“弯道”（Umschweif，道路转弯处，后来被称为“nie[克尼]”，Knie意为“膝盖”，今天这里是指恩斯特-罗伊特广场[Ernst-Reuter-Platz]），那么肯定可以看到非同寻常的景色。在毗邻的橙子园里，国王的园丁共种植了大约五百棵的橙树、柠檬树和酸橙树。在这个充满异域风情的环境里，人们举行了各种盛大的宫廷庆祝活动，它们主要都是由王后举办的。出席这些庆祝活动的国王腓特烈一世通常会早退，然后普鲁士宫廷的官员发现，他一从王后举行的晚间活动出来，立刻就会变成那个早晨接见官员的国王。

夏洛滕堡宫，施潘道路堤（Spandauer Damm）20–24，夏洛滕堡区

部收入的一半，政府债务累累，到1713年国王去世时，债务累计已达2000万塔勒，相当于平均年收入的五倍。一位匿名的作者在城堡大门的贴纸上倒了一肚子苦水，他写道："这座宫殿是出租的，柏林这座首都是出售的。"

步调一致的城市

1713年，国王腓特烈·威廉一世登基后，情况发生了很大变化。他在接管了他所谓的"世界上最庞大的财政预算"之后，转而采取了极为严厉的财政紧缩方案：很大一部分宫廷人员被解雇，奢华挥霍之风也与臃肿庞大的行政机关一样很快消失了。对外观排场的追求让位于对内在力量的追求。在这段发生巨大变化的时期，只有一部分人——最贫困的人几乎完全没有改变。那些在腓特烈一世的统治下，已经因沉重的赋税而陷入贫困的公民，如今又受到新国王实行的税收政策带来的经济危机的打击。成千上万的人离开了这座城市，首先是奢侈品的生产者和商人，接着是其他手工业者——由于柏林建筑业的停滞不前，对宫廷相关人才的需求萎靡，他们在这里看不到前途。这场危机侵袭了住在旧区被遗忘的街区里和弯弯曲曲的街道上的居民，以及城市外围居民区的人们。从农村迁移过来的居民竭尽全力，试图通过在谷仓区、市场上或城墙内做一些临时工来维持生计。

无论如何，这些大刀阔斧的激进举措使普鲁士的财政重新站了起来。不久，腓特烈·威廉一世就有了基础与实力，然后将他真正的政治重点付诸实践：建立和扩大普鲁士的军队。这位国王从1725年开始就只穿军人的制服，因此也被人们称为"士兵王"。在他统治期间，军队的规模扩大了一倍，达到约八万三千人。许多士兵直接驻扎在柏林。由于那时还没有营房，所以成千上万的士兵不得不被安置在私人住宅区。普通民众几乎没有从中获得任何物质上的收益，住宿收入最终大部分都以税收的形式立即流回了国库。施洛斯街区（Schlossviertel）的卢斯特花园成了练兵场，城市的其他地方也出现了各种训练和阅兵场地，如八角场（Octogon，今天的莱比锡广场，

Leipziger Platz）、广场（Quarree，今天的巴黎广场，Pariser Platz）和位于腓特烈施塔特延伸南端的圆形广场（Rondell，今天的梅林广场，Mehringplatz）。腓特烈大街（Friedrichstraße）为南北走向，穿过腓特烈施塔特向南，一直延伸到滕珀尔霍夫场（Tempelhofer Feld），这片空旷的场地上建立了一块巨大的军事演习和训练区。

军队规模的扩张也带来了一定程度的经济增长。其中，纺织业就成了一项从中受益颇丰的产业，因为城市里有数量庞大的军人，所以需要大量的制服。柏林及其周围建立了许多纺织工厂，其中一部分是国有的，连历史悠久的选帝侯的“藩侯官邸”都被改造成了放置皇家羊毛和布料的仓库。织工们尤其受益于这种增长，尽管他们变得非常依赖军队这个客户，甚至变得更像是“扩展的工作台”，在很大程度上丧失了自主生产经营活动的自由。许多手工业者完全失去了独立性，成了工厂里的雇用工人，从事商品的分工生产。工厂系统也并不拒绝儿童、孤儿、囚犯和贫民窟的其他居民。大部分人口仍然继续生活在贫困中——士兵们也是如此，他们中的一些人也不得不忍受非常苛刻的条件环境。这样的结果就是，经常会发生逃兵事件。从 1734 年开始修建的长 14.5 千米的关税城墙不仅扩大了城市的边界，开设了十四个城门口征收关税和税费，而且起着防止城内驻军士兵逃跑的作用。

“士兵王”也设法从国外招募人员。受迫害的新教徒在这里获得免征税收的待遇。在来到这里的群体中，一个特别大的群体是在家乡遭受迫害的波希米亚新教徒，大约有两千人，于

胸章上的腓特烈・威廉一世国王浮雕像（1733 年）。

1737 年来到普鲁士。十八个家庭定居在了柏林南部里克斯多夫的九栋专门建造的复式房屋中。从那时起，社区分为“波希米亚 - 里克斯多夫”和“德意志 - 里克斯多夫”。德意志人与移民相处起来很不容易。没有人愿意认真地适应与调整，因而对新柏林人仍然保留了以下的划分：在腓特烈施塔特以及后来在莫阿毕特的胡格诺派教徒，也就是所谓的在穆格海姆（Müggelheim）的普法尔茨人（Pfälzer，他们起初定居于普法尔茨地区，后来又迁居到了勃兰登堡这里）；在施潘道郊区的犹太人；在里克斯多夫的波希米亚人。更确切地说，他们保留使用自己的习俗和语言。因而，直到 1909 年，如今位于波希米亚 - 里克斯多夫的基希加斯（Kirchgasse）的教会小巷仍被称为“马拉·乌里卡”（Mala Ulicka，狭窄的小巷），并且直到第一次世界大战，这里的教区一直保留用捷克语布道的传统。

波希米亚教堂（Die Böhmische Kirche）直到 20 世纪一直是柏林的波希米亚移民中心。本图由弗朗茨·斯卡比纳（Franz Skarbina）绘于 1903 年。

腓特烈·威廉一世统治期间，普鲁士经济稳定，首都柏林取得了极大的发展。由于有针对性地招募外国技术工人，并且取消了中世纪的行会和同业公会制度，工商行业变得更具有竞争力。而这时能够实现如此程度的繁荣，要归功“士兵王”，虽然他有这样的绰号，但避免了战争。在他的继任者的统治下，这种情况发生了改变。

启蒙之城

腓特烈二世，亦称“腓特烈大帝”“王座上的哲学家”，于 1740 年登基。他在废除刑讯这件事上起了主导作用，并引入了虽然有限但在当时来说是非常惊人的出版自由，首次展现了其当政的特色。他的名言“Jeder soll nach seiner Façon selig werden”（纵然行事方式各异，但人人都是可到天堂的），证实了在他之前的各位国王对待移民的策略。腓特烈二世强调说，他希望允许这些团体（以及其他宗

图上的是著名的腓特烈大帝骑马雕像的模型，由克里斯蒂安・丹尼尔・劳赫于 1836 年（也就是国王去世五十年后）创作完成。

波希米亚村庄

车水马龙、喧闹繁忙的卡尔・马克思大街（Karl-Marx-Straße）上的建筑后面，是一个完全不同的世界，游客们来到这里，就好像回到了过去的时代。在一片和谐宁静的乡村田园风光里，今天还依稀可以看到波希米亚移民是如何在里克斯多夫生活的——这也得益于近几年的重建工作，清晰地再现了 20 世纪初之前他们是如何保护自己的文化的。离卡尔・马克思广场（Karl-Marx-Platz）不远处的老教堂墓地仍可以找到 18 世纪的波希米亚坟墓。理查德广场（Richardplatz）上的伯利恒教堂（Bethlehems Kirche）建于 1500 年左右，因而要早于波希米亚人在此定居的时间。起初，波希米亚人只是这个教堂的共同使用者，到 19 世纪末，它就完全变成波希米亚新教徒的教堂了，他们也以布拉格的伯利恒教堂为其命名。同样在理查德广场上，距离这个教堂仅几步之遥的地方有一座历史悠久的锻造工场，至今仍被用作工艺锻造工场。教会小巷 5 号的一所旧学校，一直到 1909 年还在上课。

历史文物锻造工场和伯利恒教堂，理查德广场，新克尔恩

建设时因急于求成而建造的建筑物容易倒塌：1781 年，御林广场（Gendarmenmarkt）上德国大教堂（Deutschen Doms）的塔楼就经历了这种命运。这张铅笔素描由克里斯蒂安·戈特弗里德·马特斯（Christian Gottfried Matthes）创作。

教团体）能够完全奉行其文化和宗教信仰："所有宗教信仰都是平等和美好的，只要信仰它们的人都是诚实的人；如果土耳其人和外邦人想来这里定居，那么我们将为他们建造清真寺和教堂。"

这种崭新的、开放的时代精神促进了城市中文化生活的蓬勃发展。柏林成为德语文学最重要的地方。出版商和作家弗里德里希·尼古拉（Friedrich Nicolai），正是在此背景下确立了自己作为中心人物的地位；而著名的思想家，如戈特霍尔德·埃弗拉伊姆·莱辛（Gotthold Ephraim Lessing）等也定居于柏林。虽然沙龙成为社交聚会场所的时代尚未开始，但作家和视觉艺术家、商人和学者的社交聚会的进行，标志着受过良好教育的中产阶层的最初轮廓已经显现了出来，并且很快就发展壮大，绽放出耀眼的光芒。成立于 1749 年的"星期一俱乐部"是一个很有影响力的平台，其中主要的学者和思想家，如摩西·门德尔松、莱辛和尼古拉在此发表了自己的见解，它也因此成为柏林启蒙运动的中心。

关于这位国王在其他方面的重要话题涉及建筑与城市规划，他在统治期间赢得了“大帝”的称号，而在民间人们普遍称其为“老弗里茨”。他将自己的住所全部迁至波茨坦，想从根本上改变柏林市中心的格局。他在登基之后就立即在多罗廷城的东边着手进行这些项目了，除了宫廷歌剧院（Hofoper）和圣黑德维希主教座堂（St.Hedwigs-Kathedrale）之外，还建造了海因里希王子宫（Palais des Prinzen Heinrich）和皇家图书馆（Königliche Bibliothek）。在多罗廷城的西边，原先用于狩猎的动物园被改造成了一个对公众开放的游乐公园：修建了小径和池塘，并布置了华丽精致的花圃。在这些设施的北端边缘，国王允许大量移民搭设帐篷摊位出售小吃等。因此，直到2002年，在今天的政府区（Regierungsviertel）区域中的那条道路一直被命名为“在帐篷里”（In den Zelten）。另外，人们在南边圈建了一个雉鸡苑（Fasanerie），一百多年后，这个雉鸡苑就成了动物园的核心。御林广场上则建起了一片建筑群，其中包括很快成为德国主要戏剧舞台的剧院（Schauspielhaus），以及德国大教堂和法国大教堂（Französischer Dom）庄严宏伟的塔楼。这两座教堂分别加建于新教堂（Neue Kirche）和法国腓特烈施塔特教堂（Französische Friedrichstadtkirche）的旁边。（教堂的名称源自法语“dôme”，也就是穹顶。）

腓特烈大帝不仅建造了一批具有代表性

“表面上是腓特烈，实际上是以法莲”

在1756—1763年的七年战争中，腓特烈大帝让他的“宫廷银行家”犹太人纳坦·法伊特尔·海涅·以法莲（Nathan Veitel Heine Ephraim）用劣等材料铸造普鲁士货币——就像两百年前约阿希姆二世让利波尔德做的那样（参见第37页）。为了消除民众对于货币成色与日俱增的怀疑，他们使用了各种花样，比如，铸造可追溯的货币。虽然是国王本人决定和安排用这种方式来筹集资金的，但民众愤怒的矛头和反犹太主义者的怨恨情绪却直指以法莲。民间广为流传着这样一句话：“金玉其外，败絮其中；表面上是腓特烈，实际上是以法莲。”（Von außen schön, von innen schlimm, von außen Friedrich, von innen Ephraim.）民众呼吁对富有的以法莲进行审判，但他受到了国王的庇护。以法莲在尼古拉街区建造了一座以自己名字命名的洛可可式宫殿，这座宫殿在1935年被拆除，但在1980年于与原址相隔仅几米的地方被重建。

以法莲宫，邮政街16号，米特区
（Ephraimpalais, Poststraße 16, Mitte）

的建筑，而且还实施了一些非常有用的城市建设项目。他建造了军队营房，从而结束了士兵们在民宅宿营的生活。此外，住宅发展方面也呈现出新的特征：如果说在他父亲统治期间建造的新建筑仍然是联排市民住宅（Bürgerhaus）的话，那么腓特烈大帝决定建造的就是房屋紧密相连的住宅区，里面是三层到四层的住宅楼，这样更多家庭就可以入住了。但是，这可能更适用于有序发展的新城镇，而不是北部和东部急速增长的定居点。如果说这些新的住宅区刚开始是在蜿蜒环绕的城墙内发展起来的，那么现在它已经超出了关税城墙，在外面出现了。比如，位于今天的泉水街（Brunnenstraße）和花园街（Gartenstraße）地区的定居点“新福格特兰”（Neu-Vogtland），建筑工人就在那里安家。

戈茨科夫斯基工厂于1761—1763年生产的所谓克纳斯特（Knaster）烟盒。克纳斯特是一种烟草。

敌后的企业家

看似相当成功的制度体系中也有一些问题。这主要与集中于出口的严格的重商主义经济政策有关。国内企业获得了大量补贴，而市场却对外部供应商大门紧锁。竞争和企业家精神都被扼杀在了萌芽状态。最后的结果就是，人为产生的需求和大量补贴的供给都要依靠政府资金来维持着。越来越多的企业落到了政府手中。企业家约翰·恩斯特·戈茨科夫斯基（Johann Ernst Gotzkowsky）的瓷器厂也是这样的情况，这个企业自1763年起就成了皇家瓷器工厂（KPM）。该工厂在1793年投入使用了普鲁士的第一台蒸汽机。

讽刺的是，“王座上的哲学家”腓特烈二世让普鲁士参与了多场战争：首先是18世纪40年代的两次西里西亚战争，还有1756—1763年的七年战争。当时还是艺术品经销商的戈茨科夫斯基的手上囤积着一百多件当代艺术品，其中包括鲁本斯和伦勃朗的作品，这些都是他受宫廷的委托去采买的。由于七年战争的巨额花费，国王付不起购买的费用了，戈茨科夫斯基面临着破产。但是，对于奢侈品的宫廷承办商来说，保持与王室的关系的方式就是扮演“中介”角色提供沟通服务。因此，他负责保证市政府与留在战区的国王之间的顺利沟通，并组织了为普鲁士军队提供食物的工作，甚至在 1760 年俄国军队占领柏林期间以谈判代表的身份出现。尽管普鲁士不可避免地投降了，但他还是设法在谈判中将对俄国占领者的赔款从 400 万塔勒减少到 150 万塔勒，而且从自己的财产中筹集了 5 万塔勒作为赔款。

尽管戈茨科夫斯基没能阻止俄国人在撤离前摧毁许多军事建筑以及洗劫军火库和夏洛滕堡宫的行动，但已然是当时的英雄。不过，当他由于从事与购买俄国粮食有关的投机业务而在战后不得不承受进一步的经济损失时，有这些英雄事迹也无济于事。没有人站在他的身边。甚至，国王还逼他将自己的艺术品收藏卖给了俄国，他的那些艺术品收藏成了凯瑟琳大帝（Katharinas）收藏品的基础，并且有一部分今天在圣彼得堡冬宫博物馆中仍然可供人们参观欣赏。多亏了这笔交易，腓特烈二世让俄国人对他的结盟计划产生了兴趣。然而企业家戈茨科夫斯基却没有从中得到任何好处。1766 年，他破产了——这对当时的商人来说，就等于他们在生意场上被宣判了死刑。在他生命的最后九年，他因声誉受损而痛苦不堪。

女性将掌权

1786 年，腓特烈·威廉二世登基，历史的钟摆又摆向了另一个方向，就像腓特烈大帝在临终前所预测的那样：“我的侄子将浪费财富，让军队失去节制。妇女将把持朝政，国家将会灭亡。”但在这位新的当政者执政之初，他还是颇受爱戴、深得民心的：他那善良随和的性格和享受生活的态度就像是一种对腓特烈大帝的“普鲁士的严谨”的解放。废除咖啡和烟草的垄断被认为是一个积极的信号，与新任国王在城市景观中强行引入的古典主义一样，这一点尤其体现在 1789—1791 年由卡尔·戈特哈德·朗汉斯（Carl Gotthard Langhans）建造的勃兰登堡门上。此外，在腓特烈·威廉二世统治期间，语言、音乐和戏剧等文艺事业的发展得到了积极的推动。尽管如此，对于腓特烈·威廉二世泛滥的宫廷事务和反启蒙精神，公众的不满情绪还是与日俱增。尽管在 1788 年，他颁布了《宗教敕令》，容忍了宗教信仰的自由，但就在半年后发布了一套审查制度，旨在限制出版自由，打压启蒙思想。在经济政策方面，新执政者也采取了约束性的态度，结束了其前任的无节制的补贴政策。然而，与此同时，他这样做断了许多并不盈利的国有企业的生计，并随之让无数的私人供应商关门大吉。对于这一事态的发展，这位被人们称为“胖子威廉”（意为没用的人，饭桶）的国王无动于衷。

他的统治因为情妇当政和神秘主义倾向而留名于史册。来自“共济会”的社团“玫瑰十字会”对他有着非常大的影响力，这个反启蒙运动社团的成员甚至还担任了重要的政治职务。例如，约翰·克里斯托夫·沃尔纳（Johann Christoph Wöllner）担任司法部长。因而，沃尔纳制定了审查制度，禁止任何对教会的批评，并弹劾罢免具有启蒙思想的学者和神职人员。

这个 1812 年的脚杯展示了勃兰登堡门。

具有启蒙思想的受过良好教育的中产阶层人员的社交生活渐渐转向私人空间。早在腓特烈大帝统治的晚期，第一批沙龙就已经出现了，这些沙龙的主题主要围绕宫廷的精神文化生活。在腓特烈·威廉二世的统治期间，这些中产阶层的活动聚会越来越多，他们在其中畅谈文学和音乐，并讨论新的思想和政治潮流。有趣的是，这样的沙龙几乎全都是由女性举办的，因此这些受过教育的“沙龙女主人”（Salonnièren）在实际的政治舞台之外，获得了巨大的影响力。柏林非常重要的沙龙之一的女主人是作家亨利埃特·赫茨（Henriette Herz），在星期一俱乐部的影响下，她对哲学的兴趣日益浓厚。该沙龙最初是一种“妇女社交小聚会”，是在她的丈夫——医生兼作家马库斯·赫茨（Marcus Herz）于施潘道大街（Spandauer Straße）进行自然讲座报告晚会时举办的。不过，这个小圈子逐渐发展成了一个与之旗鼓相当的文学圈。因此，从1780年左右开始，这两方面的活动以一种“双重沙龙”的形式进行，亚历山大·冯·洪堡（Alexander von Humboldt）、威廉·冯·洪堡（Wilhelm von Humboldt）、弗里德里希·施莱尔马赫（Friedrich Schleiermacher）、弗里德里希·施莱格尔（Friedrich Schlegel）以及约翰·戈特弗里德·沙多（Johann Gottfried Schadow）等思想领袖和政治人物都参加过这个沙龙。虽然马库斯·赫茨的圈子自始至终一直拒绝妇女参与，但亨利埃特·赫茨的沙龙却秉持了启蒙开明的基本态度，这种态度反对封建专制的统治方式，反对将妇女排除在政治和社会生活之外。虽然两个部分之间存在着差异，但或许也正是由于这两个部分之间的差异，这个双重沙龙才运作得很好，尽管两个圈子的参与者之间偶尔会发生小小的争执。因此，一直是自然科学这个圈子的嘉宾的出版商弗里德里希·尼古拉称亨利埃特·赫茨的沙龙为“每周一次的才智市场，人们在这里进行美学的探讨与交流”。

在接下来的几年里，许多其他此类由女性组织举办的沙龙活动接连出现，其中，女作家拉埃尔·瓦恩哈根·冯·恩瑟（Rahel Varnhagen von Ense）从1790年开始举办的沙龙尤为重要。这个沙龙是在毛尔街（Mauerstraße）举行的，以参加者社会阶层的广泛而独树一帜，其中，普鲁士的路

“胖子威廉”的爱情城堡

最能生动直观地反映腓特烈·威廉二世国王的放荡的，恐怕莫过于孔雀岛（Pfaueninsel）奇异的浪漫风景了。在他还是王位继承人的时候，腓特烈·威廉二世就利用这座未被开发的岛屿，与他的情妇威廉明妮·恩克（Wilhelmine Encke，后来的利希特瑙伯爵夫人）幽会了好几年。1793年，他决定接管这个岛，当时该岛仍被称为“兔子小岛”（Kaninchenwerder），因大选帝侯曾在此经营兔子养殖业而得名。腓特烈·威廉二世在岛的西南端建了一座剧场布景风格的城堡，从波茨坦就可以看到它。城堡的内部主要是由威廉明妮设计的，样式非常奇特，乃是各种不同风格的混合，从较早的希腊青铜雕像的古典风格到竹舍的异域情调陈设风格。牛奶场（Meierei）是孔雀岛上的另一座建筑，从外观看形似哥特式修道院的废墟，但实际上是一座功能齐全的庄园，里面有牛、马和羊。

不过，国王最终并没有实现将此处作为自己和情妇隐居之所的愿望。他于1797年去世，而城堡也在同一年竣工。他的儿子腓特烈·威廉三世对岛屿的用途有自己的计划。他不仅在这座岛上引入了现今非常有名同时也是该岛因之得名的孔雀，还移来了其他野生动物，例如袋鼠、水牛、猴子、猫鼬、浣熊和长吻浣熊。

（后来，这些动物成为于1844年建立的动物园 [Zoologischer Garten] 的基础。）此外，他从1821年开始每周三天向公众开放这座岛。这座岛也因此成为柏林和波茨坦受欢迎的旅游景点之一，每天有多达六千人次的游客前往参观。除了在岛上建立动物园之外，腓特烈·威廉三世还建造了一所骑士私邸。骑士私邸的主宅是由一面从但泽（Danzig，格但斯克）拆除又在孔雀岛上重建的罗马贵族房屋立面墙扩建而成的。另外岛上还有一幢宏伟的棕榈房屋、一条木质滑道和一座大玫瑰园。玫瑰园以及岛上开阔浪漫的公园均是由景观设计师彼得·约瑟夫·伦内（Peter Joseph Lenné）设计修建的。

腓特烈·威廉四世时期，王室对该岛失去了兴趣，所以这座岛日渐荒芜，也逐渐失去了作为旅游度假胜地的吸引力。在20世纪初期，有私人投资者曾为该岛设计了各种各样的开发计划——建设别墅居住区、寄宿学校或养老院。不过这些设想都作废了。1924年，孔雀岛被列为自然保护区。1962年，有人曾提出过一个计划，即在孔雀岛上建造一座核电厂，从而保证（西）柏林的独立供电。幸好，这个计划很快就没人再提了。

孔雀岛，万湖（Pfaueninsel, Wannsee）

毕德麦耶儿时期（Biedermeier）的生活：一家人聚集在客厅里的三角钢琴旁，1835年。

易·斐迪南亲王（Prinz Louis Ferdinand von Preußen）作为座上宾，也为这个沙龙带来了极大的声望。弗里德里希·施莱格尔和洪堡兄弟经常到这里来，平民和亲王、犹太人和基督徒都是这里的常客。拉埃尔·瓦恩哈根善于回应她的客人并鼓励他们交流想法。1806年，因拿破仑入侵柏林，这个沙龙与这座城市里所有的文化生活一样，猝不及防地中断了。不过，它从1820年开始又恢复举办，与其他众多重要的圈子一起，将柏林沙龙推向鼎盛时期。

拿破仑两次入侵这座城市

腓特烈·威廉二世统治结束时，他的身后留下的是一个在经济上陷于瘫痪、外交上被孤

立的普鲁士。继任者腓特烈·威廉三世在1797年登基后采取的犹豫怯懦的中立政策对于局势的改善几乎无济于事。在他被迫同法国开战之后，普鲁士军队于1806年在耶拿（Jena）和奥尔施泰特（Auerstedt）遭遇惨败，同年，首都柏林沦陷。在第一次从哈勒门（Hallesches Tor）并不引人注意地进驻柏林的三天后，拿破仑再一次骑着马穿过勃兰登堡门。这一次，威严雄壮的军队夹道迎接，一直延伸到“大星角广场”（Großer Stern），在那里他从市民代表手中接过了这座城市的钥匙。此时，驾着四马双轮战车（Quadriga）的胜利女神还在勃兰登堡门上。仅仅两个月后，它就被拿破仑拆了下来，装进十二个大木箱中，与从博物馆、宫殿和政府机构中抢走的许多其他艺术珍品一道被运往巴黎。

普鲁士最屈辱的时刻：拿破仑的军队穿过勃兰登堡门。

柏林人愤怒了。一开始，人们还相信拿破仑会给这座城市带来自由主义的精神。在前往柏林的路上，拿破仑曾到波茨坦探访了腓特烈大帝的墓，他说：“假如他还活着的话，我就不可能在这里了。”他一到柏林，就驻扎在城市宫，并下令将市长撤职。在柏林，拿破仑设置了由七名成员组成的“行政委员会”（Comité administratif），这是他从城市中二百名富有的市民里选出来的。民众对政治和社会进一步现代化的希望落空了。拿破仑对柏林并没有任何远景目标，充其量只是想将柏林用作其军队经过时歇脚的地方。

国王腓特烈·威廉三世在拿破仑进驻柏林之前，就已经依照勃兰登堡的“优良传统”逃亡到东普鲁士了。“我们的恶魔在梅梅尔”（Unser Dämel ist in Memel）。饱受苦难的柏林人如是说。其余的贵族、高级官员和军队也立马在国库被搬空后逃走了，留下了一座既没有任何武装力量，也没有一个领头人的城市。总督舒伦堡伯爵（Graf von der Schulenburg）在向民众呼吁“现在‘平静是公民的首要义务’”后也马上离开了。

雕刻家约翰·戈特弗里德·沙多于1795—1797年为路易丝和她的妹妹弗里德里克创作了这座雕塑，这是当时普鲁士最著名的一对姐妹。

虽然国王在民众中失去了声望，但他的妻子——美丽优雅的路易丝王后（Königin Luise）却受到了人们的敬重甚至崇拜。与犹豫呆板的腓特烈·威廉三世不同，她有着闪光的人格魅力以及随和亲民的品质，被人们视为普鲁士真正的代表，在城市被占领期间成了柏林人的希望。人们还清楚地记得，1793年12月22日，路易丝婚礼的前两天，她与妹妹弗里德里克（Friederike），也就是路易斯王子（Prinz Louis）的未婚妻，一起来到了装饰得充满了节日氛围的柏林。在围观人群的注视下，她做出了一个并不符合宫廷礼仪的举动，即把一个给她送花的小女孩儿举了起

Der König hat eine Bataille verlohren. Jetzt ist Ruhe die erste Bürgerpflicht. Ich fordere die Einwohner Berlins dazu auf. Der König und seine Brüder leben!
Berlin, den 17. October 1806.
Graf v. d. Schulenburg.

“平静是公民的首要义务。”耶拿和奥尔施泰特战役结束后，普鲁士政府竭尽全力防止民众产生革命情绪。

来，并亲吻了她。未来王妃的到来引起了巨大的轰动，她很快便征服了所有人的心。在将近十三年之后，尽管得了严重的伤寒，她还是在落入拿破仑的手里之前逃亡到了梅梅尔。

两年的占领时期，一切都相当艰难。多达三万名法国士兵驻扎在了这座城市。为此，城市内外到处都建起了帐篷营地。但是，大多数占领的驻军都是强行让市民们负责安置他们的，牺牲的是市民自己的利益，这让许多家庭经济陷入困境，甚至倾家荡产。情况非常混乱，虽然也有历史资料表明，法国士兵的举止是比较文明的。无论是城市还是个人都因承担巨额的住宿后勤费用、向拿破仑缴纳赔款，以及被迫对法国商品开放市场之后带来的纺织业的崩溃而元气大伤，以致这座城市经济萧条，食物短缺。在 1808 年末法国军队终于撤离时，他们留下了一座一贫如洗的城市，一直到 1861 年，它的债务才还清。威廉·冯·洪堡在 1809 年回到柏林后曾表示，柏林此时已然变成了“村庄”。

改革之时

普鲁士军事力量的瓦解造成了政治上有利于改革的力量的真空：国王的软弱给了强势人物站出来的机会。海因里希·弗里德里希·卡尔·冯·施泰因帝国男爵（Heinrich Friedrich Karl Reichsfreiherr vom und zum Stein）是其中的中心人物。他在 1804 年就已经担任财政部部长了，但在这一职务上一直颇有争议。他所属的党派敦促优柔寡断的国王对法国作战。由于他对国王的缺乏决断进行了严厉批评， 所以在 1807 年 1 月被撤去了职务，半年后，国王才恢复了他的职务。尽管施泰因的改革努力并没有多少基于启蒙理想，但正是这些改革释放了这种力量。在普鲁士国家改革的过程中，施泰因推动了一项新的城镇计划，根据该计划，所有年收入超过 200 塔勒的房主和市民（其中也包括小市民）都可以投票选举市议会。农奴制度——农民在经济上对地主的依附——被废除了，现在每个人都可以自由从事职业。犹太人第一次在法律上获得了基本平等的地位，这为促进经济的发展提供了理想的环境。

威廉·冯·洪堡回到柏林之后对柏林的状况感到非常失望，于是在内务部提出改革教育体系。他提出了建立一所大型的柏林大学的建议，该大学（译者注：今天的柏林洪堡大学）成立于 1810 年，至今仍在菩提树下大街的海因里希王子宫。有五十三名教师在这里授课，包括三十三名教授，其中有许多是知名人士。尽管柏林建立自己的大学的时间相对较晚，但柏林大学对教学和研究同等重视，并提出“超越单纯的知识传授，重视人文个性的提升发展”这个在当时独一无二的理念。重要的思想家和许多学生都来到了柏林。在短短的二十年里，柏林大学就成了德国最大的大学。

1810 年，柏林第一份日报出版：海因里希·冯·克莱斯特（Heinrich von Kleist）发行的《柏林晚报》（*Berliner Abendblätter*）。作为第一份报纸，《柏林晚报》主要报道当地新闻，不过，只发行了半年的时间。《柏林晚报》，加上《施本纳报》（*Spenersche Zeitung*）以及历史悠久的《福斯报》（*Vossische Zeitung*），它们的发行商在拿破仑战争期间逃往西里西亚，但现在也同样恢复了在柏林的工作。这座城市正蓬勃发展，但文化和教育方面的变化比经济方面的更明显，经济上尽管进行了改革，但改革的成效并不明显。

图中的雕塑是威廉·冯·洪堡的胸像，由丹麦著名雕塑家贝特尔·托尔瓦德森（Berthel Thorwaldsen）创作。

1812 年，法国人离开柏林仅仅四年之后又一次前往柏林，整个城市再次屏住了呼吸。这一次，他们是作为普鲁士的盟友出兵进攻俄国的。但是，对于柏林人来说，几乎感受不到这次与上一次被占领有什么分别——至少是在法国总督接管了这座城市之后。曾经在法国人占领时耐着性子忍受的民众，现在也骚动了起来。柏林人和法国军队之间时常发生冲突。早在 1810 年的时候，曾有一个秘密组织“德意志邦联”（Deutscher Bund）成立了，它背后的组建者是体育先驱弗里德里希·路德维希·雅恩（Friedrich Ludwig Jahn），他曾在柏林从事助理教师的工作。1811 年，雅恩在哈森海德（Hasenheide）建立了德国第一座体操运动场，这个运动场第一眼看上去大概会让人觉得它与自由运动之间的联系很紧密。对雅恩来说，体操还包括竞技、击剑和远足旅行，目的是增强同胞们的自信心，并使年轻人做好与内部的敌人——“诸侯统治”（Fürstenherrschaft）——以及外部的敌人战斗的准备。后者无疑是指法国人。拿破仑战败后，人人都觉得大快人心。许多在哈森海德与雅恩一起练习体操的年轻人组建志愿军，成为煽动资产阶级起义的游击队。柏林成了一个火药桶。法国军队在向西撤退的路上从这里经过，每天仍有一万名法国士兵进入这座城市。普鲁士后备部队统帅路德维希·约克·冯·瓦滕堡（Ludwig Yorck von Wartenburg）在1812年底，未经国王批准，与俄国达成停火协定，从而为俄国人进入东普鲁士开放道路。在负责劝说沙皇的代表施泰因的支持下，约克呼吁改变立场，并发起一场针对法国的人民起义。对此，雅恩周围这些热血沸腾的年轻人早就迫不及待了。1813年3月初，在只有几百名俄国士兵到达柏林时，法国人就几乎都已经撤走了。仅在柏林，就有六千三百人响应约克建立一支战时后备军的号召，志愿参加反法斗争。在舍讷贝格和施泰格利茨（Steglitz），他们仍然

图中描绘的是1820年时的柏林大学，它很快就成了柏林精神生活的中心。

“昏暗地窖”中举行的秘密会议

雅恩的“德意志邦联”的成员们要求拿破仑和他的军队从普鲁士撤走，并在一个统一的德意志之中为普鲁士的未来计划筹谋。1806年，德意志民族神圣罗马帝国终于灭亡，现在必须弥补这个民族的巨大空缺了。邦联的会议在滕珀尔霍夫葡萄园山之间一个名为“昏暗地窖”（Dusterer Keller）的小峡谷中高大的树木下举行。几十年后，这些山就已经被夷平了，峡谷也被用沙子填平了，为不断发展的城市提供了更多的空间。不过，今天还是可以看出一些高度上的差异的。从诺斯蒂茨街（Nostitzstraße）和阿恩特街（Arndtstraße，克罗伊茨贝格）地区中间的一处凹陷可以猜测这里从前的情形。

后来，雅恩及其年轻的追随者们搬到了哈森海德。对于那些保守的市民来说，在这里露天进行体操和击剑运动简直是太离谱了，尤其是，这里对所有人都一视同仁，无论是对工人还是对贵族都平等相待，大家都穿着相同的体操运动服。最初，体操运动场里的设施相当简陋，只有几根木头，后来还增加了栏杆和鞍马。直到今天，雅恩纪念碑仍然纪念着体操的诞生。纪念碑的基座上有来自世界各地的体操协会的献词，见证着雅恩思想的传播及其政治影响力。

雅恩纪念碑（Jahndenkmal），哈森海德人民公园（Volkspark Hasenheide），新克尔恩

这张纪念册页是为了纪念 1811 年哈森海德的第一座体操运动场的落成而制作的。图上方的画像是体操之父——雅恩。

会与撤退的法国军队交战。在普鲁士军队的火力之下，法国人曾在施潘道古堡筑工事防御，施潘道在这些战斗中受损很严重。

但是，柏林的庆祝欢呼只持续了很短的时间。被削弱的拿破仑军队在萨克森州集结，重新向柏林进军。在 8 月的一个雨天，当大约七万五千名法国人到达距离柏林只有几英里（1 英里约为 1.61 千米）的大贝伦（Großbeeren）的时候，柏林人立马骚动了起来。由于担心遭到抢劫，市民们把贵重物品埋在了院子里。人们在街上交头接耳，焦虑不安地一次次向南边看去，还听到了从那里传来的加农炮的响声。在大贝伦，弗里德里希·冯·比洛（Friedrich von Bülow）将军率领的普鲁士军队与法国人对峙。他曾在历史上留下了这样的豪言壮语：“我们应当

把尸骨抛在保卫柏林的前线，而不是烂在后方。”一大早，市民们聚集在主干道上为普鲁士的捍卫者们欢呼喝彩。之后，又有许多柏林人爬上了今天的克罗伊茨山（Kreuzberg），因为从那里可以看到大贝伦上方的烟柱。一些市民自己骑着马到战场上去看一眼情况，然后回来报告普鲁士军队明显的优势。欢呼声遍布整个城市。普鲁士军队在与法军战斗的大贝伦战役中取得了胜利。战场上则出现了一种诡异的全民节日氛围：市民们在一具具尸体之间郊游野餐，还有人搜寻死者身上的“纪念品”。人们兴高采烈地庆祝着。从克罗伊茨贝格到大贝伦的集体游行甚至在之后的几十年里，一直是一项固定的仪式，于战役纪念日 8 月 23 日这一天举行。

卡尔・勒希林（Carl Röchling）在《科尔贝格军团占领大贝伦的教堂墓地》中描绘了可怕的战争场景，令人印象深刻。这个墓地今天仍可以参观。

梦想破灭

多年来的压抑与不自由造就了一个具有民族主义和自由主义思想的强大的资产阶级，现在他们正推动进一步的改革。国王腓特烈·威廉三世尽管表面上让步，答应了为普鲁士制定一部自由宪法的要求，但也只是停留在表达了这样的意向上。1815 年的维也纳会议促成的不是一个统一的德意志国家，而是一个并不受人欢迎的德意志邦联，在这个松散的组织里，反动统治者依旧有权有势、随心所欲。中产阶层的活动重新回到了私人空间。柏林的沙龙从 1815 年才兴盛起来也并不奇怪。拉埃尔·瓦恩哈根和亨利埃特·赫茨继续处于社交活动的中心。此外还出现了许多新的沙龙，例如，贝蒂娜·冯·阿尼姆（Bettina von Arnim）的沙龙。相比之下，在公众场合，自由主义的精神却越来越受遏制，被进一步边缘化。1819 年，诗人、俄国总领事奥古斯特·冯·科策比（August von Kotzebue）被刺杀，他生前曾多次公开攻击自由主义运动和雅恩，他的遇刺成了当局“迫害煽动者”（Demagogenverfolgung）的由头。雅恩和他的一些追随者被捕。几周之内，当局通过了一项“卡尔斯巴德决

克里斯蒂安·戈特利布·坎蒂安（Christian Gottlieb Cantian）于 1829 年创作的花岗岩石盘在完成后不久就受到了人们的普遍赞赏。约翰·埃德曼·胡梅尔（Johann Erdmann Hummel）的这幅画创作于 1831 年。

议”（Karlsbader Beschlüsse），其中包括对言论自由进行广泛限制的规定、建立出版审查制度、对大学进行监视、解除有批判思想的教授的职务以及关闭所有体操运动场。在今天看来，自相矛盾的似乎是，这座城市在这一时期的文化生活非常繁荣：柏林有众多艺术家。例如，雕塑家克里斯蒂安·丹尼尔·劳赫和作家 E.T.A. 霍夫曼（E. T. A. Hoffmann）都在柏林生活和工作，还有在大学学习的海因里希·海涅（Heinrich Heine）、令音乐爱好者着迷的作曲家费利克斯·门德尔松·巴托尔迪（Felix Mendelssohn Bartholdy）。卡尔·弗里德里希·申克尔打造了城市的建筑特色——至今仍对柏林有着深远的影响。不仅是新岗哨（Neue Wache）和御林广场上的柏林音乐厅（其前身是剧院，在 1817 年被烧毁）的设计，弗里德里希韦尔德教堂、柏林老博物馆和城市中的许多其他建筑的设计都出自他手。景观设计师彼得·约瑟夫·伦内于 1844 年设计建造了德国第一座动物园。对于柏林的民众来说非常重要的一件事是：1814 年，腓特烈·威廉三世将胜利女神雕像带回了柏林，并重新将其安置在勃兰登堡门上——雕像上的橡树花环中还被添加了一枚铁十字勋章。这位驾着四马双轮战车的女神原本被视为和平的使者，现在人们将其视为胜利女神维多利亚。这一次，是普鲁士的国王在欢呼的柏林人面前骑马穿过了勃兰登堡门，同一时刻，门上的幕布落下，这座失而复得的新的胜利女神雕像呈现在了人们眼前。

1847—1848 年，柏林的许多地方都举行了民众集会，如在蒂尔加滕北部边缘，今天已经不复存在的“在帐篷里”大街上。

这种具有象征意义的行为缓解了人们日益增加的不满情绪，同时转移了人们对自由主义倾向所受到的压制的注意力。虽然 1830 年法国“七月革命”中法国波旁王朝被推翻的事件在柏林几乎没有引起任何回响，但民众的不满与愤怒往往是由一些小事引发的。1835 年就是这样的情况，并因此导致了一场大暴乱，事件的起因是当局禁止在国王生日庆典上燃放焰火，当有人在勃兰登堡门附近点燃了一些焰火后，治安部队出动镇压。冲突最终演变为所谓的“烟花革命”。大街上的乱斗持续了三天，导致示威者一方一百五十二人被逮捕，一百人受伤，两人死亡；宪兵队一方有七十二人受伤。

经济上，这座城市在慢慢地复苏。1818 年，普鲁士通过了一部海关法，大大简化了海关制度，并规定对外贸只征收适度的关税。最初，这导致外国产品，尤其是质优价廉的英国制成品大量涌入市场，给国内企业造成了压力。不过现在，在设计得当的扶持政策的帮助下，这座城市也可以建立起自己的具有国际竞争力的产业。曾经也相当庞大的纺织业再次蓬勃发展起来。机械工程和金属加工领域的一些重要企业，例如，博尔西希公司（Borsig）和西门子－哈尔斯克电报机制造公司（Siemens & Halske）等，于 19 世纪 30 年代和 40 年代在柏林及其周边地区相继成立。这极大地促进了这座城市经济的发展，但也带来了社会问题：人们大量涌入城市，人口迅速增长，劳动力供给过剩，工资水平下降。他们的工作时间至少有十二小时，他们也没有任何社会保险和医疗保险，所以其中有很大一部分人都生活在极端贫困之中。例如，1847 年爆发的持续了数日的“马铃薯革命”，绝不是 1848 年革命发展的前兆，而恰恰是由农作物歉收和长期的供应短缺引发的饥饿骚动。在那过去的几个月中，这些问题已导致了多起对市场摊位的袭击和抢劫事件。

爱德华·格特纳（Eduard Gaertner）用令人毛骨悚然的现实主义笔触描绘了柏林的巷战。下图是布莱顿大街（Breiten Straße）上的街垒。

自 1840 年腓特烈·威廉四世执政以来，一如其前任们一贯的做法，断然拒绝了制定一部民主宪法的要求，资产阶级对此感到极大的不满。

近几十年来，人们在沙龙、咖啡厅和大量出现的阅读咖啡馆中谈论的民族主义和自由主义不断发展，受到了法国在这两方面取得的成果（如法国在1830年以后的“七月王朝”时期进行了自由主义改革）的推动。保守派人士在菩提树下大街的克兰茨勒咖啡馆（Café Kranzler）和可布兰科蛋糕店（Conditorei Koblank）见面，而学生和学者则在城市宫旁边的“Josty”糕饼店和御林广场边的施特赫利咖啡馆（Café Stehely）讨论政治和社会形势。在这里，人们会阅读免受新闻审查的外国报纸。对普鲁士的反动政治体制的思想反抗在不断增强。特别是施特赫利咖啡馆，更成了三月革命前（从1830年“七月革命”至1848年“三月革命”）运动的焦点。这里的后面有一间被称为“红色房间”的里屋，在“红色房间”里，像卡尔·马克思（Karl Marx）和弗里德里希·恩格斯（Fruedruch Engelsüber）这样激进的年轻思想家们正酝酿描画着他们的政治愿景。

人们甚至在公开场合也进行了讨论：1848年3月初，人们在蒂尔加滕的“在帐篷里”大街集会，要求获得新闻自由的权利、撤走军队和召集议会。最终，在3月18日，有超过一万人聚集在宫廷广场（Schlossplatz）上。国王腓特烈·威廉四世此时仍然坚信自己可以平息沸腾的民众的怒火，并公开宣布将制定一部自由宪法。这一策略似乎也奏效了：人们对此欢呼雀跃。尽管集会的人们兴高采烈，但包围在宫廷广场旁的士兵仍然十分愤怒。“撤军！撤军！”人们在广场上大喊着。这时，为了平息事件，军队采取了严

“三月革命”阵亡者公墓

1848年3月18日的巷战中大约有两百名平民死亡，他们被安葬在今天的腓特烈斯海因区的人民公园（Volkspark Friedrichshain）里一片为此专门准备的墓地中。直到葬礼的前一天，市议会才批准将这块地改作纪念地。关于将在事件中丧生的士兵也埋葬于此的想法，在人群中引起了激烈的讨论，最终还是军队自己阻止了把这些士兵尸骨安放在这里的行为。3月22日，三月革命阵亡者被安放在了御林广场的灵柩台上，成千上万的市民聚集在这里向他们道别。之后，大约有十万人跟随送葬队伍前往位于市郊的墓地。参加葬礼的民众很多，游行花了四个小时。不过，公墓最后看起来比原来计划的要小。而且，墓地也并没有出现原计划的纪念墓碑。之前为此而公开筹集的钱就这样不明原因地不知去向了。先前为了表达尊重而将死去的起义者们称为“三月革命阵亡者”的国王甚至也很快就没了对他们长期表达敬意的想法。为了防止示威活动，公墓在起义一周年纪念日被封锁了，但在1851年的周年纪念日之前不久，人们宣布要在公墓所在地修建一座火车站。不过这一点从未实现。

三月革命阵亡者公墓，人民公园，腓特烈斯海因区（Friedrichshain）

厉手段：军刀出鞘的轻骑兵出来清理场地，此时发出了两声枪响。被驱赶的人们被激怒了，将马车和各种各样的材料堆在街上构筑街垒抵抗。国王被迫发表《我亲爱的柏林市民们》，呼吁人们拆除街垒，但无济于事。

这次街头巷战的结果是，大约两百名平民和五十名士兵丧生。国王撤出了军队，并发出了和解的信号：他向在巷战中遇难的平民致哀，称其为“三月革命阵亡者”，在宫殿上悬挂了革命的黑红金三色旗帜，并宣布“普鲁士将在德意志崛起”。也就是说，他现在支持革命者强烈要求的德意志统一。但是，各个政治活动者在德意志的未来上存在分歧，这从在法兰克福的圣保罗教堂举行的国民议会陷入了无休止的讨论中可以反映出来。腓特烈·威廉四世于是违背了他的诺言，命令军队占领了这座城市，宣布戒严并解除了起义者的武装。短暂而激烈地燃烧之后，革命的火焰最终被扑灭。

不久之后,国王仍然制定了宪法,但背离了革命的所有目标。与此同时，国王也已经受够了不断造成动荡的柏林的“脓疮”。“我们必须驯服柏林。”他这样对他的总理说。选举法和政治结构被彻底改变了。现在要获得选举权，必须拥有至少 300 塔勒的年收入，而柏林仅有 5%的人口能够达到这个条件。此外，城市里最有分量的人也不再是市长，而变成了警察局的局长。这个职位从 1848 年起由卡尔·路德维希·弗里德里希·冯·辛克尔迪（Carl Ludwig Friedrich von Hinckeldey）担任，他将“三月革命”中的“辅助警察”重建为一支军事化风格的警察部队。这支部队手段强硬，而且有时候在街上维持秩序时非常专横跋扈。只要是被怀疑有民主思想的人，警察部队都可以直接将其驱逐出城市，无须经过法院判决。

从居住城市到工业城市

不过，辛克尔迪并不仅仅是柏林的反民主“驯服者”，也做出了一些明显改善了柏林城市生活的决策：成立了专业消防队，组织建设城市清洁卫生设施，并建立了中央供水系统。人行道上铺上了西里西亚花岗岩石板，至今许多街道上的石板仍然完好无损。洗浴和洗涤设施以及公共厨房为工人提供了更好的生活条件。但是，辛克尔迪的这种不偏不倚的作风最终却给他带来了灭顶之灾。他是如何决定反对自由党的，就是如何禁止贵族们的堕落放荡的行径的。于是，这位警察局局长成了容克贵族们的眼中钉。1856 年，一群经营非法赌博沙龙的贵族决定通过挑衅迫使他进行决斗。辛克尔迪当时已年逾五十了，他一直到最后一刻都还在徒劳地期待国王会阻止这场他与年轻人汉斯・冯・罗乔－普勒索（Hans von Rochow-Plessow）的决斗；但是腓特烈・威廉四世缄口不言。警察局局长最终在容芬海德（Jungfernheide）的那场决斗中死了，今天，那里还有一个纪念十字架纪念他的逝世。在他的葬礼那天，大约有十万柏林人为他送葬，在民众眼里，他对贵族的坚决态度和服务城市的功绩超过了他独裁的领导风格的影响。

1857 年，威廉王子接管了他精神日益错乱的兄长的政务，并最终于 1861 年继位为国王，资产阶级隐隐看到了希望。这位威廉王子在 1848 年镇压“三月革命”中扮演了并不光彩的角色。威廉任命了几位自由派的部长加入内阁，这激起了人们对在普鲁士拥有更多政治自由的希望，但很快，这个希望就被粉碎了。1862 年，保守派的奥托・冯・俾斯麦（Otto von Bismarck）被任命为首相。尽管如此，这座城市还是再一次从君主的统治中获得了一些解放：1869 年，“红色市政厅”开幕时，柏林的资产阶级欢呼雀跃。

与此同时，柏林在向工业城市转型方面迈出了一大步。早在 1837 年，奥古斯特・博尔西希（August Borsig）就在奥拉宁堡门（Oranienburger Tor）前面开设了一家铸造厂。药剂师恩斯特・舍林（Ernst Schering）从 1857 年开始在位于威丁的乔瑟街（Weddinger Chaussee StraBe）附近与他的“绿色药房”相连的一幢工厂大楼里生产照相化学品。越来越多需要更多空间的工厂在市郊落户——在这里他们不必遵守城市的建筑法规。短短的几年之内，尤利乌斯・平奇（Julius Pintsch）的在施特拉劳尔门（Stralauer Torbinnen）前面的小工厂发展成为德国重

图片展示的是乔瑟街的博尔西希机械工厂，这座工厂被认为是柏林工业化的缩影。这是卡尔·爱德华·比尔曼（Karl Eduard Biermann）1847 年的画作。

要的煤气照明企业之一。总的来说，柏林已发展成为德国第一个拥有独立煤气工业的城市。1826 年，第一批煤气路灯照亮了菩提树下大街；到了 1829 年，这个城市已经有大约一千八百个这样的路灯；1847 年，柏林终于建立了自己的煤气管网。

1852 年，路易斯·施瓦茨科普夫（Louis Schwartzkopff）同样在乔瑟街建立了他的机械工厂，后来发展成为德国领先的机车制造商之一 BMAG。恩斯特·舍林将他的化工厂迅速地搬迁到了米勒街（Müllerstraße）上，这条街是乔瑟街的延伸。此时的乔瑟街和米勒街上已经密密麻麻地建起了工厂，人们把奥拉宁堡门前面的这一地区称为“烟火岛”，就是因为这里烟囱众多。

柏林成为各种技术创新的中心。德国的第一条电报线于 1832 年投入运营，其线路从柏林经科隆到达科布伦茨。柏林在德国铁路史上也有着非常重要的意义。1846 年，从柏林到波茨坦的普鲁士铁路线延长到了马格德堡，并融入一个发达的交通网络中，人们可以通过铁路前往巴黎。铁路线的终点是波茨坦车站（Potsdamer Bahnhof），该车站建于 1838 年，位于波茨坦门（Potsdamer Tor）前面，是柏林的第一个火车站，就建在柏林和里克斯多夫波希米亚教区曾经的“苍白”（Bleiche）区域。紧接着，1841 年又建了安哈尔特车站（Anhalter Bahnhof），然后是 1842 年的什切青车站（Stettiner Bahnhof，后来的火车北站 [Nordbahnhof]）以及法兰克福车站（Frankfurter Bahnhof，现在的火车东站 Ostbahnhof）。1846 年，汉堡车站（Hamburger Bahnhof）也建成投入运营。虽然在位至 1840 年的腓特烈 · 威廉三世国王反对引入普鲁士铁路并抗拒了很久，但柏林从 1840 年开始，就迅速发展成为长达 5000 多千米的普鲁士铁路网的中心，该铁路网也与众多其他欧洲国家的铁路网相连接。此外，柏林在 1847 年引入的五条马车线路为这座快速发展的城市提供了更为便利的交通。尽管 1848 年大部分公共马车被堆到街上构筑街垒而被烧毁了，但到 19 世纪 60 年代，数量已经增加到了惊人的二百七十辆马车和一千多匹马。

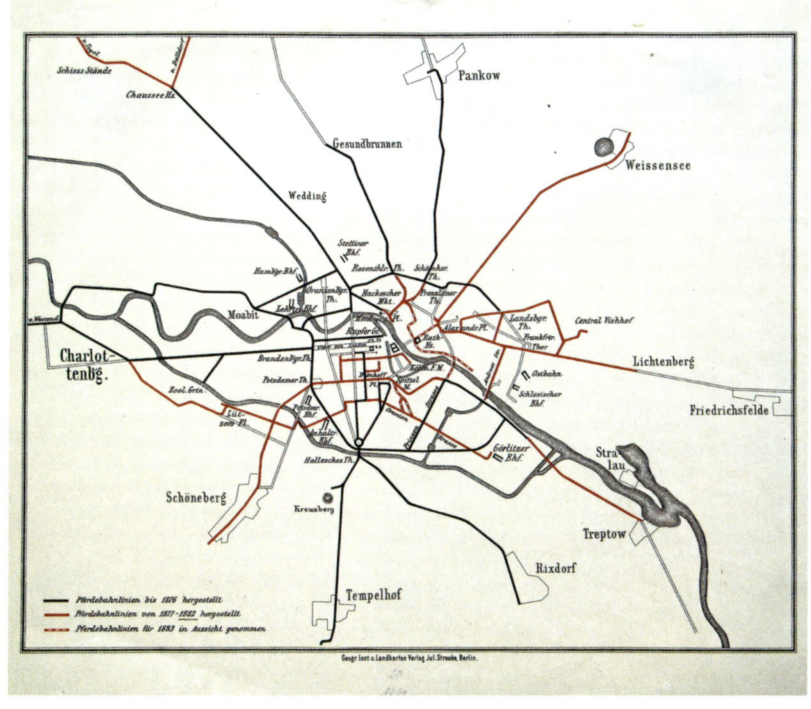

1882 年，尤利乌斯·施特劳贝（Julius Straube）在柏林马车线路开通的这一年绘制的平面图。

在短短的几年内，柏林已从一个从容不迫、慢条斯理的生活城市转变为一个忙忙碌碌、生机勃勃的工业大都市。新劳工的大量涌入导致了城市的扩张。1827 年，腓特烈 – 威廉城（Friedrich–Wilhelm–Stadt，今天的夏里特医院所在地）在路易斯街（Luisenstraße）周围建起来了，并且从 1840 年起，克珀尼克菲尔德（Köpenicker Feld）的天使洼地（Engelbecken）周围也发展出了新的居住区。1861 年，威丁、莫阿毕特、健康泉、滕珀尔霍夫和舍讷贝格郊区也被并入。这座城市古老的关税墙边界之外到处都在蓬勃发展，不过，没有一个地方像北边那样充满活力而又混乱无序。

下图是一幅 1901 年的画作，画的是磨坊街附近的一个城市社区——克罗格霍夫（Krögelhof）。

为了避免城市建设的崩塌，必须对扩张加以约束。1862 年，土木工程监督官詹姆斯·霍布雷希特（James Hobrecht）提出了一项建设发展计划，一个由他领导的委员会以巴黎为蓝本给柏林的结构发展制定了原则。计划规定了街道的宽度和走向。此外，他还设想扩建一个高效的下水道和供水系统。城市地区应当有鲜明的轴线，划分出众多的区域用地。霍布雷希特计划采用一种街区围边建设计划（Blockrandbebauung）：住宅建筑的立面应面向街道，形成封闭的街区，庭院与街道隔离开来，只能通过房屋内的通道进入围起来的后院。这个概念仍然影响着今天柏林住宅的发展。生活区与工作区应该连接起来，不同阶层的人在空间上应该聚集在一起：前楼住着居民，后院则是工人的工作场所，这之间是小型工业企业。但是，霍布雷希特的蓝图并没有回答在实践中究竟应如何处理生活空间与工作空间之间的关系的问题。对于街区的具体划分并没有多少规定。例如，根据建筑公安法规，内部庭院的规格最小为 5.34 米 × 5.34 米（消防车需要这么大的空间才能转弯），投资者就往往会选择符合这个规格的内院，从而最大限度地利用空间。

在人口密集的“集合公寓”（Mietskaserne）中，生活条件不尽如人意。在花园街和托尔街（Garten- und Torstraße）地区的七栋住宅楼内，共有四百二十六间十四平方米的房间，居住着两千一百零八个人，其中一些居住在阁楼和地下室。阿克大街（Ackerstraße）上的“迈尔庭院”（Meyers Hof）则在这方面创造了一个并不光荣的纪录：六个大院共有二百五十七间住房，约有两千人居住于此。最多的有十五个人合住在一个房间，全家大多睡在一张床上。白天在主要住户离开的时候，“睡觉的孩子”通常会在房间补眠，他们在夜间工作，用白天的几个小时睡觉。此外，这些地方的卫生设施也少得可怜：在“迈尔庭院”中，每两个大院只有一间厕所，每天通过屋顶上的水箱冲洗两次到三次。

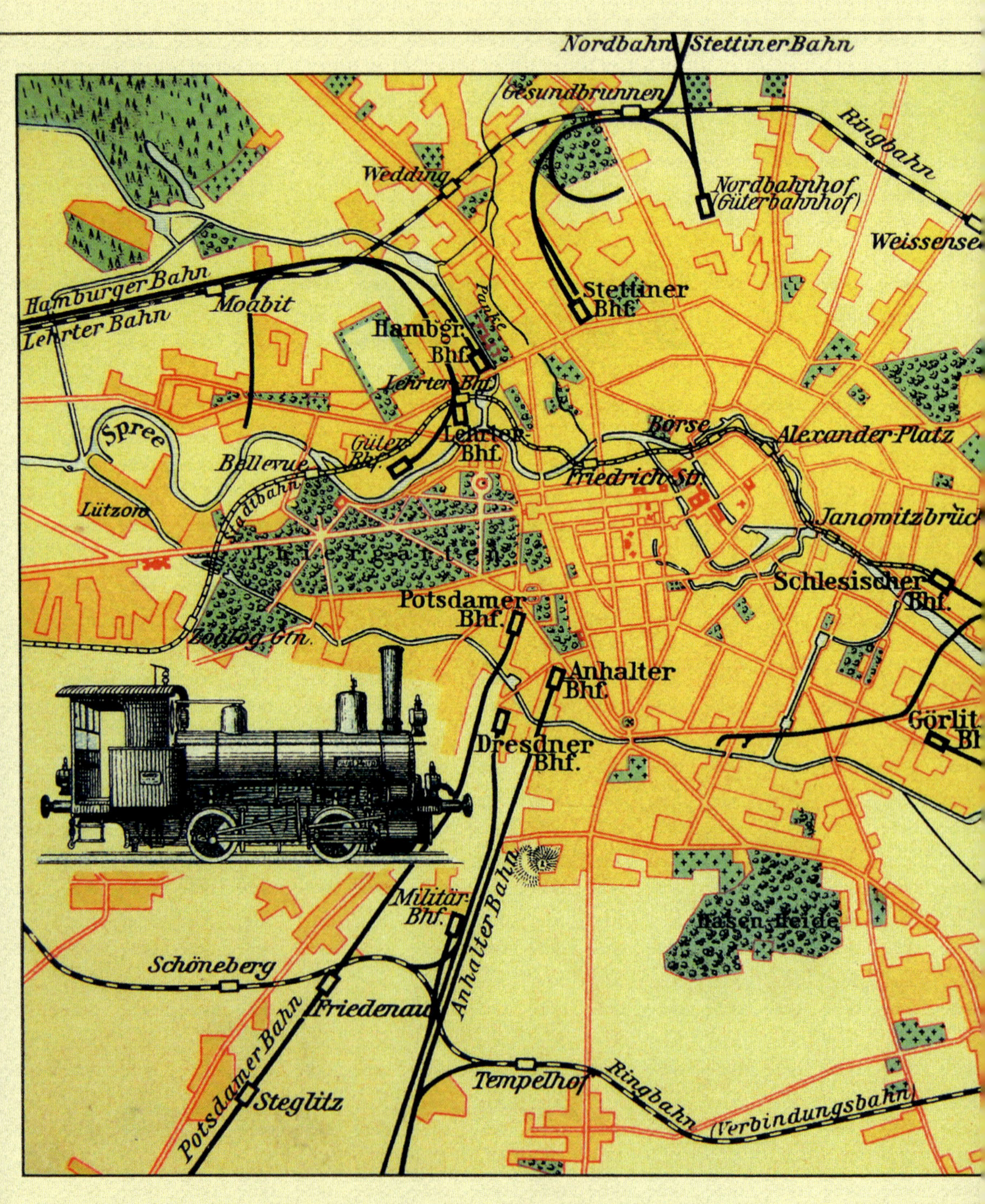
Nordbahn
Stettiner Bahn
Gesundbrunnen
Ringbahn
Wedding
Nordbahnhof (Güterbahnhof)
Weissense
Hamburger Bahn
Lehrter Bahn
Moabit
Stettiner Bhf.
Hambgr. Bhf.
Lehrter Bhf.
Spree
Güter Bhf.
Lehrter Bhf.
Börse
Alexander-Platz
Bellevue
Friedrich-Str.
Lützow
Stadtbahn
Janowitzbrück
Thiergarten
Schlesischer Bhf.
Potsdamer Bhf.
Zoolog. Gtn.
Anhalter Bhf.
Görlit. Bh
Dresdner Bhf.
Hasen-Heide
Militär-Bhf.
Anhalter Bahn
Schöneberg
Friedenau
Potsdamer Bahn
Tempelhof
Ringbahn (Verbindungsbahn)
Steglitz

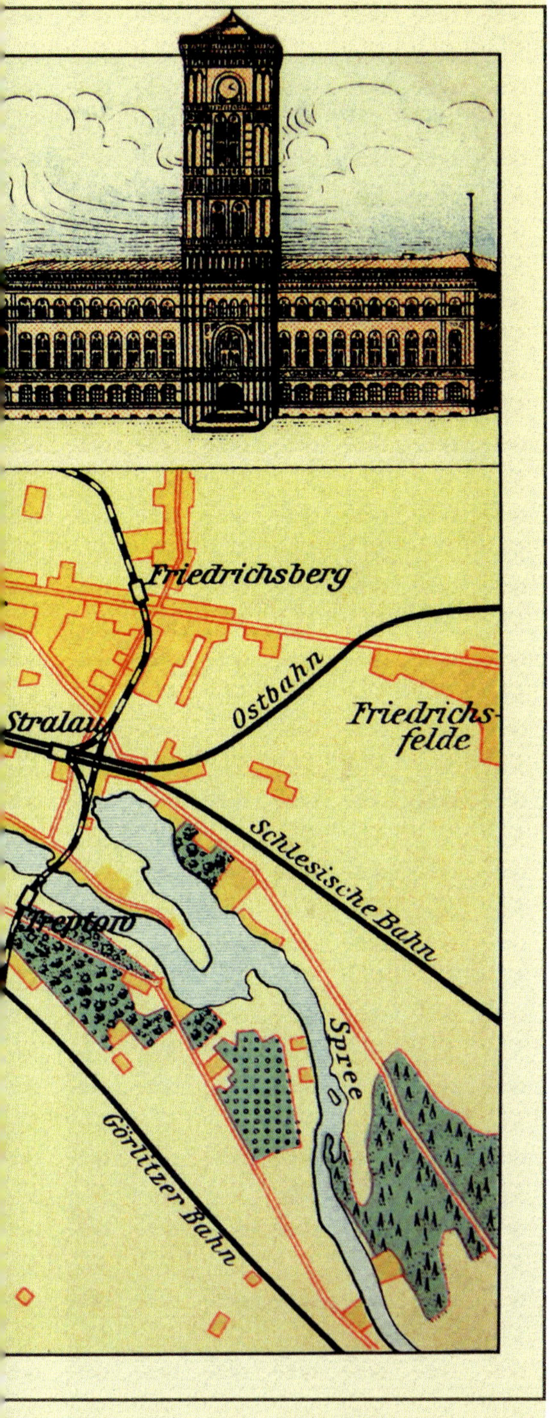

1871—1918

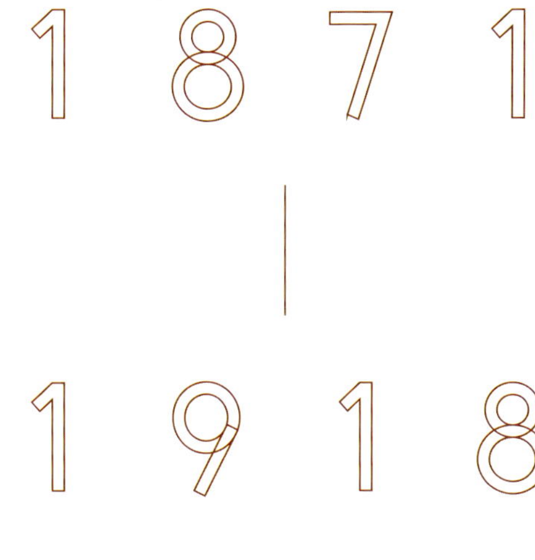

夹缝中的帝国首都（德意志第二帝国）

辉煌与荣耀
建设“电力之都”
新知识，新潮流
远离前线的饥饿年代

这张 1880 年出版的柏林平面图上画了新建的“红色市政厅”和一辆蒸汽机车——城市变得机动化了。

随着 1871 年德意志帝国的建立，柏林成为德国的政治、科学和经济中心。首先是腓特烈施塔特成了首都的心脏，各个政府部门和帝国的首相府都迁入了位于腓特烈施塔特威廉大街（Wilhelmstraße）的几座贵族宫殿。直到 1884 年，德国国会大厦才开始在距勃兰登堡门不远的国王广场（Königsplatz）上建造。除了众多新的教堂建筑，如夏洛滕堡的威廉皇帝纪念教堂（Kaiser-Wilhelm-Gedächtniskirche）之外，米特区的尼古拉教堂也是到这时候才有了其特色的双子塔。随着奥拉宁堡大街（Oranienburger Straße）上新犹太教堂的兴建，犹太社区第一次有了一座中心教堂。医院、商场和学校建筑也在城市各处纷纷建造起来，越来越多的企业在柏林落户。这也吸引了更多的工人带着一家老小来到这座城市。他们非常拥挤地生活在集合公寓里，居住条件大多非常糟糕，相应地，居民之间的关系往往也显得很冷淡。尽管生活条件恶劣，卫生条件差，但流行病的发生在很大程度上还是可以避免的。

图为弗里德里希·凯泽（Friedrich Kaiser）创作的画作《繁荣年代的速度》(Trmpo der Gründerjahre)（约 1865 年），展示了米特区步兵大街（Grenadierstraße）的建设。

与此同时，城市饮用水系统和下水道系统的范围也在扩大。因此，越来越多的集合公寓也渐渐有了自来水供应。

图为弗朗茨·斯卡比纳(Fraz Skarbina)于1895年左右绘制的《柏林北部的铁轨》(Gleisanlagenim Norden Berlins)。画的是从今天格赖夫斯瓦尔德大街(Greifswalder Straße)城市快铁站的桥上看到的夜景，从中可以感受到这座不断发展的工业城市所经历的忧郁辛酸。

这一时期，像迈尔庭院(Meyers Hof)这样臭名昭著的住宅区就如雨后春笋般到处都是。在柏林成为德意志帝国首都仅仅六年之后，人口就突破了百万大关，到1890年甚至超过了一百五十万。也就是说，不到三十年，这座城市的人口就已经超出了詹姆斯·霍布雷希特(James Hobrecht)所计划的居民数量——虽然进行过一些调整，但霍布雷希特的计划在1919年之前一直被当作城市发展的指导方针。城市仍持续不断地发展扩张，占据了田野、沼泽和葡萄园。村庄被城市吞没，连同村庄内那些通往这广阔的城市道路网中的一个个小岛的蜿蜒曲折的小径和小巷。

城市里，如雨后春笋般出现了一批绿化广场和人民公园，这是在被特别任命的城市花园负责人古斯塔夫·迈尔(Gustav Meyer)的倡议下建设的。迈尔于1877年逝世之后，赫尔曼·梅希提希(Hermann Mächtig)接任了这个职位。这些广场和公园中就包括特雷普托公园(Treptower Park)和维多利亚公园(Viktoriapark)，它们服务于贫困阶层，作为“运动、休闲、社会娱乐，以及享受自然和教育的场所，改善社会风俗教化”。在红十字会的倡议下，还建成了一些“红十字会花园”(Rotkreuzgärten)，其主要是让无产阶级能够为自己提供粮食。这里是将莱比锡的医生莫里茨·施雷贝尔(Moritz Schreber)的想法进行了进一步的发展，最初他宣传的是将这些小花园作为理想的体育锻炼场。但在柏林的这些小花园里，人们主要是为了满足基本的生活需要，自给自足。而且在没有可用的正规用地的情况下，居民们会直接去占一些空地自用。尤其是在新建造的集合公寓住宅区，住宅楼对面往往有还未被使用的荒地。这些土地在这种情况下就会被占用［人则在上面建造了施雷贝尔花园（Schrebergärthem）］，直到这些地皮上也要建造其他建筑为止。

柏林作为帝国的首都和集合公寓汇聚之都，几乎不可避免地成了德国工人运动的中心。只有三级选举制（Dreiklassenwahlrecht），即较富裕的选民比贫穷的选民具有更高选举权的制度，还可能阻碍德国社会民主党（SPD，以下简称“社民党”）在普鲁士和柏林执政掌权的道路。俾斯麦通过的《社会党人法》（*Sozialistengesetze*）禁止社会民主党派组织，这也妨碍了社会民主党的成功。尽管 1878—1890 年实施了政党禁令，但许多社会民主党候选人还是能够直接参选当选从而发挥政治影响力。社民党越来越受到大众的欢迎：1900 年，社会民主党人威廉·李卜克内西 (Wilhelm Liebknecht）去世时，成千上万的人聚集在街道两旁为他送葬。

图为瓦尔特·莱斯蒂科（Walter Leistikow）于 1895 年左右创作的《施拉赫滕湖畔的暮色》，描绘了田园诗般的美景，展现了这座大城市动荡之前的“繁荣年代”的宁静。

到 1903 年，柏林已经有二百五十万居民，这一数据也将附

属地区的居民计算在内了。为了使基础设施适应这种发展，柏林于 1909—1910 年发起了一项有关城市建设总体规划的竞赛，为早已不适用霍布雷希特计划的时代指出发展的方向。参赛作品及围绕随后的 1910 年“城市总体规划设计展览”展开的公众讨论，引发了人们对城市的功能运作方式的彻底重新认识。这个规划设计没有将生活、工作和娱乐活动混杂在一起，而是对城市进行了明确分区，划分出不同的建筑区域。

柏林现在越来越关注如何更好地与周边城市和社区协调公共交通的问题，因为柏林和周边的社区过去都是各自制定其发展和交通规划的。轻轨于 1882 年投入运营，具有独特的高架桥拱设计，后来发展成了一个相当可观的轨道网络，到 1892 年就已经包含一百一十四座车站以及长达 412 千米的轨道线路。此外，1902 年，华沙大桥与克尼（今天的恩斯特 – 罗伊特广场 [Ernst-Reuter] 之间建设了第一条地铁线路。在此期间，城市也在不断向周边的下巴尔尼姆（Niederbarnim）县和泰尔托地区发展，这给城市的规划设计以及其他政治和经济治理方面带来了实际的问题。为了应对这些问题，1912 年，柏林与夏洛滕堡（Charlottenburg）、舍讷贝格（Schöneberg）、维尔默斯多夫（Wilmersdorf）、利希滕贝格（Lichtenberg）、新克尔恩、施潘道以及下巴尔尼姆和泰尔托等周围城镇合并，组成了一个拥有三百八十万名居民的区域协作联合的“大柏林”。尽管由于所涉及城镇地区之间利益的冲突，这个联合在形成后的八年里都非常脆弱，相互掣肘，但仍然

后院的生活

随着柏林城市的迅速发展，许多生活区——无论是公共的，还是私人的——都转移到了后院。

在柏林西部，很多后院建筑群都成了 20 世纪六七十年代拆光重建式改造（Kahlschlag-sanierung）和整片街区拆除（Blockentkernung）的牺牲品。在东部地区，这些建筑有许多被保留了下来，尤其是施潘道郊区的。城市历史之旅可以让我们一睹柏林“后院的生活”残存的遗迹。

哈克庭院（Hackeschen Höfe）是现存规模最大的后院建筑群，不过它是直到 1906 年才修建完成的，并且从来不是传统意义上的集合公寓。相反，它们有着宏伟高大的院墙，商铺林立，为柏林人提供了休闲漫步的绝佳地点。哈克庭院总共由八座庭院组成，院落的内部用作居民住宅区。民主德国时期，这里曾是驻德苏联军事管理委员会（SMAD）的所在地，哈克庭院被征用并改变了用途。例如，民主德国的民俗舞蹈团就在这里排练，后来民主德国电视台（DDR–FS）曾将这里的电影院作为工作室。这里的住宅和商业庭院的规模是独一无二的。1996 年，这座院落建筑群进行了全面翻新改造，成了众多游客和夜生活爱好者青睐的地方。

哈克庭院，入口在罗森塔尔大街（Rosenthaler Straße）40/41号和索菲大街（Sophienstraße）6号，米特区

直到今天，有一些集合公寓仍然保留着其住宅和商业混合的用途，包括克罗伊茨贝格的都市庭院（Urbanhöfe）。新巴洛克风格的前立面、砖石砌墙的侧翼，以及使用大量石膏花饰的门廊，独特地组合在一起，令人印象深刻。这里看起来和海因里希·齐勒（Zilles）画中所描绘的后院环境截然不同。这也成了一个鲜明的标志，建筑开发商奥古斯特·克泽尔（August Kösel）也希望此处的建筑能成为自己财富的象征。

都市庭院，都市大街（Urbanstraße）116号，克罗伊茨贝格

今天的柏林虽然仍然有很多的后院世界，不过其中大多在采用集中名签门牌的时代仍然并不对公众开放，也不让街头风琴演奏者进入。他们曾经会从庭院里穿过，在那里演奏音乐，放一张纸让人们把硬币扔在上面。1891年的时候有三千人依靠这一行当谋生，到了1963年时就仅剩二十三人了。

取得了非常重要的成就，比如，“大柏林”设计筹备将总共十六家城市有轨电车公司整合到一个共同的柏林交通网络系统中。此外，通过《永久森林协议》（Dauerwaldvertrag）将森林大面积地收购下来，从而让森林所在地免于被房地产公司开发。正是由于这一决定，柏林的大型城市湖泊和森林景观至今仍得以保留。

1914年，第一次世界大战爆发，一开始，这座城市的人民陷入了一种对战争的集体狂热状态，不过这股狂热劲儿很快就被战时的日常消磨殆尽。粮食供应变得越来越困难，结果引发了极其严重的饥荒。1918年夏天，德国在这场战争中败局已定，帝国所担忧的则是其政权的存亡——而柏林是它的中心。1918年11月，它也终于走到了尽头：帝国投降，皇帝退位。

海因里希·齐勒的石版画《铁十字勋章》（1916—1917年）描绘了一位贫穷的母亲带着四个孩子收到了在前线阵亡的丈夫的信件和勋章。

辉煌与荣耀

帝国的建立不仅带来了德意志期待已久的统一，而且也显示出普鲁士于其他德意志邦国而言突出的地位。普鲁士国王威廉一世，如今已宣布成为德意志皇帝，最初他对加强议会并没有什么兴趣。对于他来说，扩大德国在欧洲的力量至关重要，因为帝国的建立受到了其他国家的质疑，尤其是刚刚被击败的法国。柏林作为首都，应该象征性地反映这一主张的有效性。帝国建立后不久在国王广场（如今的共和广场）上建造的胜利柱上，除了胜利女神像外，还装饰了对丹麦（1864年）、奥地利（1866年）和法国（1871年）的各种镀金的大炮。从国王广场一路向南延伸的胜利大道两旁，从1895年开始，已放置了三十二座勃兰登堡藩侯和选帝侯以及普鲁士国王的雕塑像。但是这条“玩偶大道”并没有得到人们的尊敬，还因过度宣扬历史主义反而受到了柏林人的嘲笑。不过，能够超越它的恐怕只有那座更加值得讽刺的建筑了，没错，说的就是柏林大教堂。威廉二世（Wilhelm Ⅱ）皇帝根据自己的设计要求，在被拆除的申克尔设计建筑的前一栋建筑的原址上建造了柏林大教堂。大教堂上建有一个圆顶，以纪念圣彼得大教堂（Petersclom），它的规模超过了德国最著名的天主教教堂科隆大教堂（Kölher Doms）。柏林大教堂被视为普鲁士和基督教新教统治地位的象征。这个结果对许多人来说似乎很奇怪，当时柏林人很快就将其称为“灵魂气量表”。

如果说大国都在普鲁士派驻了代表的话，那么帝国的成立则可以说是扰乱了柏林的外交生活。一些大使馆不仅在政治生活中发挥作用，在城市的社会生活中也扮演了重要角色。例如，

雕塑是“俾斯麦，打造德意志帝国的铁匠”（约1900年），纪念首相完成了德国统一。

瑞士大使馆——阿尔森区最后的见证

直到今天，瑞士大使馆仍然位于联邦总理府、德国国会大厦和保罗·罗贝（Paul-Löbe）楼之间的宽阔区域中间。这座建筑于 1870 年由弗里德里希·希齐希（Friedrich Hitzig）建造。德意志帝国时期，弗里德里希·特奥多尔·冯·弗雷里希斯（Friedrich Theodor von Frerichs）医生居住在这里，他非常著名的病人菲奥多尔·陀思妥耶夫斯基（Fjodor Dostojewski）这样描述他和他的居住空间："这盏德国的科学明灯生活在宫殿里。"1919 年这座建筑属于瑞士，他们在这里建立了大使馆。但是，二十年后，阿尔森区被夷为平地。纳粹把这里的大部分建筑物都给拆除了，以实现他们将柏林变成"世界之都日耳曼尼亚"（Welthauptstadt Germania）的愿景，为建造由大理石和花岗岩制成的巨型建筑——"人民大厅"腾出地方。那些剩下的房屋也没有幸免，最终在第二次世界大战中被炸弹炸毁。唯一留下来的只有瑞士大使馆大楼，苏联红军在战争的最后几天占领了这座大楼，将其用来组织从这里发动对对面的德国国会大厦的袭击，而使馆的工作人员则不得不在地下室里待一周。德意志联邦共和国（以下简称联邦德国）成立后，这座建筑物继续供瑞士代表团使用，并从 1973 年起成为总领事馆。柏林再次成为首都之后，使馆才搬回到这里。经过两年的整修，瑞士大使馆于 2001 年正式重新开放。2005 年修建完成的施普雷河湾公园（Spreebogenpark）里的放射状路径，让人想起以前的阿尔森区。当年的阿尔森大街从国王广场向北延伸至施普雷河，今天仍然可以看到这条大街的轴线。此外，曾经通往洪堡河港（Humboldthafen）的阿尔森桥（Alsenbrücke）也有一部分还裸露在外面。

瑞士大使馆，奥托·冯·俾斯麦大道（Otto-von-Bismarck-Allee）4a 号，蒂尔加滕

在战败之后的数年中，巴黎广场上的法国大使馆成为贵族、外交官和中上层阶级人士的热门聚会场所——而拿破仑的鹰徽则被耻辱地藏在了建筑物前部的镀锡盒后面。

许多其他国家在新建立的阿尔森区（Alsenviertel）设立了大使馆。尽管自 19 世纪 30 年代以来就有计划建设施普雷河湾（Spreebogen），将其作为蒂尔加滕东北部的木材储存区，但由于这里长期以来一直是沼泽地，因而计划失败了。建有胜利柱（Siegessäule）的国王广场提升了这一地区的价值，为各国代表提供了一个具有代表性的环境。1894 年德国国会大厦的建成，使得柏林作为领事馆的所在地更具吸引力。在随后的几年中，有十三个国家和地区将领事馆迁至阿尔森区，其中包括日本、瑞士、奥匈帝国和奥斯曼帝国。

建设"电力之都"

法国出乎意料地迅速支付了战争赔款。新的资本的注入给自 1860 年以来一直持续增长的经济插上了新的翅膀，并得到了德国新的共同经济区和自由经济政策的支持。凡是有资

金储备的人都把这些钱投资到了证券交易所。1863 年，这个交易所在布尔格大街（Burgstrasse）一幢具有纪念意义的新古典主义建筑中成立。股票是当时资产者之间对话的中心话题，几乎没有人能够抗拒那段时间的投机热。制造商和股票投机商塑造了一种生活方式，其在某种程度上似乎可以说是暴发户版本的贵族生活方式。制造商们在城外建造了老式豪宅风格的别墅。其中一处这样的居住区在格吕内瓦尔德（Grünewald），首相俾斯麦亲自敦促将该地区 234 公顷的土地出售给了几位投资者。他们则围绕着人工开挖出的湖泊链（胡伯特湖 [Hubertussee]、赫尔塔湖 [Herthasee]、科尼格湖 [Koenigssee]、狄安娜湖 [Dianasee]）开发建造了一片贵族别墅居住区，今天仍然可以欣赏到它的辉煌宏伟。应俾斯麦的要求，通往格吕内瓦尔德的骑马沙路被拓宽改建成了 53 米宽的选帝侯大街（Prachtboulevard Kurfürstend-amm），其中除了各种高品质住宅之外，还设有各种商店和娱乐场所。企业家阿道夫・扬多夫（Adolf Jandorf）在柏林各处已经经营了六家百货商店，他的西方百货大楼（Kaufhaus des Westens）于 1905 年在维滕贝格广场（Wittenbergplatz）上建成，是他迄今为止拥有的最繁华、最著名的商场。

在滕珀尔霍夫、舍讷贝格和维尔默斯多夫，越来越多的地皮被投资者买了下来。其中，维尔默斯多夫和舍讷贝格在柏林的有钱人中很受欢迎，成了非常抢手的建筑空间。这一巨大需求也让当地农民从中受益，他们能够以疯狂的价格出售其耕地。这些"百万富翁农民"中的一名，奥托・施拉姆（Otto Schramm），将自己的财产投资在维尔默斯多夫湖畔的一个湖滨浴场，以及"施拉姆舞蹈宫"（Tanzpalast Schramm），从而奠定了维尔默斯多夫作为湖滨度假和休闲娱乐胜地的声誉。"一起去施拉姆吧！"成了当时柏林人周末外出郊游常用的话。不过，在 1910 年左右，哈伦湖（Halensee）上的月亮公园（Lunapark）凭借其引起轰动的娱乐设施，将游客从维尔默斯多夫浴场吸引了过来。这片地方俨然早已是一座有着十万名居民的大城市，已严重污染的湖也很快就被填平了。

1873年，投机泡沫破裂。永远增长的梦想以所谓的“创建者的崩溃”（Gründerkrach）而告终，当时维也纳和纽约证券交易所的经济困难也影响到了柏林。两年后，柏林铁路制造商贝特尔·亨利·施特罗斯贝格（Bethel Henry Strousberg）破产，并且在政治上和民众中作为不诚实的经济活动的案例而被钉在了耻辱柱上——反犹太主义的论调总是会被提起。施特罗斯贝格在威廉大街上富丽堂皇的宫殿——作为技术先驱，配备了热水、煤气照明和洗衣机——成了英国大使馆，而这位曾经的“铁路大王”于1884年在他早前做厨师时住的阁楼寓所中穷困潦倒地去世了。

在随后的几年中，小型工业公司难以维持生计。在柏林，三大工业巨头发展起来了：博尔西希、西门子和德国通用电气公司(Allgemeine Elektricitäts-Gesellschaft，AEG）。柏林在两次大型行业展览会上展示了它的经济实力。第一次是于1879年在雷尔特车站（Lehrter Bahnhof，现为柏林中央车站（Berliner Hauptbahnhof））附近的一块场地上举办的，穿过那里仍保留着的一条露天台阶可以进

《乡村田园诗》，恩斯特·汉克（Ernst Hancke）所绘：1862年，最初的选帝侯大街看上去就是一条乡间土路。

入 ULAP 公园。西门子在这里展示了第一台电力机车，大约有九万人参观了试车活动。第二次行业展览会于 1896 年在特雷普托公园开幕，该展览会是由“柏林工商业者协会”举办的，至今仍然还在举办。最初，协会的初衷是将世界展览会带到柏林。威廉二世皇帝强烈反对这一观点，因此工商业界最终自己发起并举办了一场展会，其各方面都绝不逊色于曾经计划的世界展览会。对这个占地 90 万平方米的展会进行了全球宣传并吸引了七百万名参观者。在当时的建筑物中，只有阿恒霍德天文台（Archenhold-Sternwarte）仍被保留至今，而且天文台的巨型望远镜是那时的主要参观点之一。此外，物理学家威廉·康拉德·伦琴（Wilhelm Conrad Röntgen）在这里展示了以他的名字命名的 X 射线。到了晚上，展览区点亮成千上万个电灯泡，灯火辉煌，轰动一时。由于有了德国通用电气公司和成立于 1884 年的城市电气工程公司（Städtische Electricitäts-Werke），柏林在电力供应领域发挥了先锋作用，这座城市赢得了“电力之都”（Elektropolis）的称号。

施特罗斯贝格一家（《Familie Strousberg》）（1870 年），凭借他们当时的身份地位，由路德维希·克瑙斯（Ludwig Knaus）为其画像。

企业巨头们取得了巨大成功，其中一些工业家建造起了豪华别墅。有一些这样的建筑今天依然还在。对此，一个令人印象深刻的例子就是1912年在莱尔维尔德半岛（Halbinsel Reihenwerder）建造的博尔西希家族的别墅，它如今作为联邦外交部部长招待外宾的迎宾馆。

博尔西希别墅（Villa Borsig），莱尔维尔德（Reihenwerder），赖尼肯多夫区（Reinickendorf）

1919年，弗里德里希·克里斯蒂安·科伦斯（Friedrich Christian Correns）修建了另一座豪宅。蓄能器厂（后来的瓦尔塔[VARTA]的主管就住在这里），整个豪宅有八十间富丽堂皇的房间。科伦斯去世后，这套房子转到了西门子家族手中。至今这座建筑仍被称为“西门子别墅”，供两所私立大学使用。

西门子别墅（Siemens-Villa），卡兰德雷利大街（Calandrellistrasse）1—9号，兰克维茨（Lankwitz）

药品制造商恩斯特·马里尔（Ernst Marlier）的别墅建于1914—1915年，位于万湖畔。马里尔因殴打、非法侵入和侮辱公职人员而屡屡触犯法律。他吹嘘他的药物有多好，但其实它们大部分都只不过是用蛋黄、乳糖、柠檬酸和钾盐制成的。这名狡猾的商人在1921年将有着三十间房间的别墅卖给了北德房地产股份公司。不过几年之后，纳粹政府的主要代表于1942年在这里聚集，讨论组织大屠杀，这座别墅从此便臭名昭著。今天，“万湖会议旧址”已成为纪念馆和教育基地。

万湖会议旧址（Haus der Wannsee-Konferenz），万湖畔（Am Großer Wannsee）56—58号，万湖

新知识，新潮流

与这座城市的经济发展齐头并进的还有柏林作为科学基地的崛起。早在1879年，技术高等学校（现为技术大学）就成立了，随后威廉皇帝协会（现为马克斯·普朗克学会）在1911年成立了。在思想界，现代思想发展起来了，这似乎使得皇帝文化保守主义的立场、俾斯麦对于社会民主主义进行的无望斗争，以及整个城市景观所反映的普鲁士的过强的自尊心显得不合时宜。活力与僵化之间的矛盾分歧在文化生活中尤为明显。在已成立的与国家有着密切联系的“柏林艺术家协会”（VBK）于1891年拒绝了挪威画家爱德华·蒙克（Edvard Munch）参加大型国际艺术展的作品之后，围绕着瓦尔特·莱斯蒂科、弗朗茨·斯卡比纳和马克

特雷普托公园举办的行业展览会场馆的样子被永远保存在了这枚火柴盒的外壳上。

斯·利伯曼（Max Liebermann），许多艺术家联合起来组织了一些反抗活动。1892 年，柏林艺术家协会中止了一个正在进行的蒙克作品展览，因为他的艺术被评价为“令人厌恶的”，于是矛盾就升级了。文化行业分裂了。1898 年，“柏林分离派”（Berliner Secession）成立，旨在为僵化固执的普鲁士争取现代主义的突破。分离派艺术家，如海因里希·齐勒，在绘画中毫不留情地将柏林工人阶级的日常生活，部分以自然主义的方式描绘出来，部分以讽刺漫画的方式夸张地加以表现，将现有的文化机构和皇帝带入了白热化的现实。1894 年，皇帝在德意志剧院（Deutsches Theatre）看到了格哈特·豪普特曼（Gerhart Hauptmann）的具有社会批判性的戏剧《织工》（*Die Weber*）之后，表达了个人的抗议：愤然起身离开了包厢。

1905 年，表现主义艺术家团体“桥社”（Brücke）在德累斯顿（Dresden）成立，艺术节逐渐将其创作活动转移到柏林。1910 年，已经建立的“柏林分离派”在一次春季展览上拒绝了“桥社”成员的画作，这导致了“桥社”与其之间的冲突。随即，由画家马克斯·佩希施泰因（Max Pechstein）领导的表现主义者创立了“新分离派”（Neue Secession），他们在威廉皇帝纪念教堂附近的艺术沙龙“马克西米利安·马赫特”（Maximilian Macht）举办的第一次展览引发了一则社会丑闻。评论界将这个展览批评得一无是处，愤怒的参观者们在画框上乱涂，还破坏了一些展出的作品。

艺术出现前所未有的两极分化。即使这一幕未能成功地打破帝国主义的保守主义，但这些年来发展起来的多元文化景观，却与国王大道上的“国家艺术”和新建设起来的博物馆岛上的博物馆建筑的历史性辉煌形成了鲜明对比。

马克斯·利伯曼，这是他 1913 年的一幅自画像，他被认为是 1900 年左右柏林艺术界的领军人物。

远离前线的饥饿年代

经过四十年对帝国的民族自豪感的不断增强之后，1914 年第一次世界大战的爆发令德国广大民众由衷地感到兴奋、满怀希望。年轻人排着队志愿参军打仗。

然而，这种狂喜很快消退了。大部分男性都上了前线，而剩下仍留在城市中的人却面临着越来越困难的供应问题。他们所期望的快速胜利并未实现，而尽管比利时和法国的前线陷入了阵地战的困境，但柏林却非常明确地表示了，政府并没有应对战争长期持续下去的供给战略。1915 年 2 月，柏林成了德国第一个引入面包票的城市。限量配给变得越来越严苛，在 1917 年时达到最低点。成年人每天只能摄入 1100 卡[1]的热量，而且这还有一个前提，就是人们必须在商店前的“食物波洛涅兹舞”中排队等待几个小时后，才能得到东西。卷心菜和萝卜是少数仍可充分获取的食物，可以掺杂或替代几乎所有其他食物。从卷心菜面包到卷心菜酱，再到用烤核桃壳制成的咖啡：创意没有界限。当时有一个委员对九十种出售的香肠进行检查，结果宣布只有二十八种“像香肠”并且是可以吃的。那些能够获得正宗商品的人可以通过黑市交易发大财。因为实际上“黑市买卖”中还是什么都有的——只不过交易价格都高得离谱。那些在乡下有亲戚的人就很幸运了，不时能收到亲戚送来的火腿和一些香肠，或者还能够依靠“囤货之行”（Hamsternfahrt）搞到食物。

1917 年 4 月，面包和土豆的配给量再次减少，于是发生了一场约有三十万工人参加的大规模罢工，即所谓的“面包罢工”。就在士兵们在前线战死的同时，德国的“后方阵线”也有七十五万人死于饥饿——其中有很大一部分人都死在柏林这样的大城市中。

1　1 卡约等于 4.19 焦。——编者注

第一次世界大战时，皇帝喜欢穿着灰色制服。

从 1915 年到 1920 年，德国一直实行粮食配给制度。

Übersichtsplan
der
STADT BERLIN
nach dem Gesetze vom 27. April 1920
Verhältnis 1 : 60000
Aufgestellt, Berlin, im September 1920
Städtische Plankammer
Eichberg.
Erläuterung:
Kreisgrenzen
1 - 20 Verwaltungsbezirke
Dauerwaldflächen
Verzeichnis der Wahlkreise:
Wahlkreis I = Verwaltungsbezirk 1 (Mitte)
" II = " 2 (Tiergarten)
" III = " 3 (Wedding)
" IV = " 4 (Prenzlauer Tor)
" V = " 5 (Friedrichshain)
" VI = " 6 (Hallesches Tor)
" VII = " 7 (Charlottenbg. usw.)
" VIII = " 8 (Spandau usw.)
" IX = " 9 (Wilmersdorf usw.)
" X = " 10 (Zehlendorf usw.), 12 (Steglitz usw.), 13 (Tempelhof usw.)
" XI = " 11 (Schöneberg usw.)
" XII = " 14 (Neukölln usw.)
" XIII = " 15 (Treptow usw.), 16 (Cöpenick usw.)
" XIV = " 17 (Lichtenberg usw.)
" XV = " 18 (Weißensee usw.), 19 (Pankow usw.), 20 (Reinickendf. usw.)
Kreis Niederba
Kreis Osthavelland
Kreis Teltow
Kreis Zauch-Belzig
Stadtkreis Potsdam
20 Km
15 Km
10 Km
Frohnau
Hermsdf.
Lübars
Blankenfelde
Berlin-Buchholz
19
Heiligensee
Berlin-Tegel Forst Nord
Berlin-Tegel
Schloß
Berlin-Wittenau
20
Berlin-Rosenthal
Nordend
Wilhelmsruh
Berlin-Niederschönhsn.
Berlin-Heinersdorf
Berlin-Reinickendf.
Berlin-Pankow
Berlin-Tegel-Forst-Jungfernheide
3 Wedding
4 Prenzl. Tor
Bln.Tegel Forst Plötzensee
SPANDAU 8
Staaken
7 CHARLOTTENBURG
2 Tiergarten
1 Mitte
Berlin-Schloß
BERLIN
5 Friedr. Hain
6 Hallesches Tor
Berlin-Heerstraße
Pichelsdorf
zu 8
Gatow
Berlin-Grunewald-Forst
9
Berlin-Grunewald
Berlin-Schmargendorf
BERLIN-WILMERSDORF
BERLIN-SCHÖNEBERG
11
Bln.-Friedenau
NEUKÖLLN
Berlin-Tempelhof
14
Berlin-Britz
Cladow
Berlin-Dahlem
Berlin-Steglitz
Zehlendorf
10
Berlin-Lichterfelde
12
Berlin-Lankwitz
Berlin-Mariendorf
13
Buckow
Berlin-Marienfelde
Lichtenrade
Neuendorf
Potsdam-Forst
Wannsee
Kl. Glienicke Forst
zu 10

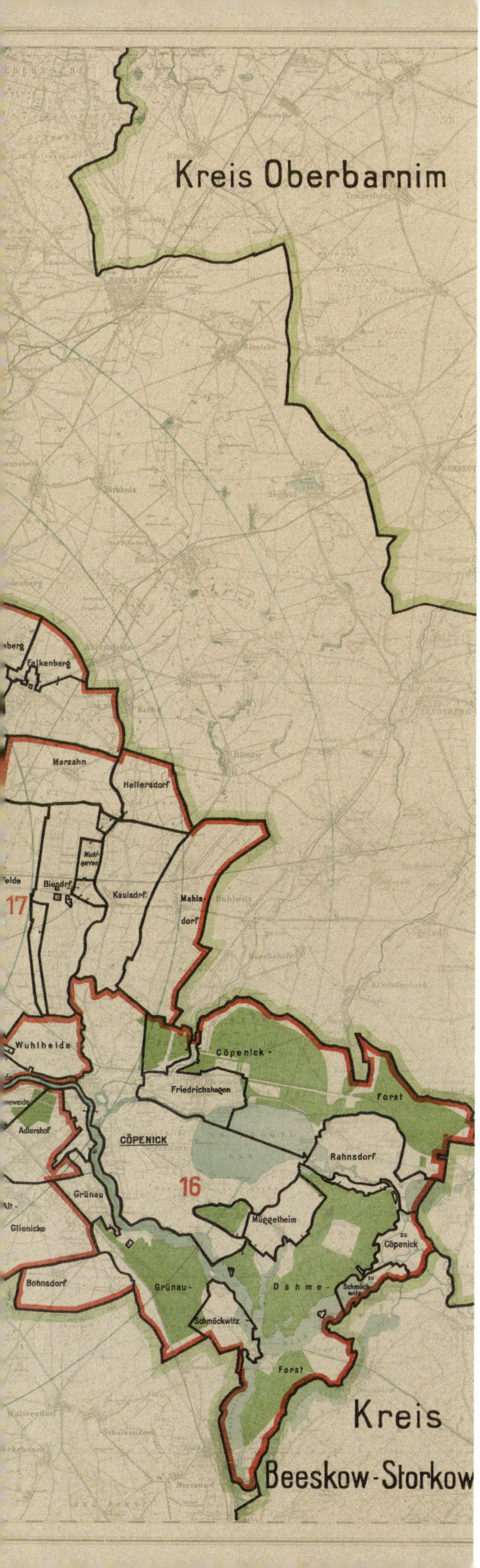

“大城市交响曲”：魏玛共和国，黄金二十年代与经济危机

工人们走上街头！

用洗衣篮装满钱买面包

速度，速度！

苦艾酒、亮片礼服和爵士

黑暗的前兆

这张地图显示了 20 世纪 20 年代“地方政府改组”后的“大柏林”。

1916 年，就是德皇威廉二世放弃了对题词的抵制一年之后，国会大厦上添加了“为了德意志人民”的字样。然而，无论他对议会制再怎么妥协，都无法挽救君主制了。在第一次世界大战中德意志帝国战败之后，皇帝被迫流亡到荷兰。1918 年 11 月 9 日，共和国两次宣布成立——分别由社民党政治家菲利普·沙伊德曼（Philipp Scheidemann）和社会党领导人（Sozialistenführer）卡尔·李卜克内西（Karl Liebknecht）宣布，这也标志着魏玛共和国充满波折的十五年的开始。在这段时间里，议会、激进的左派和君主政体的拥护者，以及不久后出现的纳粹都在争夺着德国的政治权力。柏林成为骚乱动荡和街头斗争的舞台，这个年轻的民主国家的发展困难重重。

这时的柏林也达到了现在的规模。1920 年生效的《大柏林法案》，将城市区域范围扩大到包括七个周边城镇、五十九个村庄和二十七个地产区。这使得这个大都市的面积突然扩大了十三倍。直到 2014 年，有三百八十万人生活在这个欧洲最大的工业城市。在合并后，柏林成为世界第三大城市，并逐渐发展成为国

如今赖希皮楚路堤大街（Reichpietschufer）上的“贝壳屋”（Shell-Haus）建于 1929—1932 年，是柏林现代建筑的体现。图中是理查德·格斯纳(Richard Gessner)在 1929—1930 年所绘的这座建筑。

际认可的文化大都市。

奥托·迪克斯（Otto Dix）和乔治·格罗茨（George Grosz）等视觉艺术家，以及贝托尔特·布莱希特（Bertolt Brecht）和阿诺尔德·茨威格（Arnold Zweig）等作家，对魏玛共和国的文学艺术界产生了深刻的影响。

这种时代精神同样也反映在城市景观中：现代的大型居住区平地而起，由于大规模住房建筑的“工业化”，这些居住区在城市规划方面非常有指向性，为工人提供了舒适的居住空间。如今社会民主党掌握了政治权力，他们运用其改革思想以改变帝国时代恶劣的住宿环境。国际知名建筑师代表，包括瓦尔特·格罗皮乌斯（Walter Gropius）、汉斯·沙龙（Hans Scharoun）和布鲁诺·陶特（Bruno Taut）等都支持这种“新客观主义”。

当然，绝对不是所有人都能从柏林的现代化和“黄金二十年代”中受益。大部分人仍然继续住在集合公寓内。就算在经济发展达到顶峰之时，工人和普通雇员的生活水平依旧没有改善多少。比如，当时的许多家庭都没有自己的住房，不得不按小时租房。在1918—1922年，记录在案的在公共住宿场所过夜的无家可归者

柏林的现代建筑

今天，我们仍然可以看到魏玛时期的一些建筑。值得注意的是埃里希·门德尔松（Erich Mendelsohn）的表现主义建筑。除了一些现代别墅外，20世纪20年代，他还在选帝侯大街建造了“大生活区”（Große Wohnanlage），这是一处可供人们生活居住和休闲娱乐的建筑群。这里有一家电影院和一家小型歌舞剧院，有商店，甚至还有网球场。当时还默默无闻的作家弗拉基米尔·纳博科夫（Vladimir Nabokov）就在选帝侯大街的球场工作，作为一名网球教练谋生。今天这所剧院被列为文物保护建筑。

“大生活区”，位于阿尔布雷希特－阿喀琉斯和西塞罗大街（Albrecht–Achilles– und Cicerostraße），或选帝侯大街与宝尔斯博纳大街（Paulsborner Straße）之间，维尔默斯多夫

亚历山大广场是柏林现代建筑风格的典范。1929—1932年，根据彼得·贝伦斯（Peter Behrens）的设计建造了亚历山大大楼（Alexanderhaus）和贝罗琳娜大楼（Berolinahaus）。这两座大楼是在对亚历山大广场的重新设计改造过程中决定建造的，城市规划师马丁·瓦格纳（Martin Wagner）曾对此进行规划设计，以应对不断增长的交通流量问题。不过，经济大萧条使得计划中的其他项目全都落空了。

亚历山大大楼和贝罗琳娜大楼，亚历山大广场1/2，米特区

有着波浪形外墙的“贝壳屋”坐落于兰德维尔运河（Landwehrkanal）岸旁，建于1930—1932年，是由埃米尔·法伦坎普（Emil Fahrenkamp）以新客观主义建筑风格设计的，也是一座标志性的建筑。

贝壳屋，赖希皮楚路堤大街60—62号，蒂尔加滕

从一万三千人飙升到了七十八万二千人。

城市的快速发展也带来了其他方面的一些弊端。随着众多购物天堂、咖啡馆和其他娱乐场所的兴起，犯罪、卖淫和赌博活动日益猖獗。此外，由于第一次世界大战的后效，金钱越发贬值：1923 年发生了恶性通货膨胀，许多小储户破产。谋取暴利的奸商都掌握着实物资产，所以往往能通过黑市交易疯狂敛财。

通货恢复后接着就是“黄金二十年代”的经济繁荣，然而这所有耀眼的辉煌与放纵狂欢，无非是彻底崩溃的短暂前奏。人们对民主的信任全面削弱。当 1929 年德国爆发经济大萧条时，社会公共秩序崩溃：首都陷入了混乱之中。共产主义者和纳粹主义者在大街上发生激烈的战斗，不断造成人员伤亡。1932 年，四百万居民中约有六十三万人失业。许多失业者看不到自己未来的前途，这让他们接受了纳粹主义者的鼓动宣传，纳粹党柏林－勃兰登堡区党部书记约瑟夫·戈培尔（Joseph Goebbels）煽动诱导柏林市民，并向失去了社会地位的工人许诺了新的前景。在 1932 年 11 月的国会选举中，只有 22.5%的柏林人投票支持纳粹党。尽管这大大低于全国平均水平（37%），但也明显反映了柏林即将迎来纳粹党上台的命运。

通货膨胀时钱的面值经常达到天文数字。

工人们走上街头！

1918 年 11 月 3 日，当基尔发生水兵起义，并扩大到了其他许多城市时，德皇威廉二世正在比利时温泉浴场的军事总部。战争结束后，正当威廉在等待前线士兵返回德国时，武装人员和起义士兵接管了柏林街头的军团。工人和士兵委员会是人们为了实现自治而根据苏联模式成立的。社会民主党人并不认同革命运动。社民党领导人弗里德里希·埃伯特（Friedrich Ebert）想保留君主制。他希望建立一个能够掌控政府的不同于以往的强有力的议会。

11 月 9 日爆发了大罢工。数十万人在柏林街头示威，随后，瑙姆堡的士兵被派往柏林维持秩序。但是，他们拒绝采取行动对付自己的人民，而是站到了起义者的一边。帝国首相马克斯·冯·巴登（Max von Baden）别无选择，只能宣布皇帝退位。威廉二世随

来自柏林的问候：明信片上描绘的是斯巴达克团成员在法兰克福大道设置的街垒。

An den Säulen erscheint heute folgender Aufruf:

An die Bevölkerung Berlins!

Der Rat der Volksbeauftragten hat bis jetzt feststellen können, daß der Auftrag zur Festnahme des Vollzugsrates dem Vizefeldwebel Fischer von einem gewissen Marten und zwei Beamten des Auswärtigen Amtes, Grafen Matuschka und v. Rheinbaben, erteilt worden ist. Marten ist, ebenso wie Fischer, verhaftet worden, die beiden andern sind flüchtig. Ihre Verhaftung ist angeordnet.

Die Truppen, die in der Chausseestraße gegen den Demostrantenzug das Maschinengewehrfeuer gerichtet haben, waren von einem Mitgliede des Soldatenrates beim Generalkommando, namens Krebs, aufgeboten worden. Auch gegen Krebs ist eingeschritten worden. Der Rat der Volksbeauftragten, der sofort alles getan hat, um die Mitglieder des Vollzugsrates zu befreien und die Antastung ihrer Freiheit sowie das entsetzliche Blutvergießen in der Chausseestraße zu sühnen, ist entschlossen, gegen jede Androhung und Verübung von Gewalttätigkeiten vorzugehen, von welcher Seite sie auch kommen.

Berlin, den 7. Dezember 1918.

Die Volksbeauftragten:

gez.: Ebert, Haase, Dittmann, Scheidemann, Landsberg.

Druck: Vorwärts Buchdruckerei und Verlagsanstalt Paul Singer & Co., Berlin SW. 68, Lindenstraße 3.

人民全权代表委员会试图安抚民众。

后流亡荷兰，余生再未回到德国。

但是，即使采取了这一措施，也未能安抚罢工的工人和士兵，平息这一事件。社民党领导人正在开会的国会大厦前，仍然有很多焦躁不安的人。终于，社会民主党人菲利普·沙伊德曼走上了阳台，宣布“德意志共和国”成立。激进的左派对这种形式的政府的决定并不满意，之后不久，卡尔·李卜克内西来到柏林城市宫，在这座宫殿的阳台上另外又发表了一个讲话，宣布成立“德意志自由社会主义共和国”。他根据的是苏联的议会制。来自工厂的“革命领袖”和新选举出来的革命委员会当晚就在国会大厦举行了临时会议，决定在第二天选举所有工厂的工人委员会。那么，下一步又该怎么办呢?

尽管 11 月 9 日发生了令社会动荡不安的事件，但接下来的几天里，这座城市里的日常生活仍一切照常: 火车和电车照常运行,银行和商店也正常开门营业。哲学家和神学家恩斯特·特勒尔奇（Ernst Troeltsch）这样总结了柏林人的平静:“每个人的脸上都写着‘薪水将继续发放’。”作家哈里·格拉夫·凯斯勒（Harry Graf Kessler）认为，这场革命“只不过引起了城市日常生活中的一点小骚动”。事实上，革命党派在第二天就达成了共识：经过最初的分歧之后，温和的社会民主党人和社会主义者于 11 月 10 日组成了临时政府,即“人民全权代表委员会”（Rat der Volksbeauftragten）。委员会由德国社会民主党和德国独立社会党（USPD）各派三名代表组成，后者是在战争期间从社会民主党分离出去的左翼。该委员会在担任帝国首相的主席弗里德里希·埃伯特的主持下，受托负责复原

这张斯巴达克同盟起义的照片明信片发行于 1919 年 1 月，当时叛乱分子占领了《柏林日报》（*Berliner Tageblatt*）的编辑部。

国家和重建民主新秩序。

为此，德国工人和士兵委员会的所有代表于 12 月在柏林召开了一次会议。会议的参加者大多数是社民党的成员，支持议会民主制和国民议会的提前选举。然而，此后不久，由前帝国海军的革命水兵组成的三千人的人民海军师——原是为帮助警察局维持公共秩序而成立的，却宣布放弃投支持票，转而占领、封闭了城市宫，设置了防御障碍，并俘虏了城市指挥官奥托·韦尔斯（Otto Wels），埃伯特派了旧帝国军队去对付他们。冲突导致了流血的“圣诞节战斗”，水兵和与他们联合参加战斗的工人中有十一人死亡，而军队一方则有五十六人死亡。因此，左翼两个政党的决裂已不可避免。12 月底，德国独立社会党从“人民全权代表委员会”撤回其代表。激进的左派斯巴达克同

两个阳台，两个共和国

1918 年 11 月 9 日，菲利普·沙伊德曼宣布“德意志共和国”成立的时间与卡尔·李卜克内西宣布成立“自由社会主义共和国”的时间只相隔了两个小时。沙伊德曼对在德国国会大厦前等候的人们说：“老旧与腐朽的君主制已经彻底被打败。新制度万岁！德意志共和国万岁。”他站在德国国会大厦正门左侧第二个西面阳台上。只有一小块纪念碑纪念德国历史上的这一重要时期。

国会大厦，共和广场，蒂尔加滕

民主德国的历史问题处理起来十分困难。社会主义国家领导人想要大规模清除君主制的痕迹，而李卜克内西又是从这个柏林城市宫的大门处宣布了自由社会主义共和国的成立——这个宫殿是在 1950 年被炸毁和拆除的。为了平息人们的抗议，他们先将部分组件从建筑物中带出，打算以后再进行展示。不过，它们从未被展示过。这些艺术珍品被堆在一个堆置场上逐渐风化，1965 年后连那里都失去了它们的痕迹。堆置场上还有部分被抢救和拆卸下来的城市宫的四号门（Portal Ⅳ）。1962 年以后，这个大门被装到了在城市宫广场南端新建的国家议会大楼（Staatsratsgebäude）里。因此，城市宫最后的原始部分恰好就是在这个离旧位置不远的地方。这座曾经的国家议会大楼现在是一所私立高校的一部分。

欧洲管理与技术学院（European School of Management and Technology），城市宫广场 1 号，米特区

蒂尔加滕的纪念馆

在动物园和兰德维尔运河之间，有一条只有在白天才能走的人行小径，它通往一处不同寻常的纪念碑。在河岸上，可以看到一座用铁铸造的带有“罗莎·卢森堡”字样的纪念碑，它倾斜着指向水面，就好像快要落入运河中一样。就是在这里，社会主义者罗莎·卢森堡的尸体被杀害她的凶手扔进了运河。曾创作了施泰格利茨的“啤酒笔刷”（Bierpinsel）和国际会议中心（ICC）这两座颇具争议的20世纪70年代的建筑的拉尔夫·许勒尔（Ralf Schüler）和乌苏里纳·许勒尔－维特（Ursulina Schüler–Witte），创作了这座纪念碑。

罗莎·卢森堡纪念碑，利希滕施泰因桥附近的卡塔琳娜－海因罗斯河岸（Katharina–Heinroth–Ufer），蒂尔加滕

仅仅几百米之外，就在新湖（Neuer See）岸边，有一座由同一对建筑师设计的卡尔·李卜克内西的纪念碑，卡尔·李卜克内西就是在这里被枪杀的。1987年为卢森堡和李卜克内西

盟是在战争中围绕着卡尔·李卜克内西（Karl Liebknecht）和罗莎·卢森堡（Rosa Luxemburg）的领导成立的，他们又从独立社会党中分离了出来，因为独立社会党未能实现他们的革命要求。

来自斯巴达克同盟的德国共产党（KPD）号召在1月举行抗议活动。随后工人们进行了大规模的示威游行，然后武装起来并占领了许多出版社，例如，社会民主党的报纸《前进报》（*Vorwärts*）和《柏林日报》报社。城市中的气氛剑拔弩张。随着越来越多的人走上了街头，示威者与社会民主党国防部部长古斯塔夫·诺斯克（Gustav Noske）部署的军队之间发生了暴力冲突。尽管起义者呼吁士兵们团结一致，但政府军和忠于君主制的自由军团一起对所谓的“斯巴达克起义”进行了猛烈镇压：他们被迫撤离了被占领的建筑物。起义者被一排排地射杀。“自卫民团”（Bürgerwehr）的一名战士在维尔默斯多夫的一间公寓中发现了斯巴达克团领导人卡尔·李卜克内西和罗莎·卢森堡的踪迹。李卜克内西和卢森堡被捕后遭到了酷刑讯问，最后被自由军团的成员杀害。在那些天的血腥战斗中，有一百六十五名左右起义者被杀害。

1919年1月19日举行了制宪国民议会的选举，但城市里的局势仍然十分混乱。3月，在德国共产党组织的一次大罢工中，街头的战斗再次爆发。社民党国防部部长诺斯克，由于在斯巴达克起义期间采取的严酷手段而得到了“猎犬”的绰号，他向政府军和全副武装的自由军团下令开枪射击起义者，还组织了一场大屠杀。在很短的时间内，就大约有一千二百人在柏林街头丧生。之前还一直认为威胁主要来自左派的弗里德里希·埃伯特逐渐意识到，社民党与社会主义者做

这是海因里希·齐勒根据这些事件在他眼中的样子创作的一幅画。

斗争是在帮助右翼的自由军团掌握权力。而自由军团现在变得独立了，几乎无法控制。

在诺斯克下令解散成立于1919年的“埃尔哈特旅”（Brigade Ehrhardt）后，由之前的水兵组成的自由军开进柏林。1920年3月13日，在对诺斯克的命令抗命不服的瓦尔特·冯·吕特维茨将军的领导下，他们封锁了政府区。参与政变的反共和军士兵和其他自由军威胁要射杀所有试图进入封锁区的人。他们任命反动派的沃尔夫冈·卡普（Wolfgang Kapp）为新任德国总理，他是东普鲁士的地区行政总长官，也是德国国家人民党（DNVP）的成员。由于德国国防军不会与海军士兵对抗（“军队不向军队开枪”），政府、总理古斯塔夫·鲍尔和总统弗里德里希·埃伯特都经德累斯顿逃到了斯图加特。随后，社会民主党政府成员和工会呼吁发起针对“卡普政变”的大罢工。德国共产党最初拒绝这个呼吁，因为社民党的政客在过去几个月中曾暴力阻止了罢工。但是

建造的这两座纪念碑在当时受到了人们的批评，因为它们是由私人基金会提供的资金，没有进行正式招标。令人愤怒的是，在冷战中，纪念碑是由民主德国建造的，更确切地说是由“VEB劳赫哈默工厂”（VEB Lauchhammerwerk）铸造的，这是勃兰登堡南部的一家国有铸造厂。

卡尔·李卜克内西纪念碑，新湖畔格罗斯路（Großer Weg），蒂尔加滕

在此之前，就已经有为李卜克内西建造纪念碑的计划了。1951年，波茨坦广场（Potsdamer Platz）上进行了基座的揭幕，为纪念碑奠基。不过，这座纪念碑并未完成。柏林墙建成后，基石就在分界地带，不向公众开放。直到1995年它才被拆除，但在德国民主社会主义党（PDS，今天的左翼党，Die Linke）的推动下，它终于在2003年重新立了起来。这座不起眼的纪念碑石就在波茨坦广场地铁站的入口处，很少有路人会注意到。

卡尔·李卜克内西纪念碑，波茨坦广场/施特雷斯曼大街（Stresemannstraße），米特区

最后，工人阶级还是起来抵制反共和势力。公职人员也参加了这场和平的罢工运动，该运动对整个公共生活领域都产生了影响：工厂关闭，公共交通停运。整座城市一片寂静，几天都没有电和水。艺术家凯绥·珂勒惠支（Käthe Kollwitz）在她的日记里记录了“天鹅绒般漆黑”的夜晚，这是只有在乡下才会看到的黑夜。这是柏林历史上最有效的一次罢工，仅仅几天之后军队就迫于压力屈服了，并于 3 月 17 日结束了这场政变。

用洗衣篮装满钱买面包

这个年轻的共和国非常脆弱，承受着不仅仅来自右翼君主专制力量的攻击。卡普政变表明，除了缺乏政治上的支持外，恶劣的经济形势也是一个原因。德国必须支付巨额的战争赔款，于是人们就想通过印制更多的钱来筹集这笔巨大的款项。这也导致了物价上涨，货币不断地贬值。

瓦尔特·拉特瑙（Walter Rathenau），是当时的主要知识分子之一。这是 1907 年爱德华·蒙克为他画的一幅肖像画。

战后的柏林人还不知道“通货膨胀”这一概念，但感觉得到价格急剧上涨。人们喜爱的“50 芬尼面包”还保留了这个俗称，但在 1922 年 3 月，人们需要花费 13.50 马克才能买到它。如果不是用劣质谷物制成的或是没有掺杂其他成分，并且它的分量没有减少，那它本来还要更贵。但是，在那个时候，还没有人能料想到货币会贬值到什么程度。很多人都将大量的金钱视为增长和繁荣的标志。在柏林人经历了物资缺乏的战争年代之后，他们现在陷入了名副其实的购买狂潮。作家托马斯·曼（Thomas Mann）将投资技巧描述为“这个时代的独裁者”：以前不愿意冒风险的老老实实的公职人员突然之间也一头扎进了股市投机活动中，因为他们认为避免货币贬值的唯一方法是暴富。那些无法获得良好投资机会的人则尝试赌博：要么是在“谷仓区的蒙特卡洛”的一家赌场，要么是在街头和后院中非法赌博。

在此期间，产生了许多新的工作岗位。这给人的印象就是，这座城市的经济正在复苏，尽管一切都变得越来越贵。许多房主甚至卖掉了自己的不动产，因为他认为可以卖出一个令自己无法抗拒的高价——不过，那些在通货膨胀初期将其房产卖掉的人，从中获得的钱财在 1923 年可能刚刚够买一个小面包。

1922 年 6 月 24 日，外交部部长瓦尔特·拉特瑙在从他坐落于格吕内瓦尔德的别墅前往联邦外交部的路上，被右翼极端组织——“领事组织”（Organisation Consul, O.C.）的两名成员开枪暗杀。这场谋杀令无数人行动了起来，他们穿过选帝侯大街到达暗杀发生的地点，向右翼势力示威。虽然民众通过这次抗议示威表达了对民主的拥护，但与此同时，这次暗杀也削弱了人们对政治局势正常化的信念。由于局势不稳，外国投资者纷纷撤出该地区，这对这座城市的经济产生了毁灭性的影响。

经济形势持续恶化，商品供应越来越少。商店门前又排起了长队，就好像战争时期的境况。许多商店老板都会在正常停止营业时间之前就打烊，可能是因为他们不想为了毫无价值的金钱卖出自己的商品，也可能是因为他们害怕被抢劫。妻子们经常就在公司门口等着拿上丈夫的日薪，然后赶紧去商店买东西，因为到第二天这些钱可能就已经失去了价值。人们无法制止通货膨胀。拉特瑙被谋杀后仅一年左右，第一批十亿面额的钞票就开始流通了。这时，最可靠的支付手段是有形资产。贵重的传家宝只换了一些面包和几个鸡蛋。越来越多的人失业，在卖完了所有能卖的非必需的东西之后，他们再也买不起食物了。于是，城里时常会发生抢劫事件，警察就站在面包店门前制止骚乱。柏林人去了城郊农村，希望从农民那里获得食物。农民们从这绝望的情形中获利，积累财富。柏林人很快就谈起了“牛棚里的波斯地毯”这样的话题。投机商人则将货物带到城市里，谋取财富。

随着 1923 年 11 月地产抵押马克的引入（联邦德国马克要在一年后才出现），情况稳定了下来，但通货膨胀造成的损失却很大。对于小资产阶级和工人阶级家庭而言尤其如此，他们的积蓄很快就蒸发殆尽了，几乎没有剩下什么可以用来交换日常所需食物的实物财产。而另一方面，许多投机者通过赊欠获得了财物，因而能够廉价借贷。

速度，速度！

1923 年的恶性通货膨胀之后紧接着的是 1929 年的大萧条，但是在这两个决定性的年份之间，柏林至少还是繁荣了几年的。城市煤气厂（GASAG）和柏林城市水厂作为新兴的大型城市企业，协作建立了符合最新标准的现代天然气和水供应系统。家用电器也有了进一步的发展——电动吸尘器和熨斗以及 AEG 在 1928 年推出的“大众烤炉”（电烤箱），让人们的生活变得更加轻松。这对于妇女而言特别有用，由于第一次世界大战后缺少男性人口，而劳动力市场需求很大，所以妇女们也都出来工作，成了家政人员、销售助理、秘书和装配线工人。

柏林交通公司（BVG）成立于 1928 年，

1934 年的滕珀尔霍夫机场（Tempelhof Airport），它在 20 世纪 20 年代末是重要的交通枢纽。

共同成长的城市

1920 年，许多城镇和乡镇并入了大柏林，不过，这只是明确显示了这种早已存在的紧密联系。今天，乘车或骑自行车从波茨坦广场经过波茨坦大街向西南方向行驶的人，眼尖的话仍然可以看到那些居住区中心。以前，这些中心就像是沿着曾经的“1 号帝国路”（Reichsstraße 1，这条道路本身是一条从亚琛 [Aachen] 通往柯尼斯堡的中世纪贸易路线的一部分）成串分布的一颗颗珍珠：老舍讷贝格中心（Schöneberger Zentrum）在主干道周围，这条严格规划、对称分布的主干道环绕着在威廉时代才出现的弗里德瑙区（Friedenau）；施泰格利茨在 20 世纪 20 年代已经相当城市化了，并且在那时就沿着城堡大街（Schloßstraße）一直发展到了弗里德瑙的边界；在策伦多夫中心，其原始结构仍然清晰可见；最后就是当时在万湖附近非常受欢迎的别墅住宅区。

从波茨坦广场向西南行驶，一直往前直行约一个小时的车程。

是世界上最大的市政交通公司，拥有两万五千名员工和五千辆汽车，建立了一个与这座人口众多的城市相适应的交通网络。此时，城市轻轨系统也已完全转换为电气化运营。引起轰动的是 1932 年开始运营的“**Fliegender Hamburger**”特快列车，它以最高 160 **km/h** 的速度驶向汉堡市——这种速度在战后 20 世纪末才达到。

从 1922 年起，滕珀尔霍夫曾经的阅兵场上建起了一个中央机场，1923 年，有一百五十名乘客从这里出发。作为世界上第一个开通地下铁路（现为阅兵街）的机场，滕珀尔霍夫的扩建经历了几个阶段。很快，乘客人数就一路飙升。也正因如此，1926 年成立的“德国汉莎航空公司”，选择了柏林作为其所在地。1929 年，滕珀尔霍夫成为欧洲最重要的机场枢纽，每年运送乘客四万二千人次。泰格尔（**Tegel**）甚至建造了一座火箭机场，1930—1933 年，人们对液体火箭进行了试验，这也是后来泰格尔机场的基础。

1924 年，柏林田径运动员里夏德·拉乌（Richard Rau）在阿武斯赛道（AVUS）参加了摩托车赛。

柏林当时不仅是欧洲大陆上最大的工业城市，同时也是贸易和商品博览会的中心。建于夏洛滕堡的“无线电工业之家”（Haus der Funkindustrie）成了今天柏林会展中心（Messegelände）的核心。1924 年，“大德意志广播展”（Große Deutsche Funkausstellung，现为“柏林国际广播展”)在这里举行。后来成为西柏林的地标之一的广播电视塔，至今仍会让人想起这次展览。 早在 1926 年，这里就开始播送广播了，1929 年人们甚至开始测试电视图像的传输。1926 年，第一届“柏林国际绿色周”（Internationale Grüne Woche Berlin）在会展中心举行。展览上展示了农产品，并且在接下来的几十年里，这项展览发展成为世界上最重要的农产品博览会。对于柏林人来说，另一项重要的博览会是从 1921 年开始举办的“国际汽车展”（IAA）。传奇的赛车比赛也在同年开通的“汽车交通和练习道路”（AVUS，也被称为“阿武斯赛道”）上举办。1928 年，企业家弗里茨·冯·欧宝（Fritz von Opel）的火箭动力车就是在这里达到了 230 千米的时速，这在当时堪称非常惊人的速度了。首届 “德国大奖赛”吸引了 23 万人来到了阿武斯赛道。今天，这里成了 A115 号高速公路，当时的看台至今还在。

“速度”是柏林在“黄金二十年代”最流行的座右铭。瓦尔特·鲁特曼（Walther Ruttmann）于 1927 年创作的经典纪录片《柏林：城市交响曲》（*Berlin: Die Sinfonie der Großstadt*）鲜明地反映了这一点：清晨，伴随着市政厅的钟声，人们纷纷走到了街上；地铁里人们进进出出，街上在施工，波茨坦广场上车辆川流不息、呼啸往来。1924 年，波茨坦广场上建造了一座交通指挥塔，这是德国第一个交通信号灯系统。柏林人的闲暇时间甚至也要取决于速度。那些拥有汽车的人，想要炫耀的话，只要花 10 马克就可以在 AVUS 上测试他们的赛车技能。在经过改建的选帝侯大街、亚历山大广场和波茨坦广场附近的娱乐区，凌晨三点钟后的宵禁几乎没有任何意义：在刺眼的霓虹灯下，娱乐狂欢的人们把这里变成了不夜城。

苦艾酒、亮片礼服和爵士

通货膨胀之后的那段时期，人们疯狂无度地娱乐狂欢，纸醉金迷。柏林已成为非法赌博、举办苦艾酒派对、买卖鸦片和可卡因，以及卖淫的中心。卡尔·楚克迈尔（Carl Zuckmayer）在其经济困难的时候也曾尝试在卡迪威百货商店（KaDeWe）前面非法贩卖可卡因。俄罗斯作家安德烈·别雷（Andrej Belyj）曾这样描述柏林的夜生活："夜晚！陶恩齐恩（Tauentzien，即陶恩齐恩大街，［Tauentzienstraße］）！可卡因！这就是柏林！"

战争给许多妇女带来了前所未有的自由。她们现在也通过自己的工作来养家了。不仅是女性的角色发生了改变，她们的外表也改变了。很多女性剪了短发，拿着长长的烟嘴，非常自信。到了晚上，她们穿着暴露的亮片连衣裙，围着皮毛围巾，戴着头巾去看歌舞剧。人们在腓特烈施塔特宫（Friedrichstadt-Palast）、海军上将宫（Admiralspalast）或大都会剧院（Metropol-Theater）

柏林画家恩斯特·弗里奇（Ernst Fritsch）在这幅作于 1926 年的油画中描绘了 20 世纪 20 年代的"纨绔子弟"（Jeunesse dorée）。

见面。一个特别吸引人的夜间娱乐场所是波茨坦广场的“祖国之家”（Haus Vaterland）。这个密集的空间提供了数不胜数的美食和前所未有的娱乐活动：在“莱茵露台”（Rheinterrasse）大厅中，可以看到人造的莱茵河风景，同时还有鸟鸣声、雷声和人工模拟降雨营造相应的氛围。这个“销金窟”里，有一家巴伐利亚啤酒吧、一家具有东方情调的土耳其咖啡馆、一家西班牙葡萄酒吧、一家传统的匈牙利餐厅、一家日本茶室、一家“狂野西部酒吧”、一家意大利饭店和一个演艺舞台（Varietébühne），所谓的“棕榈厅”里还有一个舞池。拱廊可以供人们漫步，而宏伟的电影院则更是丰富和完善了这里“娱乐宫殿”的概念定位。

傍晚时分，人群的喧嚣转移到了许多夜总会和爵士酒吧里。狐步舞和查尔斯顿舞取代了旧的标准舞。传奇人物约瑟芬·贝克（Josephine Baker）于1925年首次来到柏林，并立即爱上了这座城市。柏林的观众对她既着迷又反感，因为这位美国舞者以她充满异国情调的表演卖弄风情，故意打破柏林的社会禁忌。她在舞台上穿着暴露的服装：香蕉裙或是小草裙。贝克很快就成了保守人士的敌人，她怪异的举止成了这座城市的话题。例如，她把一束花绑在车前，驶过市中心。

在波茨坦广场和选帝侯大街之间，文化活动密集，文化生活繁荣。年轻的艺术家们聚集在这里。他们的中心人物是新客观主义的代表马克斯·贝克曼（Max Beckmann）和奥托·迪克斯，新客观主义是受各种前卫潮流趋势影响而形成的。达达主义在这座城市发展起来，乔治·格罗茨和约翰·哈特菲尔德（John Heartfield）就属于这个流派，他们的作品引起了轰动。达达主义在任何地方都没有发展到像在柏林这样极端，尽管早在1920年吕措河畔的一家画廊举行“第一届国际达达艺术博览会”之后，这个流派就已经失去了活力，并逐渐转向超现实主义。

直到1928年，扬诺维茨桥（Jannowitzbrücke）的观景餐厅（Restauraunt Belvedere）还会定期举行音乐会。

在这段时间内，音乐、戏剧和电影也得到了蓬勃发展。选帝侯大街上建了许多新的剧院和电影院。后来被载入电影史的经典作品，也是第一部被列入联合国教科文组织世界遗产名录的电影——弗里茨·朗（Fritz Lang）导演的《大都会》（*Metropolis*），是在柏林－史塔肯机场（Flugplatz Berlin-Staaken）的飞艇机库拍摄的，这个飞机场现在已经关闭了。不过，从商业角度来看，《大都会》失败了：1927 年首映后，只有一万五千人来观影，根据科幻小说家 H. G. 韦尔斯的说法，他们看到了“有史以来最愚蠢的电影”。

在常客埃里希·克斯特讷（Erich Kästner）看来，位于纪念教堂（Gedächtniskirche）旁边的“罗马咖啡馆”（Romanische Café）是“人才的候车室”，他们都希望能够成为活跃喧嚣的文化生活的一部分。有名的文学家贝托尔特·布莱希特、埃贡·埃尔温·基施（Egon Erwin Kisch）、阿尔弗雷德·德布林（Alfred Döblin）、斯特蒂芬·茨威格（Stefan Zweig）、埃尔泽·拉斯克－舒勒（Else Lasker-Schüler）和约瑟夫·罗特（Joseph Roth）等人常常来这里，但在空间上他们与“想成为艺术家的人”是分开来的：引座员带着有名和有钱的顾客往左边走，到所谓的“游泳池”，其他人则到右边不那么舒适的“非游泳池”。

柏林当时已是名声在外，不少外国人慕名而来：1917 年革命后，俄国被驱逐的贵族和知识分子精英流亡来到了柏林等地，他们在柏林主要定居在选帝侯大街以北典型的

最后的娱乐场所（同类）

“黄金二十年代”的咖啡馆和舞蹈酒吧几乎没有能够在历史的旋涡中幸存下来。在充满现代气息同时又多少有些平淡无味的新波茨坦广场，仔细观察找一下，可以看到高层建筑之间的胡特葡萄酒楼（Weinhaus Huth），当时餐厅位于二楼，是波茨坦广场的一块招牌。门卫会确保只有富裕的顾客才能进入。当时，一名在这里工作的侍应生很早就对客人们预言了阿道夫·希特勒（Adolf Hitlers）的上台。不过这也并不稀奇，因为他是阿道夫·希特勒同父异母的兄弟阿洛伊斯·希特勒（Alois Hitler）。这栋房子建于 1912 年，是德国较早的钢结构骨架建筑之一——结构静力能够支撑起房子里的巨大酒窖。正是这种结构设计确保了这栋房子成为除了滨海大酒店（Hotel Esplanade）的皇帝大厅（Kaisersaal）之外，这个广场上能够在战争中幸存下来的仅有的建筑物。几十年来，它一直被称为“波茨坦广场上的最后一栋房子”。

胡特葡萄酒楼，旧波茨坦大街（*Alte Potsdamer Straße*）5 号，蒂尔加滕

小珂拉舞场（Clärchens Ballhaus）则采用了与实行精英人群营销策略的胡特葡萄酒楼截然

相反的策略，经营者坷拉拉·比勒（Clara Bühler）在这里实行的是任何群体都可以自由出入的策略。军官、年轻的工厂主和学生在楼上的镜厅带着女伴一起聚会庆祝，而普通百姓则在一层见面。在这里举行的“寡妇舞会”上，这些“更加成熟的年轻女性”会寻觅新的爱情。它的前楼在第二次世界大战中被炸毁，但后楼的舞厅没有被破坏，至今仍然存在，就是有些坍塌，变得不好看了。它不仅在战争中被保留了下来，在德意志民主共和国时期也得以幸存，而且在这段时期一直是一家私营公司的所在地。直到2005年，这里一直归家族所有。2013年9月，小坷拉舞场迎来了它的一百周年诞辰。

小坷拉舞场，奥古斯特大街24号（*Auguststrasse* 24），米特区

海军上将宫曾经是一处带有温泉浴场和50米 × 23米溜冰场的娱乐场所。1922年，该建筑被改建为剧院。在20世纪20年代，海军上将宫成为夜猫子喜爱的热门地点。1945—1955年，这里一直是国家歌剧院的所在地，直到1997年，大都会剧院才在这所位于腓特烈大街的建筑里安家。1946年4月21—22日，德国社会民主党和德国共产党联合成立德国统一社会党（SED）的会议在这里举行。经过精心的翻修，这座宫殿的古老魅力在很大程度上得以保留了下来。

海军上将宫，腓特烈大街101号，米特区

中产阶级居住区夏洛滕堡，很快这里就被人们称为“夏洛滕格勒”。1923年，柏林约有三十二万名俄国人，不过，其中有很多人后来移居到了巴黎或美国。留下来的人里包括弗拉基米尔·纳博科夫，他在这座城市生活了十五年，并且在这里发行了流亡人士报章《船舵》（*Rul*）。

这座城市耀眼而又富有知识创造力的氛围——不过最重要的还是它的包容和开放——也吸引了许多来自其他国家的人。例如，作家克里斯托弗·伊舍伍德（Christopher Isherwood）和W. H. 奥登（W. H. Auden）于1929年来到柏林。他们都对这座城市的粗野与速度着迷，最重要的是，这两个男人在这里可以尽情地过着同性恋的生活——两位作家都非常享受并沉浸于这样的生活。伊舍伍德的著作《别了，柏林》（*Goodbye to Berlin*）以文学的形式为20世纪30年代左右的柏林留下了纪念。音乐剧《歌厅》（*Cabaret*）

埃尔温·格劳曼（Erwin Graumann）在这幅创作于1931年的干刻铜版画里捕捉并描绘了威廉皇帝纪念教堂对面的罗马咖啡馆里的氛围。

和由丽莎·明尼里（Liza Minelli）主演的同名电影都是根据这部书里的记述改编的。

黑暗的前兆

1927年5月13日，柏林股市崩盘，股价平均下跌32%，宣告了“黄金二十年代”的结束。人们拒绝承认“黑色星期五”是经济状况恶化的征兆。相反，人们放纵地开派对狂欢。甚至“经济周期研究所”最初也没有意识到即将发生的全球性的危机。德国央行行长亚尔马·沙赫特（Hjalmar Schacht）批评说，那些醉生梦死的人应该将自己的股份利润用于投资，而不是把钱浪费在酒馆和酒吧里。1929年，当纽约证券交易所崩盘后，专家和广大公众才都意识到，经济正处于严重的危机之中。但是到了这个时候，也没有人能预见到这场危机的严重程度。同年，柏林有六百多家公司破产，到了1931年，失业人数猛增至五十万以上，第二年甚至高达六十四万。1931年，博尔西希公司在圣诞节前不久解散了全体员工——只是通过在工厂门口贴了张告示告知他们。一大批失业者拼命寻找临时工的工作。在街上，乞丐和老人在找东西吃。在城市失去工作而又付不起房租的人常常会搬到周边郊区。在那里，他们会做一些帮工，生活在非常简陋的亭子或帐篷村里，例如，在米格尔湖（Müggelsee）畔的“库勒旺贝”（Kuhlen Wampe，空肚子）帐篷区，就有约三百人住在这里。

社会困难不仅加剧了轻微犯罪，还导致了政治阵营的激进化。阿道夫·希特勒在演讲禁令取消后（由于他一再呼吁采取暴力而被州政府实施了禁令），于1928年11月在柏林体育宫（Berliner Sportpalast）对广大群众发表了讲话。人们的情绪变得越来越狂热。左右翼势力在大街上不断发生流血冲突，政府试图通过禁止示威游行来防止这种冲突。实施这项禁令的则是警察局局长——社会民主党的卡尔·措基贝尔（Karl Zörgiebel）。共产党人非常气愤：他们无视了这项禁令，于1929年5月1日呼吁工人集会，约有八千人参加。早晨，警察

1931 年，汉斯・巴卢谢克（Hans Baluschek）在他的画作《城市之光》（*Großstadtlichter*）中描绘了柏林的社会矛盾。

用警棍和喷水车来对付示威者，并开枪警告。在紧张的气氛中，社会民主党的马克斯・格迈因哈特（Max Gemeinhardt）在公寓的窗户边与警察交谈时，被警察开枪射杀。警察开了辆装甲车过来，随意向窗户上悬挂红旗的房屋扫射，工人躲在了街垒工事的后面。在接下来的两天里，尽管柏林实行了宵禁，但工人和警察之间仍发生着激烈的巷战。“血色五月”（Blutmai）示威者中一共约有三十三人丧生，二百人受伤，一千二百名工人被捕。由于这场动乱，德国共产党领导的战斗组织——红色阵线战士同盟（Roter Frontkämpferbund）被取缔。

当时，大街成了意识形态的战场。双方的暴徒开着卡车在城市巡逻，挑衅生事。不管是共产党还是纳粹党都故意将他们派到政治对手的公开活动场合，以在那里煽动“会场斗殴”（Saalschlachten）。这样的“会场斗殴”第一次发生于 1927 年，是在法鲁斯大厅（Pharussäle）举行的一次纳粹党集会上，大厅被共产党人攻占。纳粹的准军事作战组织冲锋队（SA）聚集到了工人阶级的社区，挑衅共产党人。1930 年，反战电影《西线无战事》（*Im Westen nichts Neues*）被迫取消放映，因为纳粹党部书记，也就是后来的纳粹党宣传部部长约瑟夫·戈培尔带着一群人到电影院闹事，往电影院里扔臭弹，还放了老鼠。警察清空了大厅之后，戈培尔发起了更多的抗议活动，在接下来的几天中，抗议活动扩大为残酷的街头巷战。此外，他们还对疑似或真正的犹太人和同性恋者进行了袭击。戈培尔通过他组织的这些暴力行动，设法使他的政党登上了头条新闻，又沾沾自喜地把这些仔仔细细地写在了日记里。1931 年 1 月的情况也是如此，在德国共产党政治家瓦尔特·乌布利希（Walter Ulbricht）和约瑟夫·戈培尔在腓特烈斯海因礼堂（Saalbau Friedrichshain）的一场争论中，共产党红色阵线战士同盟的支持者与冲锋队的人相互攻击。这一晚的战况是：六十人受了重伤。

1932 年夏天，混乱终于发展成了内战一样的情况。凭借在街上部署的实际力量，以及猛烈的宣传攻势，纳粹党越来越多地控制了公共生活。他们没花多少时间就接管了政府：1933 年初，希特勒掌权，开始在德国进行独裁统治。

约瑟夫·戈培尔（Joseph Goebbels）作为纳粹党柏林党部头目发表了许多仇恨言论。

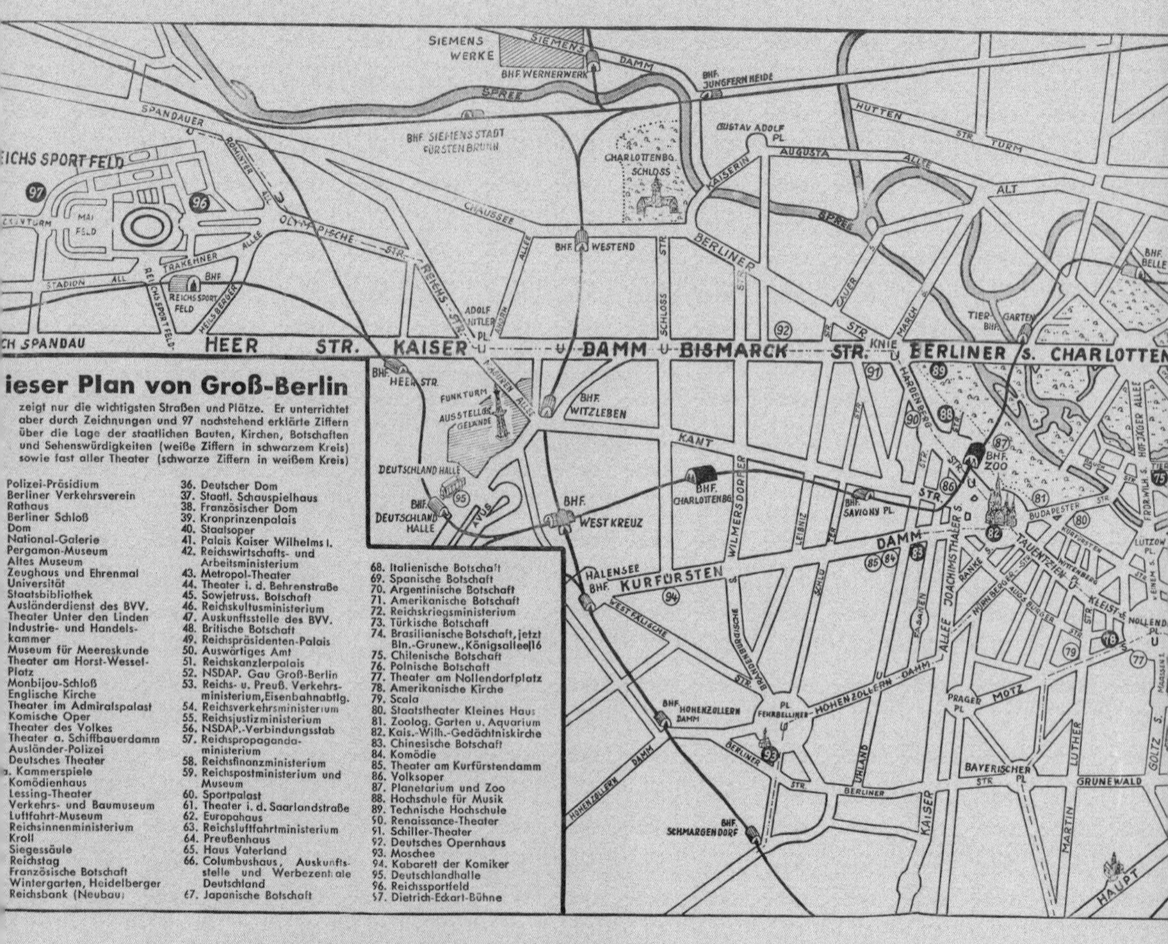

SIEMENS WERKE
SIEMENS DAMM
BHF. WERNERWERK
BHF. JUNGFERN HEIDE
SPREE
SPANDAUER
BHF. SIEMENS STADT FÜRSTENBRUNN
GUSTAV ADOLF PL.
HUTTEN STR.
TURM
CHARLOTTENBG. SCHLOSS
KAISERIN AUGUSTA ALLEE
ALT
REICHS SPORT FELD
MAI FELD
OLYMPISCHE STR.
CHAUSSEE
BHF. WESTEND
BERLINER
STADION ALL
TRAKEHNER ALLEE
BHF REICHSSPORTFELD
REICHSSPORTFELD
HEILSBERGER
REICHS STR.
ADOLF HITLER PL.
SCHLOSS STR.
BHF. BELLEVUE
TIERGARTEN BHF.
CH SPANDAU
HEER STR.
KAISER DAMM
BISMARCK STR.
KNIE
BERLINER S.
CHARLOTTEN
BHF. HEER STR.
FUNKTURM
AUSSTELLGS. GELÄNDE
BHF. WITZLEBEN
KANT
HARDENBERG
DEUTSCHLAND HALLE
BHF. DEUTSCHLAND HALLE
AVUS
BHF. WESTKREUZ
BHF. CHARLOTTENBG.
WILMERSDORFER
LEIBNIZ
BHF. SAVIGNY PL.
BHF. ZOO
BUDAPESTER STR.
TAUENTZIEN
KLEIST S.
NOLLEND. PL.
LÜTZOW PL.
HOFJÄGER ALLEE
DAMM
HALENSEE BHF.
KURFÜRSTEN
WESTFÄLISCHE
BRANDENBURGISCHE
FASANEN
JOACHIMSTHALER S.
NÜRNBERGER
AUGSBURGER
ALLEE
BHF. HOHENZOLLERN DAMM
FEHRBELLINER PL.
HOHENZOLLERN DAMM
PRAGER PL.
MOTZ
BERLINER STR.
UHLAND
BAYERISCHER PL.
GRUNEWALD
MARTIN LUTHER
GOLTZ S.
HOHENZOLLERN DAMM
BHF. SCHMARGENDORF
KAISER
HAUPT

ieser Plan von Groß-Berlin
zeigt nur die wichtigsten Straßen und Plätze. Er unterrichtet aber durch Zeichnungen und 97 nachstehend erklärte Ziffern über die Lage der staatlichen Bauten, Kirchen, Botschaften und Sehenswürdigkeiten (weiße Ziffern in schwarzem Kreis) sowie fast aller Theater (schwarze Ziffern in weißem Kreis)

Polizei-Präsidium
Berliner Verkehrsverein
Rathaus
Berliner Schloß
Dom
National-Galerie
Pergamon-Museum
Altes Museum
Zeughaus und Ehrenmal
Universität
Staatsbibliothek
Ausländerdienst des BVV.
Theater Unter den Linden
Industrie- und Handelskammer
Museum für Meereskunde
Theater am Horst-Wessel-Platz
Monbijou-Schloß
Englische Kirche
Theater im Admiralspalast
Komische Oper
Theater des Volkes
Theater a. Schiffbauerdamm
Ausländer-Polizei
Deutsches Theater
a. Kammerspiele
Komödienhaus
Lessing-Theater
Verkehrs- und Baumuseum
Luftfahrt-Museum
Reichsinnenministerium
Kroll
Siegessäule
Reichstag
Französische Botschaft
Wintergarten, Heidelberger
Reichsbank (Neubau)
36. Deutscher Dom
37. Staatl. Schauspielhaus
38. Französischer Dom
39. Kronprinzenpalais
40. Staatsoper
41. Palais Kaiser Wilhelms I.
42. Reichswirtschafts- und Arbeitsministerium
43. Metropol-Theater
44. Theater i. d. Behrenstraße
45. Sowjetruss. Botschaft
46. Reichskultusministerium
47. Auskunftsstelle des BVV.
48. Britische Botschaft
49. Reichspräsidenten-Palais
50. Auswärtiges Amt
51. Reichskanzlerpalais
52. NSDAP. Gau Groß-Berlin
53. Reichs- u. Preuß. Verkehrsministerium, Eisenbahnabtlg.
54. Reichsverkehrsministerium
55. Reichsjustizministerium
56. NSDAP.-Verbindungsstab
57. Reichspropagandaministerium
58. Reichsfinanzministerium
59. Reichspostministerium und Museum
60. Sportpalast
61. Theater i. d. Saarlandstraße
62. Europahaus
63. Reichsluftfahrtministerium
64. Preußenhaus
65. Haus Vaterland
66. Columbushaus, Auskunftsstelle und Werbezentrale Deutschland
67. Japanische Botschaft
68. Italienische Botschaft
69. Spanische Botschaft
70. Argentinische Botschaft
71. Amerikanische Botschaft
72. Reichskriegsministerium
73. Türkische Botschaft
74. Brasilianische Botschaft, jetzt Bln.-Grunew., Königsallee 16
75. Chilenische Botschaft
76. Polnische Botschaft
77. Theater am Nollendorfplatz
78. Amerikanische Kirche
79. Scala
80. Staatstheater Kleines Haus
81. Zoolog. Garten u. Aquarium
82. Kais.-Wilh.-Gedächtniskirche
83. Chinesische Botschaft
84. Komödie
85. Theater am Kurfürstendamm
86. Volksoper
87. Planetarium und Zoo
88. Hochschule für Musik
89. Technische Hochschule
90. Renaissance-Theater
91. Schiller-Theater
92. Deutsches Opernhaus
93. Moschee
94. Kabarett der Komiker
95. Deutschlandhalle
96. Reichssportfeld
97. Dietrich-Eckart-Bühne

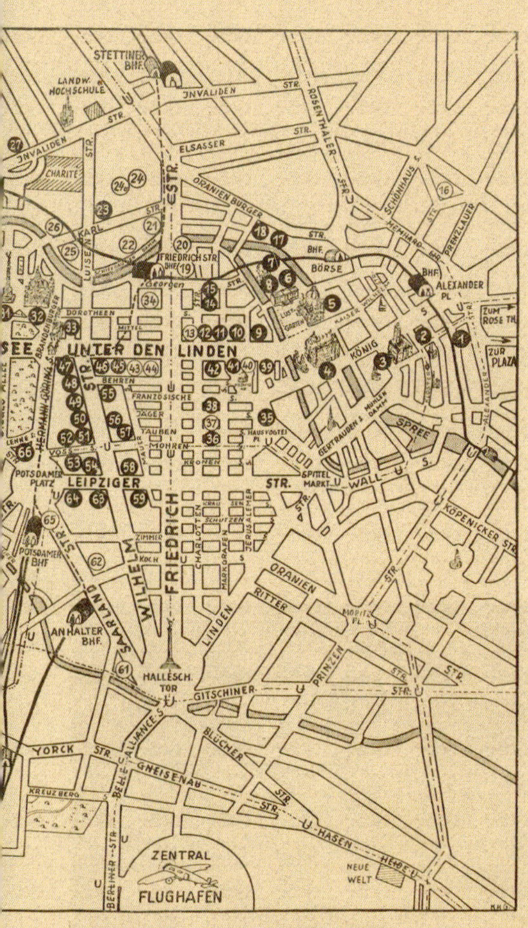

shauptstadt" gezeichnet nach einem Stadtplan der Pharus Plan G.m.b.H. Nachdruck verboten.

1933—1945

柏林与“卐”字符：从纳粹政权中心到废墟之城

这张旅游地图显示了20世纪30年代末的柏林市中心。

1933 年 1 月，阿道夫・希特勒上台，开启了柏林历史中最黑暗的篇章。纳粹党接管了德国的政治和行政中心，并逐渐废除了原有的体系。他们的意识形态很快就渗透到了公共生活的各个领域。 特别是在柏林，他们认为很有必要进行一场大规模的“清洗”，因为这座城市被认为是共产主义的据点，而纳粹党在柏林最终获得的选票比在德国其他主要城市获得的都少。在纳粹党看来，这座帝国的首都在各个方面都应该体现纳粹党的世界观。

在柏林，纳粹党采取了一切手段实现了他们的目标。恐怖是没有边界的。“冲锋队”（Sturmabteilung）（SA）和“党卫队”（Schutzstaffel）（SS）在大街上无处不在。处在纳粹系统最底层的街区长（Blockleiter）对市民们进行监视，被人们轻蔑地称为“楼道狗”（Treppenterrier）。由此，恐惧和不信任蔓延开来。针对共产主义者和其他纳粹党的反对者、犹太人、吉卜赛人、同性恋者和其他“不受欢迎的”人群的袭击不断发生，这也是他们后来遭到系统性和毁灭性的迫害的前兆。

在这种紧张和仇恨的气氛中，1936 年夏季奥运会的举办显得十分怪异。柏林在 1931 年赢得了 1936 年夏季奥运会的主办权。

图中的是如今位于大角星广场的胜利柱，一直到 20 世纪 30 年代末它都在国王广场的德国国会大厦前。

现在，纳粹党希望借此机会向世界展示德国——一个现代、热爱和平的国家。他们为了实现这一目标，可谓是不遗余力。在很短的时间内，柏林就展示出国际化和多元性形象。奥运会成功地宣传了这个政权。

纳粹党当权者还想按照自己的想法来改变柏林的城市面貌。由于最初是遵循魏玛时期的传统进行了城市规划，并且早期建筑项目，例如，于1934年完成的霍恩舍恩豪森区（Hohenschönhausen）的河马庭院住宅区（Flusspferd-hofsiedlung），在形式语言上几乎无法与“新客观主义”（Neren Sachlichkeit）区分开来，于是纳粹政权建造了越来越多的采用厚重的天然石材立面的纪念性建筑。新帝国总理府（Neue Reichskan-zlei）、滕珀尔霍夫机场的主楼（Hauprgebäude des Tenpelhofer）和费希尔贝利纳广场（Fehrbelliner Platz）上的行政大楼，从这些建筑上可以预见这座城市的总体建设规划的品位。柏林将以两条非常宽阔的轴线为主进行规划。总共12千米长的东西向轴线经过大角星广场和勃兰登堡门。南北向轴线要用来装饰一个117米高的凯旋门，根据规划，还要对准一座巨大的大会堂。这座大会堂将

沿着日耳曼尼亚的痕迹

通过滕珀尔霍夫机场、奥林匹克体育场、哈马舍尔德广场（Hammarskjöldplatz）的会展中心、帝国银行（现为联邦外交部的一部分）以及费希尔贝利纳广场上的行政大楼，纳粹主义者建设了一些重大建筑项目。

希特勒于1936年委托阿尔伯特·施佩尔（Albertspeer）将柏林改造成“世界之都日耳曼尼亚（Welt-hauptstapt Germania）”，不过这一直只是一个愿景。但是，如果仔细观察，您仍然可以找到这一狂热追求宏大的城市规划的“石头见证者”。

最明显的例子是从勃兰登堡门沿着六月十七日大街（Straße des 17. Juni）、俾斯麦大街（Bismarckstra ße）和皇帝大街（Kaiserdamm）到特奥多尔－豪斯广场（Theodor-Heuss-Platz）。这条街道完全按照纳粹主义者规划的宽度进行了扩展建设。

为此，夏洛滕堡大门的两翼被放置得相距太远，完全失去了作为大门的特征。与之紧挨着的是日耳曼尼亚计划中唯一实现的建筑：今天的恩斯特·罗伊特（Ernst-Reuter-Haus）故居。它始建于1938年，当时是为“德意志社区议会”（Deutscher Gemeindetag）——德国社区协会的纳粹强制性联合——建造的，在战争中被摧毁，之后又被重建。宽80米的“大星角”被重新设计成直径为200米，而在此之前一直矗立在德国国会大厦前的胜利柱也被移到了广场中央。为了使规模尺寸与新的位置相适应，胜利柱被加高，增加了第四个所谓的“鼓”。此外，阿尔伯特·施佩尔为东西轴线设计的一些路灯也保留了下来。

为了建造南北轴线上巨大的凯旋门，首先必须要测试柏林的砂质底土地基的承重能力。为此，在1941年到1942年，该城市建造了一个高14米、深18米的混凝土圆柱块。由于相邻的居住区的缘故，战后它并没有被炸毁。今天，它已是一座保护建筑。

“勘测建筑”承重体（Schwerbelastungskörper），帕珀将军大街(General-Pape-Straße)/ 罗文哈特大街（Loewenhardt-damm）街角，滕珀尔霍夫

建造在国会大厦旁边，有一个高 220 米的圆顶。这座纪念性建筑的设计目标是在大型集会中最多可以容纳十八万人。而另一方面，住房的建设却基本上已经中断，更糟的是：为了实现“世界之都日耳曼尼亚”的幻想，还要拆除约十五万套住房——根据政府专员的计算，这时本来就已经短缺至少三十五万套住宅了。结果就是，这座城市开始“清除犹太人”（Entjudung），为被拆迁的“民族同志”（Volksgenosse）和大量建筑工人空出住房。

由此，对犹太人的迫害进入了一个新的阶段，最终于 1938 年 11 月 9 日发生了“打砸抢之夜”（Reichspogromnacht，也称“水晶之夜”Reichskristallnacht）：商店和犹太教堂被纵火烧毁，犹太人的住宅遭到袭击，犹太公民被捕。许多犹太人逃往国外。1939 年，柏林就只有约八万名犹太人了，而在纳粹刚取得政权之初则有十六万犹太人。1941 年，纳粹开始第一次往劳工营运输犹太人，随后这些犹太人于 1942 年被驱逐到集中营。五万五千名柏林犹太人被驱逐。少数人能够逃出封锁的边境，但只有几千名犹太人能够在这座城市里从第二次世界大战中幸存下来——通过躲藏起来或在与“雅利安人”伴侣的“混血婚姻”的庇护下逃过一劫。

从 1939 年起，德国开始进入战争状态。柏林公司也越来越

阿尔伯特·施佩尔关于日耳曼尼亚的设想，散发着希特勒所追求的宏伟设计的自大狂热。

多地从事战争生产。男性劳动力的短缺通过大量使用女工和强迫外国劳动者来弥补，他们在极其不人道的条件下承担最辛苦的工作。与第一次世界大战时期一样，供应形势变得越来越困难。1940 年，英国进行了第一次空袭。不过，所有这些还只是 1943—1945 年这座城市被轰炸毁坏成一片废墟的前兆。柏林人提心吊胆，生活在恐惧之中，整日整夜地待在防空洞中。随着苏联军队的进入，对这座城市所谓的"最后决战"终于开始了。为了加强国防军，柏林人成立了人民冲锋队（Volkssturm）：年轻人和"一战"中的退伍军人并肩作战，给入侵的军队造成了巨大损失。

战争结束时，柏林平均有 20% 的建筑被彻底摧毁——在城市中心区，这一比例还要高得多。几乎没有一座建筑没有被子弹、炸弹和手榴弹碎片击中的。爆炸的冲击波把玻璃窗都给震碎了，爆炸将房屋的整个屋顶都给掀开了，而大火所到之处往往只剩下一片废墟。

这个大地球仪位于威廉大街上的帝国总理府。它于 1945 年被破坏。

1933—1943 年，柏林的人口还能从四百二十万增长到不到四百四十万，而战争结束时就只有二百八十万了。战时，成千上万的柏林人被驱逐，离开这个国家，或在苏联红军开进来之前逃到了西边，而且大约有五万名柏林人在密集的炸弹袭击中丧生。

“老家伙屈服了”

1933年1月30日，德国总统保罗·冯·兴登堡（Paul von Hindenburg）任命阿道夫·希特勒为总理。约瑟夫·戈培尔作为纳粹党教育和宣传部头目，之前几年一直在柏林的街道上制造恐怖袭击。他在日记中为现在获得的权力欢呼：“老家伙屈服了！”他说的“老家伙”指的是年迈的总统。他还写道：“我们所有人满含热泪。我们与希特勒握手。这是他应得的。热烈欢呼。下面的人民激动不已。立即开始工作。国会已经解散。”一些人以为，希特勒和魏玛共和国时期的许多总理一样，很快就会扔毛巾放弃；但是纳粹领导人酝酿了宏大的计划：夺取权力，实际上应该说是权力的转移。这应该被公众视为历史性的转折点。因此，戈培尔几个小时内在国会大厦周围禁止集会区安排了一场夜间火炬游行，而这里原是禁止进行政治示威活动的。为此，纳粹党找来了城市中所有可用的火炬。成千上万的纳粹党员将在灯火通明中行进通过勃兰登堡门——拿破仑和德国皇帝曾经骑马经过这里，以展示他们的力量。按照戈培尔的设想，这么热闹轰动的活动至少应该有五十万人参加，但实际远远没有达到这个人数。只有大约一万五千名冲锋队士兵非常随意地从夹道围观的人群中经过，而对于这些围观者来说，他们的喜悦是非常有限的。这次游行远远不够轰动，没有达到让人印象深刻的效果，于是戈培尔在1933年夏天再次组织了火炬游行并重新拍摄了照片。照片上是庞大壮观的游行队伍和欢呼雀跃的人群，他们伸出手臂向希特勒敬礼。这些照片被纳粹党用于宣传。

纳粹党有意识地选择了一些图像和符号来象征他们的统治。除了“卐”字旗和宣传海报占领了城市的市容景观之外，纳粹的象征主义也渗透到了私人领域。早在1933年冬天，许多家

由于1933年1月30日实际的火炬游行场面并不那么壮观，所以后来又重新编排上演了一次，然后用影片和照片记录了下来。

庭在圣诞树下庆祝圣诞节的时候，圣诞树上挂着的就是带有“卐”字的球，圣诞树顶上也不再是圣诞星星，而是一个大大的“卐”字。连基督教歌曲都被重新改写了，因为人们应该恢复基于北欧圣诞节的“日耳曼”价值观。

有组织的日常生活

新政权很快就开始影响德国人的日常家庭和工作生活。1933年，开始了一场大规模的宣传活动，鼓动年轻人加入纳粹青年组织“希特勒青年团”（Hitler-Jugend）。但是，即使在离开学校后，每个德国人仍然牢牢被政府所掌控着：无论是纳粹学生团体、国家劳役团（Reichsarbeitsdienst），还是从1935年重新引入的兵役等形式。重新引入义务兵役制在1933年就已经计划好了。

“野集中营”里冲锋队和盖世太保的恐怖

对于纳粹当政时期冲锋队的恐怖行径，很少有相关的纪念地点。臭名昭著的“哥伦比亚”集中营位于滕珀尔霍夫机场的边缘，关押人数最多的时候大约有四百五十人，这些人挤满了集中营。不过后来集中营随着机场的扩建而消失了，只有一块纪念碑能让人回忆起它的存在。

哥伦比亚集中营纪念碑，哥伦比亚路堤（Columbiadamm）/ 戈尔瑟纳大街（Golßener Straße）路口，滕珀尔霍夫

在普伦茨劳尔贝格的珂勒惠支广场（Kollwitzplatz）附近的水塔边，同样也只有一块纪念碑记录着纳粹的罪行：在取得政权之后，冲锋队在水塔（Wasserturm）的一间机械室中监禁并杀害了无数共产党人、社民党人士和犹太人。这里在1935年被拆除，变成了一片绿地。

水塔，克纳克大街（Knaackstraße）23号，普伦茨劳尔贝格

许多在SA酒吧和夜总会中临时建立的“野集中营”如今已被人们遗忘。只有“帕普街SA监狱”（SA-Gefängnis Papestraße）被保留了下来，今天成为纪念馆，展示SA的日常恐怖行径。

帕普街SA监狱，维尔纳－佛斯路堤（Werner-Voß-Damm）54a号，滕珀尔霍夫

在1933年纳粹党宣布5月1日为“国家劳动节”后，他们当天就在滕珀尔霍夫机场组织了一次大型集会。这是希特勒的房屋和庭院建筑师阿尔伯特·施佩尔对其成果进行的第一次试验：他设计了一个由三部分组成的巨大的讲台，后面刻有一个高达20米的超大的“卐”字标志。成千上万的人拥向滕珀尔霍夫的场地，听希特勒讲话。纳粹党俨然已经把自己置于劳工运动的领导地位。

但是就在第二天早上，冲锋队被派往全国占领了工会组织并粉碎了自由工会。5月10日，纳粹党成立了“德意志劳工阵线”（DAF），这是一个用来控制其所属的工人的群众组织。

同年，纳粹党成立了休闲组织“力量来自欢乐”（Kraft durch Freude，KdF），以加强“民族共同体”（Volksgemeinschaft）。该组织通过建立食堂和体育设施改善了工作环境，并且提供了广泛的文化活动，从戏剧表演到艺术展览，再到音乐会。1936年，纳粹党在今天的柏林会展中心建造了“KdF城”。这是一个由木屋组成的住宅区，要让每个在奥运会期间来到柏林的德国人都能找到负担得起的便宜住处。KdF还提供了低价优惠的旅行，让工人们也可以承担得起去波罗的海度假或乘游船前往马德拉岛的费用，虽然这对许多人来说还是很贵。这些社会福利当然是有目的的：要将无产阶级争取到纳粹的“民族共同体”中来，让大家以为以前只为特权人群所享有的一定程度的待遇现在每个人都能享受到。为了进行这种宣传，纳粹主义者甚至不惜做出虚假的承诺。例如，从1938年开始，工人就能使用储蓄卡购买价格实惠的大众汽车“KdF汽车”，这种

方式可以省钱——但这些汽车从未交付，因为“KdF 汽车城”[后来的沃尔夫斯堡（Wolfsburg），也就是大众汽车公司总部所在地] 很快就只生产战争用的车辆了。

第三帝国时期，没有人逃脱得了国家的控制。图为国家劳役团的成员在这里参加升旗仪式（Fahnenappell）。

整个城市在纳粹手中

如果纳粹对于他们的政治对手并不是公开使用暴力的话，那么会选择用更隐秘微妙的方式消灭他们。因此，一定不能宣称自己是他们的敌人。1931 年当选柏林市市长（Oberbürgermeister）的无党派人士海因里希·扎姆（Heinrich Sahm）亲身体会到了这一点。尽管他得到了广泛的群众认可，但在 1933 年 3 月，却被任命为尤利乌斯·利珀特（Julius Lippert）的“政府专员”（没有任何合法性），成了他的下属。民主程序已成为过去时了，从 1933 年 9 月起，市议会甚

约翰内斯·汉施（Johannes Hänsch）画的是1933年2月被烧毁的国会大厦大厅。

至再也没有开过一次会。利珀特是一个彻头彻尾的纳粹分子，实际上已经接管了扎姆的职位，而与此同时，扎姆却越来越被边缘化。于是，扎姆在1933年11月加入纳粹党，但这也无济于事。令纳粹分子恼火的是，这位市长仍然很受欢迎，于是他就成了诽谤中伤的受害者：（纳粹强迫）一体化（gleichgeschaltet）的新闻界一致散布了关于扎姆和他妻子的各种谣言，称扎姆和他的妻子向一个慈善机构捐赠的不是什么好衣服，而是一箱子破烂。扎姆在他的职位上继续待了一段时间，但还是于1935年辞职了，由于在一家犹太商店购买了东西，因而被威胁要开除他的党籍。1937年，利珀特被正式任命为市长（Stadtpräsident）。这是一个新的职位，拥有政府专员的权力与之前被撤销的市长（Bürgermeister）具有的权力。柏林城市的一体化管理（Gleichschaltung）到此结束。

纳粹分子毫不留情地采取了行动，将“体制的敌人”从行政当局、企业和协会中“清洗”出去，从而“清洗”了整个公共领域。1933年2月，作为希特勒的“帝国首都专员”和普鲁士内政部的帝国专员，赫尔曼·戈林（Hermann Göring）下令武装警察对“国家的敌人”采取打击行动，而冲锋队和党卫队被提升到了“辅助警察”的地位。于是，暴力的浪潮席卷了整个城市，1933年2月27—28日晚上，德国国会大厦着火了。起火的确切原因至今人们也没有弄清楚。不过，人们很快就发现了一个有嫌疑的肇事者：左翼的荷兰工人马里努斯·范·德·吕伯（Marinus van der Lubbe）。一年后，马里努斯·范·德·吕伯被斩首。

这场大火对于纳粹党来说是一个非常好的机会，他们正好可以借此对共产党人发起全面的攻击。当政府大楼的大火在成千上万群众的注视下被辛苦扑灭的时候，希特勒宣布：“发现的所有共产党官员都要被枪毙。共产党议员必须在当晚被绞死。所有与共产党勾结的人也都要抓起来。甚至对社会民主党人和‘帝国战旗’（Reichsbanner）组织的成员也不要留任何情面。”当晚就有许多人被捕。随着第二天《国会纵火法令》（*Reichstagsbrandverordnung*）的通过，公民基本权利实际上被剥夺了。所有公开与政府划清界限的人都遭到了无处不在的冲锋队的骚扰和迫害，后来又受到国家秘密警察（盖世太保）的骚扰迫害。

在 1933 年 6 月的“克珀尼克流血之周”（Köpenicker Blutwoche）中，冲锋队突然逮捕了约五百名政治对手，然后在温登施洛斯大街（Wendenschloßstraße）社民党相关的水上运动之家（Wassersportheim）、克珀尼克东部格吕瑙（Grünau）的船屋以及普尚街（Puchanstraße）的地区法院监狱对他们施以酷刑折磨。许多被捕者（目前估计有九十人）因虐待而死亡。受害者被装在麻袋里，扔进了施默克维茨森林（Schmöckwitzer Wald）和附近的水域里。与后来犯下暴行的冲锋队一样，行凶者逃脱了罪责，甚至是从帝国司法部部长弗朗茨·居特纳（Franz Gürtner）那里得到了特赦令。柏林街头目无法纪的行为没有遭

1933 年 5 月 10 日，在大学主楼对面，现在的倍倍尔广场（Bebeplatz）上，纳粹党烧毁了成千上万册被禁作家的书籍。

到被已经“一体化”了的司法部门的反对。

在城市各处以及周边地区,纳粹党建造了五十多个所谓的“野集中营”，当局的反对者接二连三地被关押在这些地方并遭到了虐待。这次抓捕甚至波及左翼知识分子和艺术家。20 世纪 20 年代的艺术实验和文化开放遭到了纳粹的严格拒绝。他们的态度之严厉，在 1933 年 4 月德国纳粹学生会（NSDStB）发起的“反对非德意志精神的行动”中充分展现了出来：他们要求学生抵制不欢迎的教授，扰乱他们的授课，故意发表一些陷阱言论。大学的管理者对事态发展袖手旁观，有些管理者甚至予以支持——哪怕是纳粹学生团体要求去图书馆和书店整理那些“有害作品”。1933 年 5 月 10 日深夜，一支庞大的游行队伍浩浩荡荡地向歌剧院广场（Opernplatz，现为倍倍尔广场）行进，他们在这里烧毁了用卡车带来的书籍。一开始，一场大雨导致焚书的柴垛没烧起来，后来还是消防队用汽油点燃的。那天晚上，他们烧毁了超过两万册被禁作者的书。1 月 30 日，约瑟夫・戈培尔被任命为宣传部部长。那些被指责抨击的作者大多已经移居国外，其中包括海因里希・曼（Heinrich Mann）、贝托尔特・布莱希特和阿尔弗雷德・德布林。另外，埃里希・克斯特讷加入了“内部移民”（Innere Emigration 艺术家、作家和学者在纳粹时代反对纳粹政权，但并未离开德国）的行列。他不仅留在了这座城市，而且那天晚上就在围观的人群里。他不得不眼睁睁地看着自己的书，在人群的大声欢呼中就这样被大火烧毁。

没有法制的城市

1933 年，柏林犹太人社区拥有十六万名居民，占德国犹太人口总数的三分之一。因此，纳粹分子的种族主义行径在柏林也尤为疯狂。为了毁坏位于奥拉宁堡大街上拥有特殊的犹太教堂的犹太区的声誉，纳粹分子将亚历山大广场西北的“谷仓区”（因贫穷和犯罪而臭名昭著）的名称转移到整个施潘道郊区——这种排斥已经成为日常语言的一部分。

纳粹在掌权的最初几个星期，就对犹太人进行了威胁。从

1933 年 2 月起，冲锋队开始随意袭击、抢劫、破坏犹太人机构和企业。有时业主还被绑架和谋杀。开阔的大街上不断有袭击发生，特别是在施潘道郊区，冲锋队就驻扎在一些地窖酒馆里，并对犹太店主和路人施加酷刑虐待。帝国内政部部长威廉・弗里克（Wilhelm Frick）则声称，肇事者是伪装成冲锋队成员的共产党人。对犹太人的迫害和驱逐越来越系统化地展开了。4 月 1 日，纳粹分子开始进行“抵制犹太人”活动，冲锋队成员在犹太人开设的商店、银行、医疗机构和律师事务所前竖起了标语：“德国人！捍卫你自己！不要买犹太人的东西！”他们以此手段来阻止人们进入。但是，抵制并没有产生预期的效果。那天是安息日，所以许多犹太人的商店甚至都没有营业。一些顾客并没有被吓跑，比如，神学家和后来的抵抗战士迪特里希・邦赫费尔的（Dietrich Bonhoeffer）91 岁的祖母，她不顾冲锋队的禁令继续在卡迪威百货购物。很多商店前面都聚集了很多人。不过，大多数围观者都不赞同这种做法，也没有被冲锋队煽动愚弄。这场抵制三天后就结束了。

但是，当政者还在继续推动着针对犹太人的排斥活动。就像那些在政治上不受待见的人一样，犹太人被排除在公职之外，并被禁止担任医生和律师。越来越多的雇主解雇了犹太雇员，因为纳粹分子对他们施压了。犹太儿童不再能够进入公立学校或体育和文化协会。博物馆、电影院和游泳池，后来连公共汽车和电车，对于犹太人来说也都成了禁区。这些反犹太的行动在 1935 年 9 月 15 日《纽伦堡法案》（*Nürnberger Gesetze*）通过时达到了顶点。当时犹太人已被禁止与“德意志人”通婚。这些规定让犹太人完全丧失了公民权利，为纳粹系统地大规模迫害犹太人铺平了道路。

图片展示了 1933 年 4 月 1 日，冲锋队抵制柏林的犹太人商店的情景。

五环之上矫饰的阳光

1936 年 8 月的奥运会旨在向外界传达一个爱好和平的文明纳粹德国的形象。冲锋队和党卫队接到指示，要在比赛期间避免一切形式的歧视和暴力。反犹太宣传口号停下了，“禁止犹太人”的标志牌从城市里消失了几个星期。 整个柏林变成了一座巨大的波将金村庄（Potemkinsches Dorf，指专门用来给人留下虚假印象的建设和举措）。

当政者屈服于国际奥委会的压力和美国、英国等各个国家的抵制威胁，改变了对犹太运动员代表德国队参赛的排斥态度——至少表面上看起来是这样。当已经居住在美国的有一半犹太血统的击剑选手海伦妮·迈尔（Helene Mayer）被追加进入参赛名单后，终于平息了国外抵制的声音。不过同时，她的金色辫子和蓝色眼睛却被认为是体现了纳粹主义者认同的“雅利安人”之美的典范。犹太田径运动员格蕾特尔·贝格曼（Gretel Bergmann）也同样受邀参加德国奥运会。她在 1933 年被禁止从事体育运动，因此移民到了英国。然而最后，她没有进入比赛首发名单——就在美国奥林匹克队到达德国之前，贝格曼又

为了举办 1936 年奥运会，柏林被装饰得光鲜亮丽，面貌焕然一新。

被从德国队参赛名单中移出来了。官方给的理由是，她由于受伤所以无法参加比赛。

奥运会的举办成了纳粹政权的一次成功宣传：在开幕仪式上，奥林匹克火炬传递首次在柏林进行。火炬是之前在古老的奥林匹亚点燃的，经过三千四百名传递者跑步传递而到达了德国首都，圣火于8月1日到达市区。火炬传递沿着“东西轴线”，穿过勃兰登堡门，到达新建的奥林匹克体育场，这座奥林匹克体育场是当时世界上最大的体育场。除了主要体育场馆外，场地还包括游泳、骑马和曲棍球体育场，以及被纳粹党用作阅兵场的巨大的“五月场地”（Maifeld）和森林舞台。它总占地面积比1680年时柏林的市区面积还要大！此外，这次奥运会也是首次通过电视进行直播报道的奥运会。尽管只能在二十一个公共电视台和一些私人设备上观看这些图像，而且图像的质量太差，人们最多只能猜测体育场内的赛事情况，但它们仍发挥了其最重要的作用：向全世界证明德国的技术和体育优势。前舞蹈演员和女演员莱尼·里芬施塔尔（Leni Riefenstahl）是希特勒统治下的主要纪录片导演，不惜重金用最新的相机技术拍摄了比赛。她拍的那部关于柏林奥运会的电影直到今天仍然充满争议。尽管里芬施塔尔在拍摄时试图避免体现种族主义色彩，但这部电影——《奥林匹亚》宣扬的却是身体崇拜，对应的是纳粹关于人的形象的观点。希特勒很高兴。德国队在奥运会上获得的奖牌数最多——对纳粹来说，这真是为这场盛事锦上添花了。唯一让他们恼火的就是，美籍非裔运动员杰西·欧文斯（Jesse Owens）赢得四枚金牌，成了奥运会上真正的明星。不过，关于希特勒否认与欧文斯握手的传言却是事实，因为希特勒没有参加给获胜者颁奖的典礼。他可能是想避免祝贺那些不符合纳粹种族主义世界观的奥运冠军的尴尬场面。

令主办者感到恼火的是，美国黑人运动员杰西·欧文斯成了奥运会的明星。

毁灭之路

送走了来自世界各地的运动员、嘉宾和记者之后，恐怖主义和歧视又回到了柏林。然而，犹太人口比例下降的速度比纳粹政权预期的要慢。许多曾经享有特权的、富裕的犹太人还认为，进一步的镇压行动主要是针对移民过来的“东方犹太人”，因为纳粹对“东方犹太人”的袭击行动发生得越来越频繁。这一想法很快就被1938年11月9—10日发生的“水晶之夜”打碎了。那天晚上，冲锋队被派去袭击并摧毁犹太人的机构设施。全国各地，特别是在柏林，犹太教堂、墓地以及集会和文化场所、商店和私人住宅都遭到了砸毁和焚烧。但是，纳粹分子并没有成功地让这些骚乱成为自动爆发的“众怒”的标志。虽然也零星地发生过一些骚乱和侮辱事件，但是大多数人的反应还是不安。不过，他们感到不安的原因大多是财产遭到了无理破坏，而不是针对犹太人的袭击事件。警察和消防部门的态度也非常消极，只有在大火蔓延威胁到了附近的非犹太人的财产时

在夏洛滕堡雉鸡大街（Fasanenstrasse）的犹太教堂里，一名男子看着装有摩西五经卷轴的柜子被烧毁。

才会进行干预。米特区哈克市场（Hackescher Markt）16 号的警察局局长威廉·克吕茨费尔德（Wilhelm Krützfeld）例外，他阻止了冲锋队摧毁位于奥拉宁堡大街的犹太教堂的行为。

对犹太人系统性的杀戮是从 1941 年对苏联的战争开始的。宣传部部长戈培尔依然还是纳粹柏林党部头目，他希望这座城市没有一个犹太人："他们（犹太人）不仅破坏了街道的形象，而且败坏了整个氛围。"在此之前，犹太人一再被任意绑架、虐待和杀害，但现在被有计划地驱逐和杀害。1942 年 1 月，纳粹的官员们在万湖畔讨论了在后勤上实施的"犹太人问题的最终解决办法"（Endlosung der Judenfrage）。从那时起，剩下的犹太人不得不戴上"犹太六芒星"标志，其目的是方便纳粹辨识犹太人的身份以系统性地逮捕他们，并把他们从中央集结站输送到集中营。在 1943 年 2 月的所谓"工厂行动"（Fabrikaktion）中，数千名之前还未被迫害的犹太强制劳工被从军备工厂中带走并驱逐。代替他们的是波兰的强制劳工。1943 年 5 月，戈培尔扬扬得意地说他终于从犹太人手里"解放"了这座城市。事实上，在柏林，这座纳粹恐怖活动的中心城市，曾经的十六万名犹太人中，只有不到七千人活了下来：他们要么是因为非犹太配偶而没有被驱逐，要么是因为躲在了阁楼、地下室、

从 1941 年开始，德国的每个犹太人都必须佩戴犹太六芒星。

从 17 站台去往死亡

在当代的任何纪念馆中，最让人震撼的要数格吕内瓦尔德火车站东侧的 17 站台（Gleis 17），在 1941—1945 年被驱逐的五万五千名柏林犹太人中，大多数人都是从这里被带到了强行划定的犹太人居住区（Gettos）和集中营。一块块金属板上记载着这些有去无回的旅程——例如，"1942 年 7 月 6 日 /100 名犹太人 / 柏林 – 特雷西恩施塔特集中营（Theresienstadt）"——它们连成一条没有尽头的长链条，由官僚机构精确地记录下来。第一次驱逐记录于 1941 年 10 月 18 日。当时，第一批一千二百五十一名犹太人从蒂尔加滕的列维措大街（Levetzow-straße）的集合点出发，行进了七千米的路程去往格吕内瓦尔德车站，并从那里被送向死亡之地。自 20 世纪 50 年代以来，这里建了各种纪念碑匾，后来又被拆除，1998 年德国铁路（Deutsche Bahn）在这里设立了中央纪念碑。

17 站台纪念馆（Gedenkstätte Gleis 17），轻轨格吕内瓦尔德车站，维尔默斯多夫

巨大壁橱后面的储藏室，或是花园的凉亭和棚子里才活了下来。他们没有办法就医，也不能在炸弹袭击前躲进防空洞避难。那些为他们提供藏身之所的柏林人通常更多地出于个人原因而不是政治原因：大多数时候，他们关注的是拯救长期以来的朋友和邻居。但是，还有必要把个人与政治分开吗？无论如何，所有参与其中的人都面临着巨大的危险：即使是亲戚、熟人和邻居在战争的最后阶段也可能会出卖他们。甚至还有犹太人“抓人者”，盖世太保强迫他们追查其他犹太人。一旦发现一个藏身点，穿制服的人就会去敲门，威胁要将帮助藏人的人抓起来送进监狱，而藏着的人则会被驱逐到集中营。

反抗的首都?

柏林一直被认为是反抗纳粹统治的中心。但是在这里，也有很大一部分人对纳粹时期的社会和政治发展持积极态度，或者至少是默认了这种发展。同时，柏林作为首都和工人阶级的城市，无论是来自军队和政府部门，还是来自社会民主党和共产党的圈子，都为政治反抗提供了沃土。反抗的动机各不相同，表现形式也各有不同。除了主动反抗，人们还采取了不服从的态度进行反抗。20 世纪三四十年代，有许多警察报告表明，这座大城市年轻人的不服从和“柏林嘴巴”（Berliner Schnauze，指柏林人言语上的幽默或态度，特点是直言不讳、缺乏礼貌、使用粗俗的幽默）很棘手，难以强使他们“一体化”。虽然工会已被取缔，但在企业、酒馆、运动场或电车上，人们不断地大声诉苦和抱怨，其内容关于供应短缺、糟糕的住房状况或生活各个领域的日益政治化。一些年轻人避开了纳粹的群众组织，在晚上的业余时间培养了美国人的生活方式，他们即所谓的“摇摆青年”（Swingjugend），在政治意义上没有进行任何抵抗，但拒绝接受全面调整。纳粹分子没法阻止一些年轻人以这样微妙隐秘的反抗方式进行的宣传工作。与反对派的青年团体“雪绒花海盗”（Edelweißpiraten）一样，原本非政治化的摇摆青年最终还是政治化了，因为盖世太保对他们采取了越来越多的

1933 年 2 月 20 日，社会民主党的“帝国战旗黑红金”（Reichsbanner Schwarz-Rot-Gold letztmalig）组织举行了最后一次公开集会。联邦主席卡尔·霍特曼（Karl Höltermann）在卢斯特花园里讲话。

暴力行动。

真正的反抗运动少之又少。针对纳粹主义声势最高的一次公众反抗行动发生在纳粹掌权之后的最初几周，当时社会民主党的“帝国战旗黑红金”组织能够动员约二十万人参加在柏林大教堂旁卢斯特花园举行的集会。2 月中旬，城市宫前又举行了一次示威游行，数以万计的参与者公开要求民主。公众抗议活动随后便渐渐止息。唯一算是例外的是在罗森大街（Rosenstraße）集中营前的抗议活动，1943 年 2 月底至 3 月初，“混血婚姻”中的“雅利安人”妇女抗议犹太人丈夫被拘留了一整天——他们确实也被释放了。

在纳粹统治初期，社会民主主义、共产主义与和平主义团体大部分都被发现并捣毁了，而他们在纳粹当权之前就已经在为地下工作做准备，并且散发了传单。只有少数共产党员幸存了下来，但与民主德国领导层后来宣称的情况相反——这些成员很少与在莫斯科的德国流亡共产党人接触，更谈不上能够从柏林组织一场跨阶层的、有序的抵抗运动了。而且，盖世太保经常监视他们。

基督徒的抵抗并不是很明显。在柏林，只有少数教会人士会站出来，比如，天主教大教堂教务长伯恩哈德·利希滕贝格（Bernhard Lichtenberg），他公开为受迫害的人祈祷。利希滕

基督教抵抗运动中心

马丁·尼默勒（Martin Niemöller）牧师的故居见证并且至今仍在讲述着他为抵抗“德意志基督徒”的影响，捍卫自己的认信教会（Bekennende Kirche）的坚定不移的决心。他在这里工作，在这里战斗，并且于 1937 年在这里被盖世太保逮捕。但是即使在他被囚禁期间，这座房子仍然是基督教抵抗运动的密谋聚会的场所。

马丁·尼默勒故居（Martin-Niemöller-Haus），帕切利大道（Pacelliallee）61号，达勒姆（Dahlem）

贝格在 1943 年死于去往达豪（Dachau）集中营的途中。在基督教新教教会中，爆发了关于“一体化”与独立性之间的斗争。忠于政权的“德意志基督徒”事实上控制了教会，并经常将新教的礼拜变成奇怪的旗帜游行。而“认信教会”的一些教区还是奋起抵抗了，与国家收管操纵教会的力量进行了斗争。其中包括达勒姆牧师马丁·尼默勒的教区，他在圣安妮教堂（St.Annen-kirche）的布道中主张了基督教信仰的基础。在多次被捕之后，他被带到了萨克森豪森集中营（KZ Sachsenhausen），并于 1941 年从那里去往达豪。不过，尼默勒于 1945 年被释放，后来又被押送到南蒂罗尔（Südtirol）处决。对于年轻的神学家和私人讲师迪特里希·邦赫费尔而言，情况则有所不同，他在纳粹当权后不久就警告人们警惕纳粹主义者。邦赫费尔离开了官方教会，非法培训神学家，并在战争期间加入了抵抗力量。1943 年，他在位于夏洛滕堡玛利亚大道（Marienallee）的父母的家中被盖世太保逮捕，并被关押在柏林一直到 1945 年初，然后被带到布痕瓦尔德（Buchenwald）集中营。在德国投降前几个星期，他被拉到了弗洛森比格（Flossenbürg），并在那里被绞死。

政府各部门和国防军中也有抵抗的人，因为他们不愿意接受纳粹主义的意识形态，而且最重要的是，他们意识到希特勒的战争无法取得胜利。一些人形成了讨论帝国的政治和经济形势的圈子，例如，围绕哈罗·舒尔策－博伊森（Harro Schulze-Boysen）的航空部官员的圈子和围绕阿尔维德·哈纳克

“德意志基督徒”于1933年11月13日在舍纳贝格的体育宫（Sportpalast）举行了他们的“国会”。

（Arvid Harnack）的经济部官员的圈子。他们还秘密地将军事信息发送给了莫斯科。纳粹将这个间谍网络称为“红色教堂”（Rote Kapelle）。进行抵抗的政治军事精英中最著名的人无疑是克劳斯·申克·格拉夫·冯·施陶芬贝格（Claus Schenk Graf von Stauffenberg）。1944年7月20日，他在东普鲁士的希特勒总部放置了一枚炸弹。但是，在确信自己已经杀死了希特勒以后，为了逮捕其他纳粹领导人，他飞回了柏林。这场政变迅速被纳粹瓦解，希特勒活了下来，施陶芬贝格和他的同伴于当晚在陆军高级司令部所在地本德勒街区（Bendlerblock）的院子里被枪杀。

防空洞中的生活

甚至早在1939年之前，许多柏林人都预感到了希特勒的

滕珀尔霍夫与失落的电影宝藏

建于 1936—1941 年的滕珀尔霍夫机场的新建筑，满足了纳粹主义者对于宏伟高大的具有纪念性意义的建筑风格的要求。此建筑每层面积为 31 万平方米，这是当时世界上最大的建筑。这里每年能运送的客流量多达六百万人次，而当时，每年只有八万人次的滕珀尔霍夫机场已经成为欧洲的重要枢纽之一。但是，新建筑群暂时尚未民用。新的机库从 1939 年起就被用来建造轰炸机，而民航则继续在旧建筑物中运营。战争结束时，新的机场仍未建设完工，而旧机场在战争中被拆毁了。今天，这个巨大的机库中尚未完工的楼梯间和钢制大梁可以表明，在机场的屋顶上曾计划建造可以容纳八万五千名观众参观航展的看台。

机场地下设施的规模是相当惊人的。这里还建有一个多层的电影档案馆。电影档案馆里丰富的历史镜头宝藏有幸在多年的战争中被保存了下来，因为在战时这些房间被改成了防空洞。但在战争结束时，苏联士兵占领了机场，炸毁了档案室的门。赛璐珞的胶片在 1200 摄氏度的大火中烧了好几天。今天仍然可以见到这场灾难的痕迹。

滕珀尔霍夫机场，空中桥梁广场（Flughafen Tempelhof），滕珀尔霍夫

外交政策不可避免地会引发战争。很多事都让德国险些陷入战争：莱茵兰重新军事化、武力吞并奥地利以及强夺苏台德地区。这些都被欧洲的主要大国容忍了，特别是英国，它们试图维持欧洲日益脆弱的和平。每一次逃过战争，德国公民都会松一口气，因为他们希望可以避免战争。

但是不好的征兆越来越强烈。供应不足的情况已经恶化很久了，基本的食物都越来越难获得。从 1939 年 9 月开始，基本食物只能通过配给票获得，而犹太人能得到的食物比非犹太人更少。当时，城市还举行防空演习，征募达到服兵役年龄的男性入伍。1939 年 9 月 1 日，当纳粹德国国防军最终入侵波兰时，柏林人的反应既不惊讶，也不欣喜。他们理所当然地做着自己的事——没有群众集会，也无人欢呼喝彩。人们得知了战争的开始，并听天由命地接受了。至多是在 1940 年 7 月击败法国后，公众热情高涨，成千上万的人拥向勃兰登堡门，庆祝第二一八步兵师凯旋。

尽管柏林在 1939 年和 1940 年并不是战场，但战争的阴影同样也让这里变得无比压抑沉重。食物和燃料都很缺乏。在有些地方，公共场地变成了蔬菜地，而大型公园里的树木被成排地砍掉给人们取暖。

在工厂里，妇女代替了上了战场的男人，她们的劳动强度达到了极限负荷。柏林是许多军备工厂的所在地，而成功的战争首先要有稳定的物资供应。单靠妇女无法弥补劳动力的短缺，因而有了强制劳工。一开始，工厂里使用的是犹太人，后来还有许多被德国

人占领的地区的人们。尤其是在东方的占领区，男人和妇女甚至是儿童，都强行被驱赶到了德国，他们要在那里从事没有任何报酬的最艰苦的工作。来自意大利、法国和北欧的劳工还能得到相对体面的对待，但“东方劳工”（Ostarbeiter）却不得不忍受难以言喻的生活条件和最恶劣的屈辱待遇。发生空袭警报时，他们被禁止进入防护区，怀孕的妇女劳工被强制堕胎。由于与德国人接触会受到惩罚，因而这些劳工在被高墙隔开的区域内像奴隶一样的工作。他们只有少得可怜的几个小时休息时间，休息时会被关进拥挤的简陋棚房里。

战争期间的休闲时间：1943 年，人们还是可以去特雷普托的游乐场。

到 1944 年底，仅在柏林，强制劳工的人数就增加到了三十五万多。他们分散在几千个地方。他们居住的很多棚房建在了公共广场、空地或小型公园中，因而这些强制劳工就是在

强制劳工的最后见证者

柏林及其周围的数千座强制劳工营，几乎没有留下任何痕迹。建于1943年的面积超过3公顷的舍讷韦德（Schöneweide）强制劳动营也早已被人遗忘。两千名外国工人住在这里的十三个营房里，空间非常狭小。直到1993年，这座设施的原有功能才被人们重新发现。如今，这座营地的一部分已被改造成了一个文献中心。

强制劳工文献中心（Dokumentationszentrum Zwangsarbeit），布里策大街（Britzer Straße）5号，舍讷韦德

人群的中间忍受着残酷的命运，却被人们故意忽略了。纳粹主义者本来想要将柏林建成世界上最宏伟的大都市，然而它却成了到处都是木质棚房的首都。

1940年，当第一批英国轰炸机从柏林上空飞过时，人们受到了巨大的冲击。尽管自战争开始以来就不断地进行防空演习，但柏林人最初还是相信戈林的保证："要是有敌机飞过我们的领土，那么我就不姓戈林，改姓迈尔。"最初，英军几乎错过了所有的工业目标，只击中了市中心的几处战略要点，因而从1941年底开始，他们的轰炸袭击停止了一年多的时间，直到1943年初，轰炸又开始了。这次，他们改变了策略。现在，英国人首先想要减少人口，于是越来越多地将攻击对准了平民。躲进防空洞这时已经成了人们日常生活的一部分，人们

战争快要结束时，强制劳工被派去拆除炸弹。照片里，两名强制劳工在没有任何保护的情况下挖出一枚哑弹。

一直生活在恐惧之中。

人们尽可能地保护自己。人们用障眼法在其他地方仿建了一些具有战略意义的建筑，因为房屋、街道和湖泊都有可能成为轰炸机的目标，所以他们用一些仿造的树木和建筑物来让敌人无法识别。但是，这些措施最终都没有用。自从 1941 年底德国向美国宣战以来，美国人就已经参与了空袭。1944 年 3 月 6 日，美国轰炸机首次在白天发动了袭击。从那时起，一天中的任何时间都可能发生炸弹袭击事件，城市处于持续警戒状态。如果说在这之前，在柏林还只能看到零星的破坏的话，那么这时盟军就留下了

1945 年 4 月 18 日，人民冲锋队成员们在利希滕贝格区（Lichtenberg）马尔斯多夫东出口挖了一个坦克沟。

洪堡海因（Humboldthain）的巨型地堡

从 1940 年开始，阿道夫·希特勒在柏林建造了三座防空炮塔，以保护市区免受空袭。如今，这座于 1941—1942 年在威丁格洪堡海因建造的防空炮塔，仍然远远就可以看到；同时它也作为地堡，可容纳多达一万五千名平民。虽然盟军在“二战”后炸毁了三座防空炮塔，但这座地堡至今仍怪异地矗立在从战争废墟上堆起的洪堡海因的边缘。在“柏林地下世界”协会（Berliner Unterwelten）的负责下，今天这里成了纪念参观地。

洪堡海因人民公园（Volkspark Humboldthain）的防空炮塔（Flakturm），泉水街 105 号，健康泉

一幅毁灭性的图画。到 1945 年，在柏林投放的炸弹超过 4.5 万吨。

斯大林格勒战役惨败后，约瑟夫・戈培尔于 1943 年 2 月 18 日在柏林体育宫发起了“总体战”，这立即产生了直接的后果。所有与战争无关的企业都被关闭了。现在全部的精力都放在军备工业上，而劳工的工作时间增加到了十四个小时。有孩子的母亲不具备生产大炮和手榴弹的资格，所以得离开柏林，

这是叶夫根尼・哈尔杰伊于 1945 年 5 月 2 日（苏联占领德国会议大厦第三天）拍下的情景，后来这张著名的照片还被上了色。

搬到农村地区。

“总体战”让人们没有办法正常地生活。经过几个月连续不断的空袭之后，交通和通信都中断了。许多“被炸得一无所有的人”躲到了其他家庭里栖身,而这些家庭也是被迫收留他们。房子的墙上到处都是寻人启事。许多过去曾经有道路的地方，现在只有临时清理出来的穿过废墟的小路。

1945 年，苏联军队进军柏林，对于当地的人们来说，再也没有任何疑问，失败就在眼前了。市中心完全是一片废墟。但是，纳粹政权还是设法说服许多柏林人进行了最后的抗争，因为他们对即将到来的苏联军队无比恐惧。一支由老人和青少年组成的非常可怜的“人民冲锋队”被派往城市的边界，以拦截入侵者——一直等到瓦尔特·文克（Walther Wenck）将军的第十二集团军从西南部赶来，情况才有了转机。虽然希特勒在战争的最后几周里，一直藏在德国总理府花园下面的元首地堡（Führerbunker）中，但仍然坚信自己可以保卫柏林并且扭转战争的形势，让德国赢得胜利。在战争的最后几天里，这种毫无意义的抵抗让无数人丧生。桥梁被炸毁，以阻止军队前进。南北向的轻轨隧道由于爆炸，部分发生了透水事故，淹死了许多在那里躲避街头巷战的人。

当苏军一个街区一个街区地向市中心行军逼近时，柏林的战斗直到 1945 年 5 月 2 日柏林投降才结束。希特勒在两天前自杀身亡，与就在前一天刚和他结婚的 E. 布劳恩（Eva Braun）一起，两人的尸体在元首地堡前被焚烧。戈培尔也与家人一起搬到了元首地堡里，在杀死了他的六个孩子之后，和妻子一起自杀了。然后在 5 月 8 日，德国无条件投降。在德国投降前几天，1945 年 4 月 30 日，苏联国旗插上了德国国会大厦——这是红军战胜纳粹德国的象征。这个场景据说被战争摄影师叶夫根尼·哈尔杰伊（Yevgeny Chaldej）抓拍到了，但他那张举世闻名的照片是于 5 月 2 日重新摆拍的。

Die Berliner Besatz

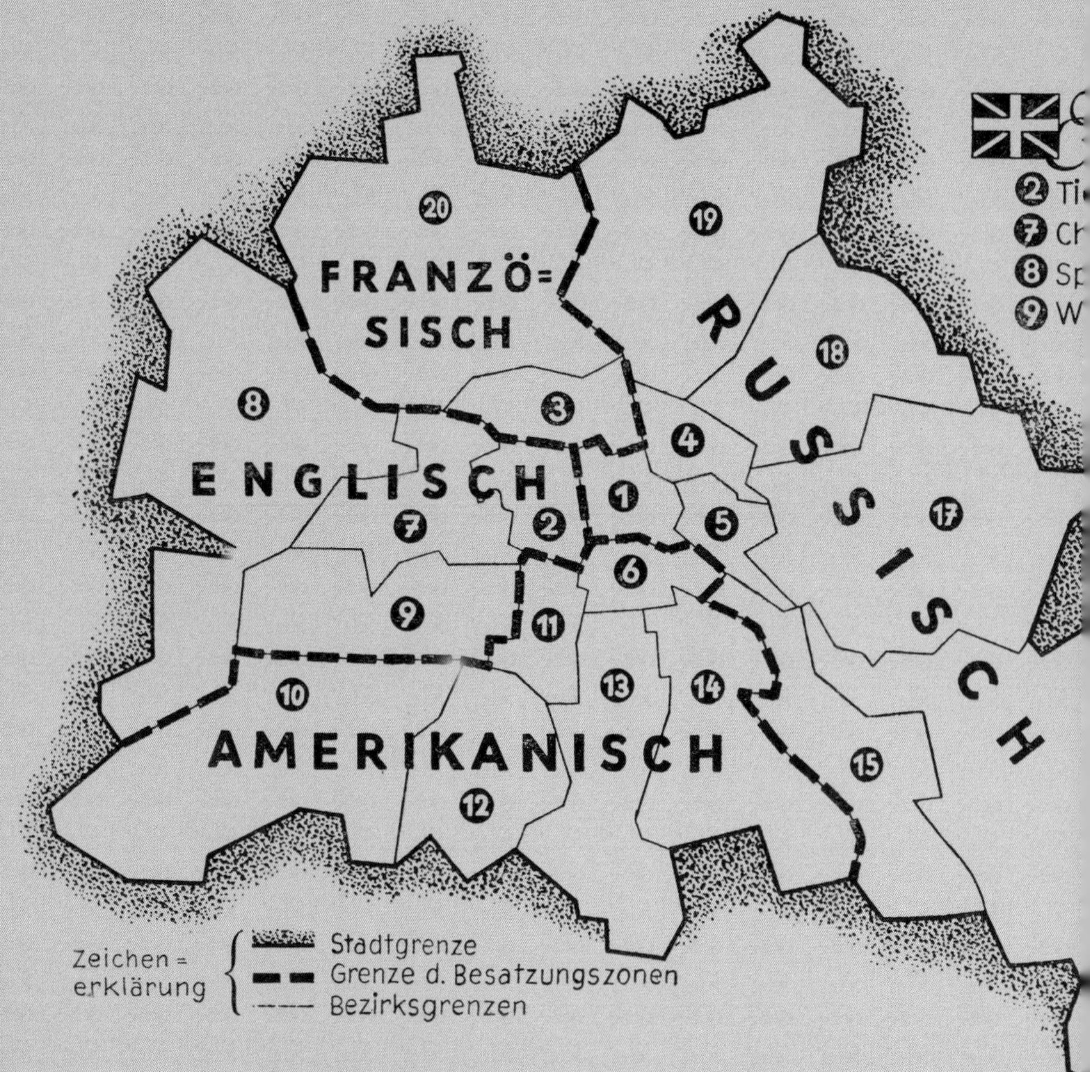

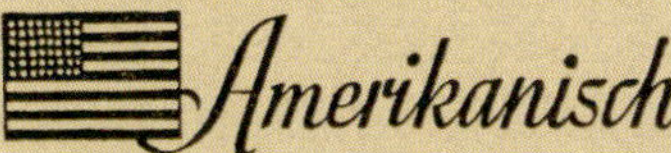

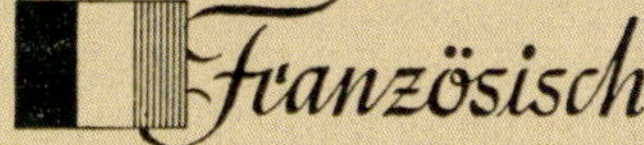

毁灭与新生：被划分成四个区域的城市

痛苦的新起点

“白色死神”

制度之争

大封锁

两种速度的城市

地下的阶级斗争

这张 1945—1946 年柏林占领区的地图显示了这些分区的不同大小。

1945 年 5 月，柏林已是一片废墟。如果今天的人们看到这座在炸弹和巷战中变得满目疮痍的城市的景象，那么一定很难想象这里还有二百八十万人在忍耐坚持着，他们还得每天在这里生活。街道上碎石瓦砾逐渐被清除了，但人们还要花很长时间才能使交通恢复正常。燃气和电力供应同样也被切断了，只有郊区才供应自来水。此外，在战争结束后的头几个星期里，苏联人控制了整个城市，他们把大部分还完好无损的机器和设备都拆卸了，并把拆下来的部件作为战利品运到了自己的国家。工程师也被带到了苏联。与此同时，这座城市不得不接纳战后返乡者和成千上万的难民的到来，特别是来自东普鲁士和西普鲁士、波美拉尼亚和西里西亚的难民，这些难民被迫离开了自己的家园，并到新的地方定居。

1944 年 9 月，欧洲咨询委员会以英国建议为蓝本；提出第一份临时划分德占区的方案。柏林在这里则扮演了一个特殊的角色：这座城市被分为四个部分，由盟国统一管理。这个计划背后的目的是让柏林再次成为一个统一的德国的首都——但这一目的很快便被证明是虚幻的。因为就在西方国家在 1945 年 7 月和 8 月进入他们在西柏林占领区后不久，很快就发现平等的伙伴关系根本无从谈起。东方的战胜国利用这几周的独自控制权，先行把局面变成了未经他们同意就无法再轻易改变的既定事实。

这张 1945 年夏天的照片拍摄的是遭到破坏的亚历山大广场。

早在 4 月，苏联就已经将许多德国流亡共产主义者从莫斯科空运了过来，并将他们安排在了新的“反法西斯市政府”中的关键位置。苏联的城市指挥官尼古拉・贝沙林（Nikolai Bersarin）甚至批准了新的政党的建立，虽然这促进了民主多元化，但很快

这些政党又被发现全都是"反法西斯民主政党卫星党"（Block antifaschistischdemokratischer Parteien）。德国共产党和社会民主党在1946年4月被强行合并，后来成了民主德国的执政党：德国统一社会党。在柏林西部地区，社民党成员以82%的多数票反对合并。驻德苏联军事管理委员会能够阻止在苏联占领区（SBZ）进行此类投票。

德国统一社会党在1946年10月第一次也是1990年以前仅有的一次柏林大选中仅获得了不到20%的选票——而社会民主党则有高达48.7%的支持率，政治上的分裂显而易见。于是第二年，苏联人拒绝了社会民主党人同时也是坚定的反共主义者——恩斯特·罗伊特（Ernst Reuter）成为民主选举的市长，因此他的副手社民党的路易斯·施罗德（Louise Schroeder）不得不接管这个职位。然而，这些较小的政治冲突被盟军之间更为广泛的分歧所覆盖：一个统一的德国的非军事化、重建和民主化问题是造成东西方之间鸿沟的症结所在。世界大国之间直接进入冷战，而就在这期间，柏林的西部地区成了冷战的前线，也是西方世界在苏联势力范围内的前哨。

从1948年开始，情况变得越来越严重。美、英、法在占领区实施了币制改革——这在西柏林还无法推行，因为苏联拒绝在这座城市引进联邦德国马克（D-Mark）——仅仅两天之后，苏联又单独进行了一项改革：新的民主德国马克（OstMark）要在整个柏林推行。这意味着西柏林在经济上将与西占区隔离，并且将依赖于苏占区。这对于美、英、法来说是无法接受的，于是，他们将联邦德国马克也引入了柏林的西占区。随后，苏联的封锁行动从1948年6月24日持续到1949年5月12日，全面切断西占区与西柏林之间地面上所有的交通和货运路线，

生活在继续——1946年的柏林小女孩儿。

仅留下了空运路线：从 6 月 26 日到封锁结束，西占区的飞机一共飞行了约二十五万次，为居民提供煤炭、食品和工业产品。平均每天近八百架次飞机的起降，也成了物流史上的一项重大成就。他们甚至将一整个发电厂——今天位于西门子城（Siemensstadt）的罗伊特发电厂（Kraftwerk Reuter）——分批空运过来，并进行了组装，让这座城市实现了电力上的自给。

封锁结束时，美、英、法与苏联之间的经济和政治分歧已经达到了不可调和的地步。苏联人早在 1948 年就离开了盟国管制委员会和盟国司令部——它们原本应该是对德国和柏林进行统一管理的机构，从 1948 年 9 月起，东西柏林分别成立了市议会。1949 年 9 月，德意志联邦共和国正式宣告成立，定都波恩；同年 10 月 7 日，德意志民主共和国成立，城市的分裂进一步加深。然而，这时仍继续实行着的四国分区管制导致了一些非常奇特的结果：西柏林公民只能获得临时身份证；联邦邮政为柏林发行了单独的邮票系列；柏林人在联邦议院的选举中没有投票权；东柏林在媒体和政治中被广泛使用的称呼都是“民主德国的首都”，在 1981 年之前，公民都无法直接选举他们的人民议院候选人。在波恩和东柏林的议会中，间接任命的柏林议员只有有限的表决权。

理夏德·保利克（Richard Paulick）为斯大林大道（Stalinallee）设计的路灯与阿尔伯特·施佩尔的设计相似。

当时政治分歧也反映在两德关于重建工作的不同愿景之中，在此之前，两德一直都遵循着汉斯·沙龙所设计的“集体计划”。该计划的目的是彻底摆脱自然生长的城市格局，通过街道网格框架将其打破。1948 年，西柏林推行的博纳茨计划（Bonatzplan）仍然以柏林作为未来统一的德国的首都为基础。该计划采取了更为温和的方式：中心城区应予以保留，并采用城市高速公路作为框架进行构建。然而，在以后的几十年中，计划中只完成了对西南部分环城公路系统的扩展重建。这一部分对应今天的 A100 高速公路。博纳茨计划中还有拆除旧的集合公寓，以建设“绿色”住宅区的建议。在 1957 年的国际建筑展上，由众多国际知名建筑师设计的汉萨区（Hansaviertel）对此具有开创性的指导意义，但是如此高品质的城市规划，几乎无法复制到柏林的其他地方。重建计划中的许多建设项目都侧重于缩小差距。

另外，在东边，柏林被改造成了社会主义的示范城市。1950 年通过的“关于城市设计的 16 项原则”规定了重建工作应尊重历史建筑，并将具有政治代表性的建筑物放到东柏林的市中心。然而，还是有无数的建筑物——其中有的甚至还是完好无损的——成了阻碍城市发展的因素，它们被认为是封建的、反动的德国的见证物，如今成了那些拆除机器、爆破炸药下的牺牲品。其中最著名的例子可能要数柏林城市宫了，1950 年它在统一社会党领导人的决定下被炸毁并拆除。在它的原址上取而代之的是一座斯大林式宫殿风格的巨型高楼建筑。但是，共和国宫的建成花了很长的时间，而且时代的精神已经发生了转变，其落成之后，也远远没有最初设计的那么浮夸。成为民主德国政权象征的是一条 90 米宽、2.3 千米长的街道：由大法兰克福大街（Große Frankfurter Straße）和法兰克福大道（Frankfurter Allee）合并扩建而成。该街道更名为“斯大林大道”（1961 年，后再次更名为卡尔·马克思大道〔Karl-Marx-Allee〕）。1952 年，人们开始在繁华的大街两旁建造巨型住宅区，即所谓的“工人宫殿”（Arbeiterpaläste）。但是，这一城市规划与建设举措也是孤立的个案。最早从 1960 年起，对标准化板式建筑物的功能主义的信念就在东边的城市规划中占据了主导地位，而常常被人们忽略和遗忘的是，西边其实也是这样。

斯大林大道甚至被绘在了迈森花瓶上。

尽管人们为建设这座城市付出了巨大的努力，但在 20 世纪 50 年代，柏林依然还是一副饱受战争摧残的城市景象。

这不仅表现在城市景观中，还体现在居民的现实生活中：供应形势仍然十分困难，西占区的失业人口在 1950 年以前超过了三十万。在西边，新币制和美国通过“马歇尔计划”拿到的重建援助至少使物价稳定了下来，商店的橱窗再次装满了货物，配给票制度也被废止了。尽管西柏林由于被孤立的地理位置，对投资

新居处的梦想（东边）

虽然斯大林大道一般被认为是斯大林主义“糕点师风格”的典型范例，但确切地说，它代表的其实是民主德国不断变化的城市规划理念。

早在1949年，人们就在这条大道上，根据汉斯·沙龙制订的“集体计划”的思想建造了具有包豪斯传统的带有外部走廊的简单朴素的公寓房屋。但是，这种风格被认为是西方腐朽颓废的代表，因此从那以后的建筑仍是继续以斯大林式的风格进行修建。而这座外廊式公寓房屋（Laubenganghäuser）今天依然还在，“藏”在特意种植的杨树后面。然而，被视为样板工程并于20世纪50年代建成的“工人宫殿”也只是单独的个案。在20世纪60年代，它们也不再符合苏联所规定的时代精神了，根据这种精神，既具备社会主义又具备古典主义的代表建筑要被废弃了，取而代之的是标准化的板式建筑。于是，卡尔·马克思大道（从1961年开始）通向亚历山大广场的西段的两旁，在国际电影院（Kino International，1961—1963年）和莫斯科咖啡馆（Café Moskau，1961—1964年）建成之后，一直到20世纪60年代后期，相应出现了一批板式建筑。

外廊式公寓房屋：卡尔·马克思大道102—104号和126—128号，腓特烈斯海因区

“工人宫殿”：施特劳斯贝格广场（Strausberger Platz）和法兰克福大道（Frankfurter Allee）/普罗斯考大街（Proskauer Straße）路口之间，腓特烈斯海因区

现代阶段：在施特劳斯贝格广场和亚历山大广场之间，米特区

者而言并不是特别有利可图，但实际经济情况有所改善。东柏林的生活水平也有所提高，但步伐要慢得多。民主德国政府为了不在这场社会主义计划经济与社会市场经济的制度竞争中落于下风，不惜一切代价。工厂中的“计划指标”一再被提高，对于工人来说，这意味着要拿更少的工资做出更高的绩效。在整个民主德国，尤其是东柏林，人们的愤怒爆发了。一开始，人们罢工抗议劳工标准的提高，后来在1953年6月17日，行动演变成了一场民众起义。苏联军队出动坦克镇压了起义。在这场暴动中丧生或是随后作为“为首闹事者”被处决的大约有五十人。

1949—1961年，大约有三百万人从当时边界仍然开放的民主德国逃离并来到了联邦德国。在这几年里，东柏林的人口减少了11%，因而尽管西柏林的居民数在增长，但柏林的总人口还是三百二十五万。

如此一来，西柏林和开放的边界对苏联和民主德国的领导层来说成了一个严重的问题。仍然有超过五万名通勤者在东边居住却在西边工作。与此同时，只有将城市的

两边严格分隔开来才能防止人口外迁：要么把西柏林并入民主德国，要么完全封锁边界。在 1958 年 11 月的最后通牒中，苏联要求美、英、法撤出他们在柏林的占领区——但没有成功。美、英、法——特别是美国——坚决捍卫自己在西柏林的位置，结果，民主德国在 1961 年 8 月 13 日采取了行动。

1953 年 6 月 17 日，苏联出动坦克对付东柏林的示威者。这张照片是在波茨坦广场的占领区分区边界拍摄的。

痛苦的新起点

零时的柏林：世界末日的风景。人们在黑暗之中从毁坏的街道沟壑之间摸索穿行。孩子们在寻找自己的父母，一个个家庭在寻觅着头顶能遮身的片瓦、能果腹的一点吃食以及用以取暖的煤炭或木材。老鼠在瓦砾废墟之间窜来窜去，废墟散发出一股刺鼻的腐烂气味。死去的马匹倒在大街上，通常几天后就会只剩下一副骨架，所有的肉都会被啃食干净。刚从战场上返回故乡的人们漫无目的地在城市里游荡，这里曾是他们的家园，但如今已经面目全非，他们几乎找不到任何熟悉的地标了。苏联士兵四处掠夺，陶醉于胜利和酒精给他们带来的感觉之中。博物馆、美术馆和图书馆被抢搬一空，艺术珍宝经过简单粗糙的打包之后就被运走了。没有住所不遭到抢掠，没有路人不被打劫和暴力袭击，也没有妇女和女孩儿不遭受强奸。占领者每天都要在街上或公寓里抓妇女，强迫她们清理废墟、拆除工业厂房或是帮助建造苏联纪念碑。

战争结束后，许多妇女一起清理这座城市的废墟。

那时候的人们如何生存？妇女们在战争期间独自与孩子和年迈的父母留在城市中，甚至都不知道自己到底仍然是妻子还是已经成了寡妇。由于家庭主妇只能得到第五类（Kategorie V）配给票，俗称“饥饿票”或“升天票”（Himmelfahrtskarten），所以几乎没有什么生存机会。食品供应还是十分困难。稀缺的马铃薯甚至根本运不到商店，就在大街上在警察的保护下按照票证分发完了。公园里的树早就被伐光了，公共广场上铺设的路石也都被清走了，这些地方变成了耕地。然而，最有希望获得食物的方式还是“囤货之行”：妇女们扛着巨大的麻袋和箱子，乘着挤满了人的火车到农村去，从农民那里购买基本的食物。如果火车不开，人们就走过去。

战后第一年，超过六万名“废墟清理女工”成了城市的英雄。为了得到工资和更多的粮食，她们辛勤工作，用手摇绞车和镐拆除了厚重的砖墙，并且小心翼翼地处理每一块砖，好让它们还可以在其他地方用于重建。她们总共清理了战争给柏林留下的 7500 万立方米的废墟瓦砾。清理下来的瓦砾被装进由马拉的货车沿着草草铺成的轨道运走，但妇女经常会来拉车。不过，这些瓦砾要放到哪里去呢？在诸如腓特烈斯海因、洪堡海因、因苏拉纳（Insulaner，“岛民”）或普伦茨劳尔贝格人民公园（Volkspark Prenzlauer Berg）等众多公园里，大量的瓦砾很快就堆积如山。在西柏林，由纳粹分子兴建的国防技术学院（Wehrtechnischen Fakultät）尚未装修的建筑物里装满了瓦砾碎石。魔鬼山（Teufelsberg）高 120 米，是全市最高的碎石堆，就是由这些废墟瓦砾堆积而成的。

“废墟清理女工”承担起了自己、自己的家庭甚至整个城市的责任。那些在之后几个月和几年内重新回到家的男人，大多因饱受战争创伤而无法再工作的男人，既找不到工作，也难以重返社会，正如沃尔夫冈·博尔谢特（Wolfgang Borchert）在 1948 年首次播出的广播剧《在大门外》（DrauBenvordertür）中给人留下的深刻印象那样。对于这种情形，妻子们很难容忍，而丈夫们同样也不知道该怎么和他们充满自信的已经成为家里顶梁柱的妻子相处了。离婚率大幅提高。

1945—1946 年，在德国国会大厦旁边靠近占领区分界的地方，很多稀缺的商品都可以在这里的黑市上购买。

“白色死神”

恢复秩序的路途是艰难而又崎岖的。1946—1947 年的冬天异常难熬，人们遭受了极为痛苦的挫折。一天只有几个小时供电。绝望中拼命收集的树枝、“整理出来的”煤炭，以及在最紧急的关头被扔进壁炉的家具和书本，都无济于事，依然无法帮人们抵御严寒。1947 年 2 月，柏林所有的剧院在白天都作为人们取暖的大厅开放。然而，还是有一千多人冻死了——其中有很多人因一直以来的营养不良而身体虚弱。配给的口粮常常无法发放，连农村也几乎没有食物了。战争结束一年半之后，这座城市看上去像是已经走上绝路了。

越是在人们面临困境、需求迫切的时候，唯利是图的奸商和骗子就越是赚钱。黑市相当繁荣，尽管长期以来毫不值钱的德国马克（RM）在黑市上基本上买不到任何东西。黑市上的主要货币是香烟，但大多数时候还是以货易货，物物交换。盟军士兵购买了珠宝、手表和衣服，并用它们交换了香烟、肥皂和食物，然后又卖给柏林人。尽管价格高得离谱，但依然畅销，因为柏林人只想再吃一块真正的培根或用一块香喷喷的肥皂洗个澡。少数在战火中幸存下来的传家宝和贵重物品，现在也都易主了，而且再也不会回来了。1 千克土豆在柏林黑市上的价格高达 800 马克，而“废墟清理女工”每小时的工资只有 70 芬尼。尽管警察多次突袭黑市，例如，勃兰登堡门或国会大厦废墟上的传奇“黑交易所”（Schwarze Börse），但买家和卖家总是很快就又凑到一起了。

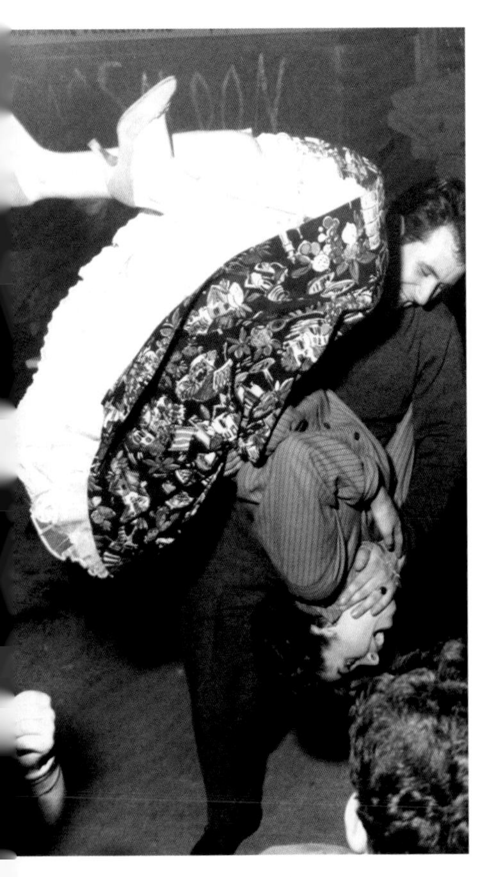

在诸如“伊甸沙龙”（Eden Salon）这样的酒吧中，战后的柏林人在庆祝（这张照片拍摄于 20 世纪 50 年代后期）。

制度之争

除了悲惨的日常生活境况之外，对于生活在这座四国占领的城市里的人来说，更可悲的是，他们还沦为占领国进行制度宣传的工具。对此，文化扮演着关键的角色。为了按照他们的价值观塑造德国社会，苏联迅速重新开放了德国剧院，并通过成立国有德国电影股份公司（DEFA）重建波茨坦－巴伯尔斯贝格电影基地（Filmstandort Potsdam–Babelsberg）。早在 1946 年，沃尔夫冈·施陶特（Wolfgang Staudte）就在那里拍摄了《凶手就在我们中间》（*Die Mörder sind unter uns*），这部电影为德国电影股份公司的一系列反法西斯电影奠定了基础。另外，美、英、法则表现得比较被动，但是他们的占领区内出现了各种私人经营的爵士俱乐部和剧院舞台。在卡巴莱（Kabarett）表演中，人们可以用柏林人的方式将柏林的紧急状态取笑一番。

在广播报道方面，意识形态上的分歧也表现得很明显。通过位于西柏林马祖里大道（Masurenallee）但完全由苏联控制的柏林广播电台（Berliner Rundfunk），广播很快就回到了柏林人的生活中。苏联人利用人们的娱乐需求来进行宣传。不久之后，美国人也效仿了这种做法，设立了“美国占领区广播电台”（RIAS）。直到1993年，该广播电台都还一直在放送广播。在1948—1949年的柏林封锁期间，美国占领区广播电台甚至通过汽车扬声器向与外界隔离的居民报道新闻、传送消息。京特·诺伊曼（Günter Neumann）为RIAS编写的卡巴莱歌舞节目《岛民俱乐部》（*Der Club der Insulaner*）以简洁而讽刺的笔法，描写了如在孤岛上一样被包围的西柏林人民坚忍顽强的生存意志。“岛民不要失去冷静”成了这一节目和封锁时期的指导原则。美国占领区广播电台超越了占领区以及东西区之间的界限，取得了极大的成功。因此，SED一直试图干扰民主德国对这个电台的接收。任何人在东边听美国占领区广播电台都要受到处罚。

京特·诺伊曼的歌舞节目《岛民俱乐部》表演者：约·福尔特纳（Jo Furtner）、埃迪特·朔尔韦（Edith Schollwer）、塔季扬娜·扎伊斯（Tatjana Sais）、伊尔瑟·特劳特肖尔德（Ilse Trautschold）、阿格内斯·温德克（Agnes Windeck）、库尔特·普拉奇·考夫曼（Kurt Pratsch Kaufmann）、埃瓦尔德·温克（Ewald Wenck）等。

科学领域也同样感受到了冷战的氛围。苏联人很早就完全控制了从 1949 年起改称洪堡大学的柏林大学，不让美、英、法进入大学的管理部门，它们甚至连进入大学的机会都没有。1946 年，这所大学重新开放，成了一所马克思列宁主义学校。教学计划显然是基于新的政治制度的，而任何抗议的人都会被逮捕。学生“人民叛徒” 被判二十五年强制劳动并不罕见。讲师和学生被驱赶到了苏联，消失了几个星期，有些人甚至被送上了绞刑架。于是，教授和学生联手共同努力，要在西柏林建立一所自由的大学。这所大学于 1948 年开始运营，当时就已有两千多名学生。他们租下了达勒姆区的几栋别墅用于教学，大型讲座就到电影院里举办，新大学的校名是：自由大学。

大封锁

城市的政治分裂变得不可避免，而东部和西部各自的货币改革也加剧了这种分裂。驻德苏联军事管理委员会宣布，苏占区的新货币（包括旧的德国马克纸币与附属的代币）要在西柏林发行，这惊动了那些西方国家。于是，新的德国马克很快就出现了，并且也在西柏林流通，与原来没有人愿意用的“糊墙纸马克”针锋相对。两种货币在城市的两边流通——这对于把“西柏林”视为“非自然”产物的苏联人来说是无法容忍的。在西柏林引入德国马克之后不久，苏联就切断了西占区与西柏林之间的交通连接。但是，西柏林人被允许在东柏林和苏联占领区购买食品和取暖材料。这正是苏联人想要达到的目的：西柏林必须依靠东边才能生存。但是算计还是落空了，因为西占区的人宁可日子过得紧张一些，也不愿意去东边买东西。不过情况也很明显：西占区的库存很快就会耗尽，黑市无法完全弥补粮食的短缺。此外，封锁还切断了西柏林的电力供应。供电也是限量配给的。当晚上有一小会儿有电可用时，

“葡萄干轰炸机”（Rosinenbomber）着陆

西柏林的食物储藏室

在 1948—1949 年柏林封锁之后，柏林参议院决定采取一次史无前例的储备行动，为对抗新的包围封锁做好准备。在“参议院储备行动”进行过程中，这座城市储备了基本的粮食、煤炭、燃料和工业产品。如果西柏林被彻底封锁的话，这些储备就要能够维持一百八十天。为达到此目标，他们一共储存了 4.8 万千克的腌制黄瓜和 12.8 万吨的谷物粮食。还有大约一千种其他产品也按照同样惊人的数量进行了囤积，并且分散储存到了城市里的七百座仓库里，其中大多为秘密仓库——直到柏林墙倒塌才被公开。在快到保质期时，这些存储的食物会被廉价出售给柏林居民。几乎每个家庭都有用牛肉罐头做菜的食谱，人们通常将其称为“参议院储备”。于是，柏林家庭的餐桌上开始出现“小胖子呕吐物”（Moppelkotze）——一锅用参议院储备和青豆做成的炖菜。

曾经的一些仓储室一直保留到现在，例如，位于克罗伊茨贝格老雅各布大街（Alte Jakobstraße）124—128 号的柏林美术馆（Berlinische Galerie）的储藏室，建于 20 世纪 60 年代。新克尔恩维斯曼大街（Wissmannstraße）32 号，即以前狮子啤酒厂（Löwenbrauerei）大楼的柏林文化工作坊（Werkstatt der Kulturen）中，曾经堆着多到难以想象的厕纸。同样被用作参议院储备仓库的还有克罗伊茨贝格库夫里大街（Cuvrystraße）3—4 号，这里现在已用作展览和活动场所。很多食物被存储在位于施潘道的埃斯韦德岛（Insel Eiswerder）上曾经的工厂厂房里或柏林西港（Westhafen）的仓库中，但也有存储在市中心的，例如，在克罗伊茨贝格的费希特大街（Fichtestraße）6 号，那里有座巨大的石质储气罐。

人们就会变得活跃起来，充分利用这段短暂的时间。

美国人计划通过军事手段建立一条从黑尔姆施泰特（Helmstedt）穿越苏占区到达西柏林的补给线，计划被证明是完全不可行的。剩下的唯一选择就是通过空运供给，就像 1948 年 4 月实施的做法一样，那时苏联曾短暂阻止过去往西柏林的交通运输。但两个月后，美、英、法现在面临的任务与当时已不可同日而语，无论是供给所需的运输量，还是运输时间。对于美占领区总司令卢修斯·克莱（Lucius D. Clay）而言，面对“近代史上残酷的企图（用大规

CARE 包裹（CARE-Pakete）堆放在美国军用吉普车的引擎盖上。

模饥荒作为政治筹码）之一”，只有一种解决方案：必须动员所有力量，建立能够长期稳定运输的空运线路。封锁开始仅两天，第一架美国飞机便于 6 月 26 日起飞，将食品运送到了滕珀尔霍夫。最初的计划是每天运送 750 吨的货物。但是，这还远远不足以满足人们对食品和其他商品的需求。美国和英国于是派出了更多的飞机和飞行员。甚至连澳大利亚、新西兰、加拿大和南非的飞行员都加入了进来。当时，英国将原本为了防止物资紧缺，美国向英国提供的粮食援助改道运到了柏林。结果，英国国内不得不实行粮食配给制度。国际上对于这座孤岛城市团结一致的支持是没有国界的。然而，仅仅是通过增加飞机和飞行员的数量并不能解决问题。通往西柏林的三条空中交通线已经挤满了。而且滕珀尔霍夫机场和施潘道的加图（Gatow）机场的几条跑道无法容纳太多飞机起降。在美国将军威廉・H. 通纳（WilliamH.Tunner）的指挥下，空运的组织工作终于得到了改善，每天最多可以运送 1.3 万吨物资。在属于法国占领区的泰格尔，数周之内就建起了第三座机场，而较小的水上飞机则在哈弗尔河上降落。这三条飞行路线此时都是“单行道”：飞机通过两条航线飞向柏林，然后通过第三条航线飞回联邦德国。这些飞机同时在五个不同的高度飞行，因此在柏林每三分钟就可以降落一架。在短短三十分钟之内，飞机就能卸下全部物资，准备就绪再次起飞。

罗伊特在国会大厦前的演讲已经被载入史册。

与过去一样，柏林人还是非常从容地应对这座城市面临的特殊情况：在情况允许的范围内，他们像平常一样努力过好自己的日常生活。最让人难忘的就是那些昼夜不停地从城市上空飞过的飞机的轰鸣声，它们被深深铭刻在了人们的记忆中。不过短短几个月的时间，从前的战争敌人和占领者就变成了保护者和盟友。

柏林的空运补给持续了一年多的时间——1949 年 5 月 12 日封锁结束后又继续了四个月。空运确保了城市居民生存的基本供给，但也引起了人们的疑问：美国人、英国人和法国人会将这项昂贵的事业维持多久？无论是西方国家还是联邦德国，都不断地发出声音，质疑这一烧钱的努力的意义。柏林，真的值得不惜一切代价被当作西方的前哨站来捍卫吗？1948年9月9日，“被阻止的市长”恩斯特·罗伊特发表一场演讲，增强了民众坚持下去的决心。站在聚集在国会大厦废墟前的三十多万人面前，他呼吁“世界各国人民”继续采取援助措施：“看看这座城市吧，你们就会知道，绝不能放弃也无法放弃这个城市和这些人民！” 1948年11月，一次特别的市议会罢免了当时的市政府，并且设立了以魏玛共和国总统的儿子弗里德里希·埃伯特（统一社会党）为首的一个“临时民主市政府”，12月5日，他们在西柏林首次独立举行了众议院选举。社民党以64%的选票获胜。这样，罗伊特还是市长——不过只是担任这个城市西边的市长（Oberbürgermeister，根据1950年西柏林出台的宪法，即执政市长）。从那时起，柏林有两位市长。罗伊特一直任职至1953年去世，而这座城市的政治分裂则一直持续到1991年初。

尽管这次封锁最终得以结束，但西柏林人还是害怕再次被孤立。因此，直到1990年，他们还大量囤积食物、药品和原材料，让自己在任意几个星期之内都能够自给自足。

两种速度的城市

柏林在1949年之后就已经分裂了——比柏林墙的建成要早很多年。西柏林得到了西方势力的资助，并通过补贴维持生存；但从经济上讲，它远远落后于西占区。经济奇迹般地增长还要等很久。1949年，西柏林的产量仅达到了1936年产量水平的25%，而联邦德国已经达到了95%。20世纪50年代初，西柏林有三十万名失业者和五万六千名临时工。而在这座城市的东部，按照官方信息，一直到20世纪60年代初，人们仍然认为他们在经济上是超过西部的。统一社会党的宣传鼓动部队专门接近西柏林的失业人员，通过邀请他们参观国有企业（VEB）或用参加度假夏令营来引诱他们。但

这个参议院城市发展部的城市模型展示了西柏林的市中心。旧建筑为灰色，新建筑为白色。汉萨区在模型的左侧部分。

是，东柏林的居民对此产生了怀疑，认为粮食仍然太匮乏，除斯大林大街和菩提树下大街两条繁华大道之外，其他地方的重建工作都进展得太慢。20 世纪 50 年代，苏联仍一直从目前进行的生产中获得赔偿。直到 1948 年，工业厂房不断被拆除，而新的厂房配备了劣质的机器和工作设备，并且只有大量的投入和付出才能完成计划的目标。

新居处的梦想（西边）

作为 1957 年国际建筑展览会（Interbau）的一部分，五十三位德国和国际知名建筑师在西柏林实施了一项建筑工程，这些建筑师包括瓦尔特·格罗皮乌斯、马克斯·陶特(Max Taut）、埃贡·艾尔曼（Egon Eiermann）、奥斯卡·尼迈尔（Oscar Niemeyer）、阿尔瓦尔·阿尔托（Alvar Aalto）和阿尔内·雅各布森（Arne Jacobsen）。他们展示了“明日之城”中的现代化及社会生活应该是什么样的：在绿化地带纵横交错的城市区域中分布着宽敞明亮的生活住宅，以及各式各样的建筑（从自带花园又小巧精致的成排房屋到豪华庄严的高层建筑）。汉萨区几乎被完全摧毁，只有少数建筑物在战争中幸存了下来，该地区原本自然生长的结构格局基本上被否决了，要被一个全新的概念所取代。为此，街道和公路，以及天然气、电力和自来水供应系统，甚至保存完好的房屋都必须让路。由瑞士建筑师查尔斯－爱德华·让纳雷（Charles–Édouard Jeanneret），即勒·柯布西耶（Le Corbusier）设计的引起争议的高层住宅建筑（Corbusierhaus），实际上也属于国际建筑展览会住宅开发项目，这一事实很多人都不知道。只是由于这一工程的规模很大，汉萨区中没有能容纳的空间了，所以它最终被建在了柏林奥林匹克体育场的南边，成了柏林最大的住宅建筑。

然而，汉萨区的国际建筑展览会项目并未被证明是一个具有前瞻性的社会住房项目，因为它的造价太昂贵了。1961 年柏林墙的建成也要求考虑在更大范围内进行住房建设。现代城市在郊区建了起来，不过再也没能实现汉萨区那样的生动多样。快速、单一的大规模建设占据了主导地位。

汉萨区，包括街道线路巴特宁大道（Bartningallee）、克洛普施托克大街（Klopstockstraße）、阿尔托纳大街（Altonaer Straße）、亨德尔大道（Händelallee）和汉萨顿路（Hanseatenweg），以及汉萨广场，蒂尔加滕

柯布西耶大楼（Corbusierhaus），弗拉托夫大道（Flatowallee）16 号，夏洛滕堡

1952 年，在德国统一社会党第二次党代表大会上，统一社会党领导人宣布将通过民主德国军事化、创建自己的重工业、进一步没收企业以及成立农业生产合作社（LPG）来“建设社会主义”。但从此刻起，由国家控制经济进程的计划经济却在供给上造成了巨大的缺口。民众和党的领导都感觉到了这一点，但他们没有将面对的困境归咎于自身造成的制度变革，而是将中产阶级视为所谓的“阶级敌人”。零售商和批发商、饭店和旅馆老板、工匠和其他小企业老板被逮捕并没收财产。他们还无法获得配给票。情况变得越来越糟糕：他们甚至连脂肪、肉类和糖常常都无法通过配给票获得。面对普遍的不利状况，党的领导层宣布将通过推行“严格的俭省运动”来克服。同时，工厂的绩效标准也提高了。但是，如果原材料、生产设备和零配件都短缺，那又该如何增加生产量呢？

结果就是导致了长时间的“停工”，其反过来又使工人的工资被扣减，这让他们的生活状况急剧恶化——特别是在肉类和含糖产品的价格上涨之后。越来越多的人开始想要到经济更稳定的联邦德国去碰碰运气，去那里寻求财富。1953 年，就有超过八万四千名民主德国的公民逃往联邦德国，而上一年这一数字只有四万九千。1952 年 5 月，民主德国加强了与联邦德国的地区边界管控之后，难民就只能通过西柏林离开民主德国的领土了，但这并没能阻止想要逃离的源源不断的人。

而仍留在民主德国的人的不满情绪越来越强烈。1953 年 5

马林费尔德是难民在西柏林的第一站。

月，工作绩效标准被宣布再次提高约 10%，这引起了各地的激烈讨论。6 月 16 日，在历史性的起义事件的前一天，参与建设斯大林大道的众多建筑工人纷纷放下了工作，出发去参加示威游行，前往“政府部门大楼”（Haus der Ministerien），即今天的联邦财政部所在地。成千上万的工人加入了这场运动。

6 月 17 日，民主德国各地有数十万工人罢工。仅在东柏林，就聚集了大约十万名抗议者，他们号召进行大罢工，反对过高的劳动定额标准，要求政府下台，并且进行自由选举。当时，群情激愤，局势有升级的危险。过度激动的示威者甚至爬上了勃兰登堡门，扯下了红旗。苏联军事指挥官宣布进入紧急状态，并部署了上一年成立的“驻兵营人民警察”（Kasernierte Volkspolizei），这支部队更像是一支军队，而不是一支警察部队，总共有八千人。此外，当局为了镇压这次起义，还投入了两万名苏联士兵和六百辆坦克。而站在他们对面的是手无寸铁的示威者，这些人向一路向前滚动碾压着的坦克扔铺路的石块，这是一场完全不对等、毫无胜算的斗争。起义最终被粉碎瓦解了，示威者并没有盼来西方国家伸出的援手。在这场暴动中，大约有五十人丧生，其中有很多人都死于跳弹，其他人是之后被苏联处决的。到 7 月为止，民主德国的领导层在全国范围内已经逮捕了一万二千人至一万五千人，但在大多数情况下，为了防止革命情绪再次爆发，他们避免对示威者施加更加严厉的惩罚。相反的是，统一社会党则致力于诋毁这场暴乱是由西方操控的“反革命”。由于没有任何证据，当局于 1954 年 6 月从西柏林绑架了四名所谓的幕后操纵者到东柏林，在起义一周年之际的一次公审中将他们判处多年监禁。

Extrablatt

Kostenlos

Extrablatt

Telegraf

UNABHÄNGIGE ZEITUNG FÜR DAS FREIE BERLIN

Volkserhebung in Ostberlin

Arbeiter fordern freie Wahlen

Aufruf zum Generalstreik

In Ost-Berlin ist es heute mittag zu aufruhrartigen Demonstrationen gekommen. Tausende von Arbeitern zogen in langen Zügen von der Frankfurter Allee (Stalinallee) zum Sitz der sowjetzonalen Regierung in der Leipziger Straße. Sie riefen in vieltausendstimmigem Chor: „Wir fordern freie geheime Wahlen!“ Die Volkspolizei wagte nicht einzugreifen. Die Demonstranten riefen ihre Kollegen zum Generalstreik auf.

Er muß verschwinden!

Minister niedergeschrieen

Wir wollen Freiheit!

Pankow kapituliert

Normerhöhung abgesagt

Der Sturm bricht los

社民党的报纸《电报》（*Telegraf*）在 1954 年 6 月 16 日刊登了这期号外。

地下的阶级斗争

6 月 17 日之后，虽然没有再达到 1953 年春季的创纪录的人数，但难民仍继续涌向西柏林和联邦德国。同时，东西方之间从前公开的冲突现在已转向了一个更加隐秘微妙的层面：双方都不再直接进行军事对抗；取而代之的是，东西方都越来越依赖各自的情报机构。他们不遗余力地采取一切手段来侦察和监视对方，并且通过刺探对方的机密情报来破坏其稳定。尤其是西柏林和东柏林，俨然已成了意识形态对抗的舞台。战胜国的情报机构——从英国的“军情六处”（MI6），到美国的中央情报局（CIA），再到苏联的克格勃（KGB）——都驻扎在这里。这座城市里总共活跃着大约八十个间谍组织，有一些是以虚设公司为幌子。有时，人们相互监视的手段可谓是极富创意的。例如，位于东柏林的“德国自由电台 904”（Deutsche Freiheitssender 904），假装自己是联邦德国的地下电台和 1956 年被取缔的德国共产党的喉舌。捏造出诸如“注意看门人：今天第三堂不上课”这样的机密消息，给人以联邦德国境内共产党的地下运动很活跃的印象。就连故意伪造的干扰噪声，例如，节目中不断出现的嗡嗡声，也是这个策略的一部分。

民主德国安全部队一再在西柏林境内开展行动，以将特定的目标诱骗绑架到民主德国。数百名民主德国的特工在西柏林设法进入重要政治职位上，目的就是将其内部人员信息提供给成立于 1950 年的民主德国国家安全部（MfS，俗称“斯塔西”）。很多斯塔西间谍去了联邦德国招募合作者。在意识形态斗争中，联邦德国遭遇了挫折。1954 年，联邦宪法保护办公室的负责人奥托·约翰（Otto John）逃到东柏林，并为统一社会党工作。仅仅十五个月后，他就又回到了联邦德国，并且声称自己当时被用了麻醉剂而失去了行动能力，是在违背自己意愿的情况下被绑架到了民主德国的。“约翰事件”背后的真相仍然没有弄清。

美国中央情报局在德国边境的另一边也非常活跃，并且试图诱使克格勃特工叛变。美国人还想通过资助和控制如“反对非人道斗争组织”（Kampfgruppe gegen Unmenschlichkeit）等反共宣传组织来影响平民百姓。尽管对于“反对非人道斗争组织”日益增加的煽动暴力行为，以及在民主德国境内的破坏活动，中情局官方表达了谴责，但实际上在暗中支持这些活动。而旨在协助民主德国人解决法律问题的“自由律师调查委员会”（Untersuchungsausschuss freiheitlicher Juristen），实际上不过是一个秘密的中央情报局柏林办公室。为了监视统一社会党、民主德国国家安全部和苏联占领军，本是前来寻求法律咨询的民主德国难民被盘问和利用。据说，特勤局还将一些青少年也拉拢来做间谍，并将他们送回东柏林。

间谍活动发展到了如此大的规模，以至于在1954年的“黄金行动”（Operation Gold）中，美国人修建了一条从西柏林通

1957年6月17日，起义四周年纪念日，在威丁的湖滨路（Seestraße）公墓，人们在起义牺牲者的纪念碑前献上了花圈。

往东柏林的450米长的隧道，以对克格勃的通信线路进行窃听，窃取东边的通信信息。然而，这次行动只是冷战时期动荡的一个典型例子，因为在隧道完工之前，一名在英国情报局“军情六处”的“长期潜伏的特务”很早就已经把此事告诉了克格勃。当“军情六处”和中情局在1955—1956年开展他们所谓的间谍行动时，克格勃只是通过通信线路发送了错误的消息。

1958年，苏联人要将西方势力从西柏林赶出去，特工之间的“玩笑”才再次变成了公开的冲突。苏联领导人尼基塔·赫鲁晓夫（Nikita Khrushchev）发出的“柏林最后通牒”（Berlin-

马林费尔德难民收容所

（Notaufnahmelager Marienfelde）

西柏林在20世纪50年代成了所有想要逃离民主德国生活环境的人的一个避难所。1953年，联邦德国总统特奥多尔·霍伊斯（Theodor Heuss）开设的马林费尔德难民收容所成为难民的第一个站点。民主德国视其为“敌人”，但许多民主德国人却将其视为“通往自由之门”。一直到1961年柏林墙修建之前，这个营地都人满为患，甚至为每个难民规划4平方米的空间都只能是一个美好的愿望。在最拥挤的时期，连厨房里也到处都塞满了双层床。每天都有新的难民前来排队，希望能够迅速通过复杂的十二个阶段的认证程序，从而能够继续去往联邦德国的其他地方。为了获得难民身份，他们必须在委员会面前说明自己的动机，毕竟，每一个表面上是难民的人都有可能是民主德国国家安全部的特工。由于人们怀疑斯塔西无处不在，因此会通过广播建议大家不要与任何人谈论自己的情况。据今天的数据估计，难民中有10%都是偷偷混进来的斯塔西工作人员。难民收容所始终保持原有的功能，一直到今天，它依然是难民和寻求庇护者的临时住处。作为文献中心，它也为那个大批难民从民主德国逃往联邦德国的动荡年代提供了一份见证。

马林费尔德难民收容所纪念地，马林费尔德大道（Marienfelder Allee）66/80，马林费尔德

Ultimatum）的目的是使西柏林实现非军事化，并将其转变为由联合国管理的“自由城市”，而其交通运输则由民主德国控制。苏联间接进行了威胁，如果“柏林最后通牒”被拒绝，就会发动战争。除了对发生军事冲突和使用核武器的担忧之外，西柏林居民还担心西方国家会放弃这座城市，并且事实上把他们交给苏联集团以维持和平。1957年当选为执政市长的维利·勃兰特（Willy Brandt）依靠美、英、法的支持，称苏联的要求“无法容忍”。勃兰特料想得没有错：美、英、法没有屈服，必要时，甚至做好了发生冲突的斗争准备。苏联的最后通牒就这样不了了之了，而他们并没有采取行动，引发他们之前说的后果。但是现在有一个问题：他们下一步将采取什么措施来阻止民主德国的难民西逃？在之后的三年里，民主德国的公民一直在流失：到1961年，已经有二百五十万人逃到了西边，其中大部分人都是通过西柏林逃过去的。那么该拿西柏林怎么办呢？1961年6月15日，在东柏林的一次新闻发布会上，一位联邦德国记者提问：建立“自由城市”最终是否意味着要沿着勃兰登堡门修筑一条国家边境线呢？尽管德意志民主共和国国务委员会主席瓦尔特·乌布利希很早就已经与苏联领导人决定，彻底封锁民主德国，因为这是当时唯一的选择，但他却直截了

当地回答："没有人打算修建隔离墙。"（Niemand hat die Absicht, eine Mauer zu errichten.）这成了德国历史上著名的谎言之一。

20 世纪 50 年代中期，选帝侯大街成为"西方的橱窗"。

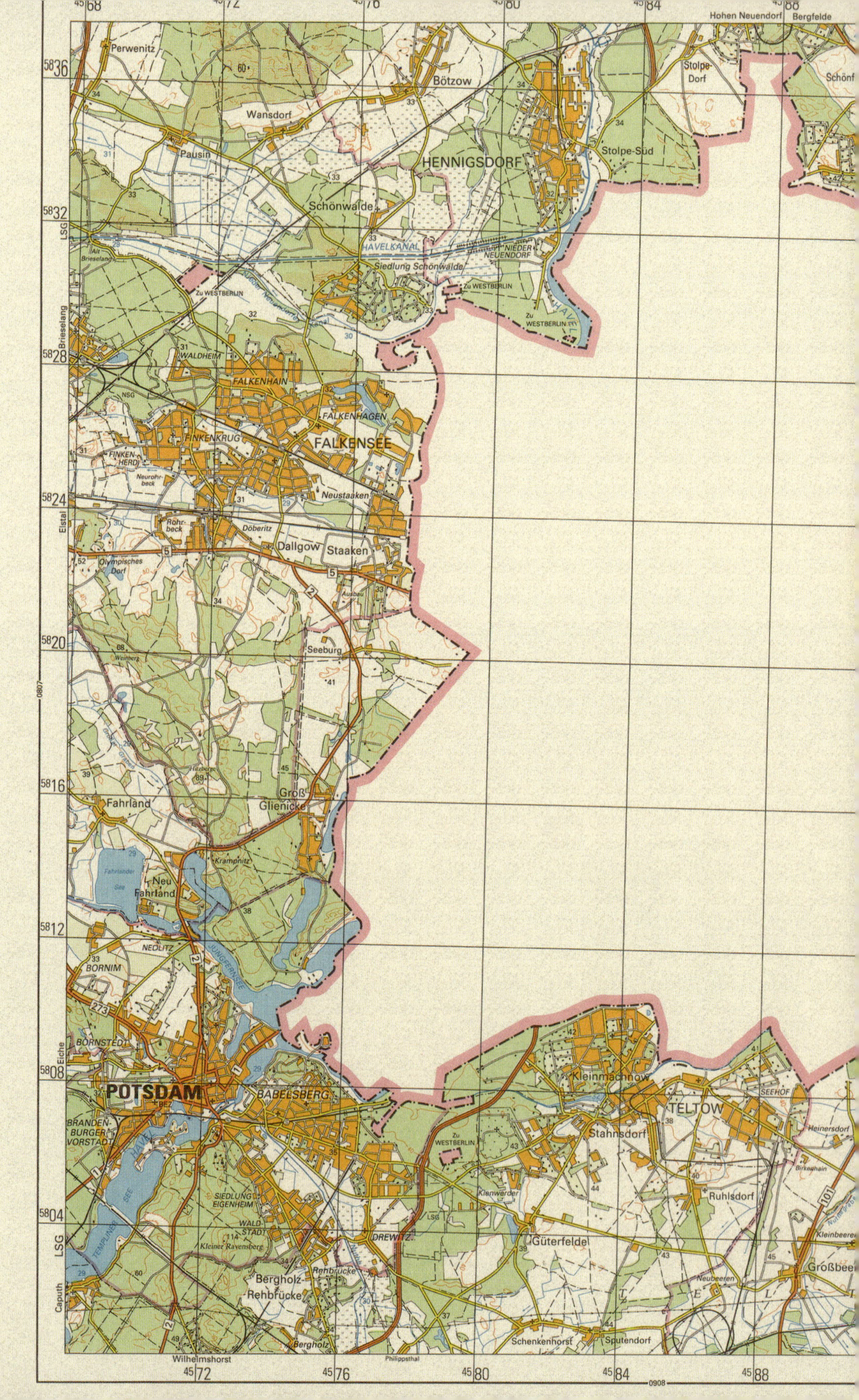

Perwenitz
Bötzow
Wansdorf
Pausin
HENNIGSDORF
Stolpe-Süd
Schönwalde
HAVELKANAL
NIEDER NEUENDORF
Siedlung Schönwalde
Zu WESTBERLIN
Brieselang
WALDHEIM
FALKENHAIN
FALKENHAGEN
FALKENSEE
FINKENKRUG
Neustaaken
Dallgow
Staaken
Döberitz
Olympisches Dorf
Seeburg
Fahrland
Groß Glienicke
Krampnitz
Neu Fahrland
NEDLITZ
BORNIM
BORNSTEDT
POTSDAM
BABELSBERG
BRANDEN-BURGER VORSTADT
SIEDLUNG EIGENHEIM
WALDSTADT
DREWITZ
Kleiner Ravensberg
Bergholz-Rehbrücke
Wilhelmshorst
Philippsthal
Kleinmachnow
TELTOW
Stahnsdorf
Ruhlsdorf
Güterfelde
Schenkenhorst
Sputendorf
Großbeeren
Hohen Neuendorf
Bergfelde
Stolpe-Dorf

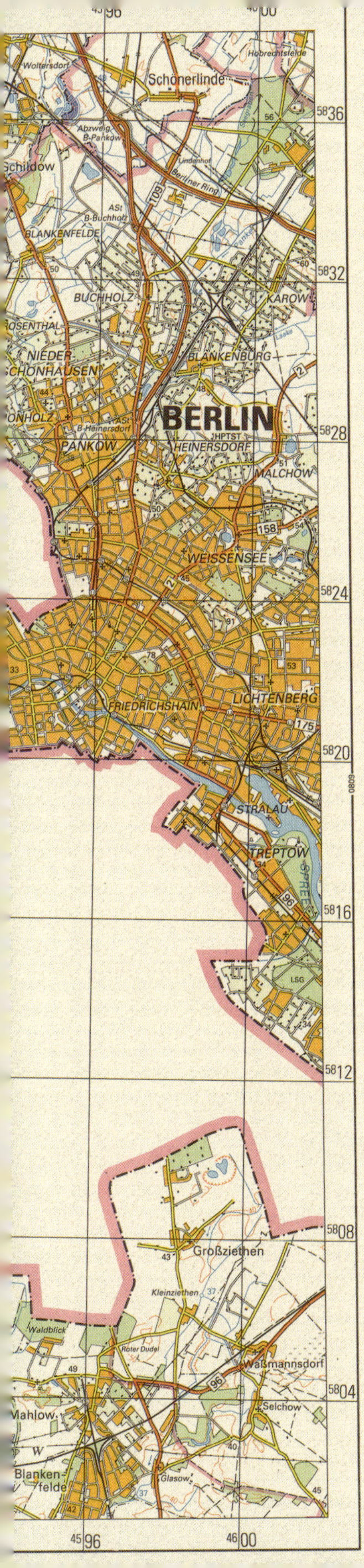

1961 — 1989

双面之城：
东柏林与西柏林

柏林墙阴影下的日常生活

通往自由的隧道

柏林的两种七百五十周年

新柏林人

叛逆之城

在 1981 年的民主德国地图上，西柏林只是一片空白。

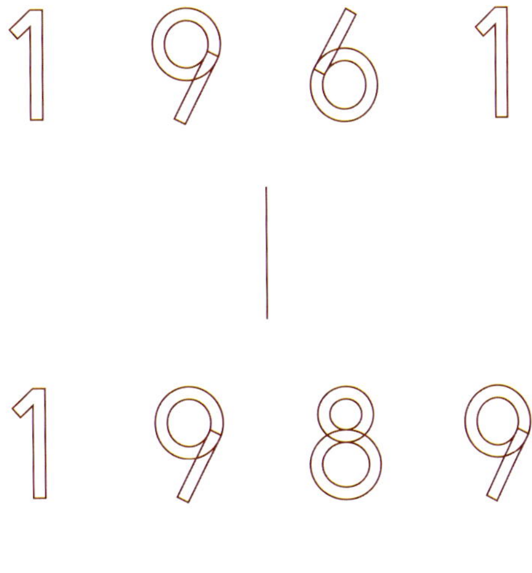

1961 年 8 月 13 日，柏林在战后时期最严重的创伤性事件发生了：一夜之间，民主德国开始加固西柏林周围 150 千米长的边界墙。统一社会党领导层以此对难民的大批西逃做出了回应。1961 年夏初，逃往联邦德国的难民数量再度创下了历史新高。

这一天开启了这座城市长达二十八年的有形分裂。柏林墙建成后，西柏林人进入东柏林变得十分困难。在 1963—1966 年，得有四份通行许可证才被允许在短时间内前往东柏林，之后，虽然在个别情况下可以去民主德国，但通常仅限于“紧急家庭事务”的情况。自 1952 年以来，这座城市两个部分之间的电话线已被切断，并且这种状态保持了二十年之久。联邦德国与西柏林之间的过境交通仍然十分困难。民主德国长达数小时的签证检查对想要过关的人百般刁难。直到 1972 年《柏林四强协定》（*Vier-MächteAbkommen*）通过才确立了西柏林的法律地位，西柏林人进入联邦德国才变得容易了一些。但是，这份协定也加剧了城市的分裂。

图为卡尔·奥珀曼（Karl Oppermann）1976 年的画作，展示了波茨坦广场的大片荒地。

对民主德国的公民来说，除极少数例外，合法越过边界几乎不可能。在 1961—1989 年，大约有一百三十七人在柏林墙前丧生，有五千多人成功逃离：有些人通过钻边境防御工事或检查站中的漏洞，藏在改装过的汽车和行李箱中逃出去；还有一些人则是从施普雷河里游过去，或是从下水道和手挖的隧道中爬过去。柏林刚分裂的最初几年，逃出去相对容易一些，之后的边界越来越“现代化”，也就越来越难穿越了。

对于西柏林人而言，柏林墙的修建不仅仅意味着要与亲朋好友分开，还引发了他们对于战争和生存的恐慌：柏林封锁的记忆太过新鲜深刻，而联邦政府和美、英、法的反应太过胆怯。在柏林墙建成后的几天里，尽管西方国家出于义务也提出了抗议，但除此之外，相当于默认了民主德国的做法。1963 年 6 月，美国总统肯尼迪（John F. Kennedy）的到访给了大家安慰，肯尼迪以他的一句名言——“我是柏林人”（“Ich bin ein Berliner”）——向这座城市及其公民做出了承诺：将给予他们支持。这一承诺虽然更多的是具有象征意义，却给了像孤岛一般被隔离、孤立的人们以新的力量和生存的希望。由于许多年轻人的出走外迁，西柏林的人口日益老龄化，而且不断有越来越多的人离开，其数量远远多于到这里来的人，长此以往，西柏林的人口可能会大量流失。为了遏制这一趋势，联邦德国政府以柏林津贴的形式发放大量的补贴。虽然这项被人们俗称为“颤抖奖金”（Zitterprämie）的补贴让西柏林人的工资增长了8%，但这种增长仅仅只在短期内吸引了一批移民到西柏林。因此，劳动力市场的状况仍然十分严峻：由于柏林墙的建造，一天之内他们失去了五万名至六万名来自民主德国的劳动力，而这些人以前是在西边工作，两地往返通勤的。这一缺口由来自南欧的外籍劳工填补了，他们在柏林安家，并为威丁、克罗伊茨贝格和新克尔恩等街区带来了新的文化。人口的持续减少在某种程度上得到了补偿。但是在接下来的几十年中，西柏林的居民数量一直停滞在不到二百万。这些问题具有结构性：自第二次世界大战以来，西柏林的工业复苏速度远远慢于联邦德国。它与世隔绝的地理位置切断了这座城市与重要销售市场的联系。尽管有联邦德国的补贴刺激，但仍然只有很少的公司在这里落户。于是，直到柏林墙倒塌之前，西柏林不得不面对发展一直非常缓慢的、低增长的经济，1978年之后还要面对失业率高于平均水平的情况。

沃尔夫·福斯特尔（Wolf Vostell），拉特瑙广场（Rathenauplatz）上的“混凝土凯迪拉克”出自他手。他在1972年创作的装配艺术作品“柏林墙与勃兰登堡门”（Berlin Wall and Brandenburg Gate）展现了一幅令人印象深刻的柏林墙的残酷画面。

分裂的痕迹

来到柏林，很多游客会惊讶地揉揉眼睛，因为柏林墙几乎已经消失得一干二净、无影无踪。在有些地方，要想象出边界地带的轮廓还真需要不少想象力。在大多数情况下，地面上的标记显示了这个城市曾经的分裂。

位于贝尔瑙尔大街（Bernauer Straße）的柏林墙纪念馆（Gedenkstätte Berliner Mauer）计划重建包括“死亡地带”（Todesstreifen）在内的一整段墙。从文献中心的瞭望塔就可以感觉到这段墙有多么庞大。纪念馆旁边就是和解教堂（Kapelle der Versöhnung）。直到 1985 年，旧的和解教堂一直作为瞭望塔矗立在这块“死亡地带”的中间，之后为了给更加现代化的边界设施腾出空间，旧教堂就被爆破拆除了。

柏林墙纪念馆，游客中心，贝尔瑙尔大街 119 号，威丁

贝尔瑙尔大街的下方有几条壮观的逃生隧道。“柏林地下世界”协会为公众提供了有关隧道修建和下水道系统历史的资料。为了防止人们逃离，大部分隧道和下水道都被封锁起来了。

了解有关信息，请访问 www.berliner-unterwelten.de.

在柏林分裂期间，西柏林地铁 U6 和 U8 线途经的多个站点都在东柏林，地铁必须穿过东柏林的地下。这里的每个车站都十分昏暗，并且车辆通过时要受到严密的监视。许多柏林人至今仍然记得当年通过所谓的“幽灵车站”的那段灵异的旅程。其中一条线经过腓特烈大街，人们在这里极有可能换乘轻轨向西行驶。“西轨道”与车站的其余部分之间是被严密封锁、禁止出入的，木墙把其他站台隔了开来。在这里，联邦德国与民主德国的公民距离非常接近，但是他们之间却又像隔着一个世界，咫尺天涯。一日游的游客们再次经由腓特烈火车站旁的梯形的“泪宫”（Tränenpalast）离开东柏林。今天，这里的常设展览“边境体验”（Grenz Erfahrungen）讲述了“德国分裂时期的日常生活”。

泪宫，国会大厦河滨大街（Reichstagufer）17 号，米特区

虽然从第二次世界大战结束后，东柏林就一直完全依赖于占领国苏联，但作为民主德国的首都，其在政治、经济和文化方面都很繁荣。20 世纪 50 年代，中型企业家受到了巨大的压力，而在之后的 60 年代末出现了许多将国有企业合并起来的大型联合企业。东柏林成为许多重要联合企业的所在地，例如，制造电气设备、发电设备、轨道车辆和机床等的企业。作为民主德国的政治中心，东柏林也吸引了来自世界各地的政客和外交官。除了随之带来的文化和经济的发展之外，这座城市的特殊地位还体现在：这里的供应状况比民主德国的其他大多数地区要稳定得多。因此，东柏林是一个适合工作和生活

的很有吸引力的地方，移民数据也证明了这一点：柏林墙刚修建时，这里的居住人口是一百零七万五千，而到20世纪80年代中期，这一数字已变成一百二十万。与此同时，民主德国其他地区的人口减少了近6%。无论是在东柏林还是在西柏林，人们都非常反对精英势力圈子。城市的西边出现了关于学生的一些事件现象，对年轻的联邦德国民主政治的现状提出了尖锐的挑战。这一现象是免服兵役的结果，西柏林成了最受叛逆青年欢迎的庇护所，也因此成了1968年学生暴动的发生地。20世纪70年代至80年代，许多以前的工作区域发生了变化：产生了许多其他的住宅项目，空置的住房也被占用，从而引发了工人与警察之间的多次冲突。

参观民主德国首都的游客可以用类似这块围巾的纪念品来作为装饰。

在东柏林，虽然冲突没有如此公开地爆发，但同样存在着对立的群体。民主德国领导层居住在城市大门前的万德利茨（Wandlitz）；国家安全部工作人员则分散在利希滕贝格和霍恩舍恩豪森一带，并形成了自己的一片城市居住区。与此同时，东柏林也提供了在民主德国其他地区无法寻得的文化自由空间。尽管在1953年的起义之后，知识分子再没有进行过任何积极抵抗，但在东柏林的老建筑区附近，知识分子聚集在一起，在各自的小圈子里围绕着民主德国的政治和社会状况进行了讨论。只有教会可以作为一个自治的机构，在公共场合对政府保持略微疏远的态度。它在和平与民权运动中发挥了核心作用，最终推倒了柏林墙。

国家安全部作为“党的盾牌和剑”一直在稳定地扩大规模。到柏林墙倒塌的时候，国家安全部已有九万一千名雇员。更多的公民以“非官方雇员”的身份在为斯塔西工作，有些是自愿的，有些是被强迫的。最后，民主德国的居民里每六十二人中就有一人是斯塔西的工作人员或线人。于是，社会里到处充斥着间谍，没有一个人能够保证自己不被监视。所有从事艺术和文化活动的人都受到了密切监视。一旦批评政权的作者被认为是危险的，他们就可能会被逮捕、封口或者驱逐出境。

柏林墙阴影下的日常生活

1961年8月13日凌晨，武装的人民警察和所谓的工人阶级战斗队（Kampfgruppen der Arbeiterklasse 或 Betriebskampfgruppen）在苏占区和西占区之间的边界就位。勃兰登堡门前部署了装甲车。边防士兵举着冲锋枪，一脸威胁地看着工人们在黎明时分铺开沥青，竖起混凝土桩，并且安装上铁丝网。在那个盛夏的星期天，当东柏林和西柏林的人们一觉醒来时，城市事实上的分裂已经发生了。几个小时之内，两个城市的所有交通都被切断了。道路很快就被封锁了，各占领区之间的轻轨和地铁交通也被停止了。人们震惊而又惶惑不安地站在已然建成的边界线旁，一些人在向另一侧的亲戚和朋友挥手，一夜之间，他们就被一道无法逾越的墙给分开了。尽管执政市长维利・勃兰特迅速反应，呼吁大家保持冷静谨慎，但不管是联邦德国还是美、英、法，都没能使他们停止采取行动。西柏林警察甚至和民主德国

1961年，工人阶级战斗队部署在边界。

站在一边，将愤怒的人群拒之门外，并阻止人们袭击民主德国的施工人员。越来越多的抗议和袭击事件不断发生，统一社会党将其用于宣传并解释为针对政府的有针对性的袭击。因此，有人强调，边境设施应该作为一种保护公民免受西方“法西斯侵略”和“人口贩运”（对难民潮的官方说明）的措施。对此，人们嘲讽维利·勃兰特遭到了“当头一棒”。当时的宣传歌曲的歌词是这样的：“如今边界封锁，这让一些人很不高兴。”统一社会党的党报《新德国》（*Neues Deutschland*）的文章标题是：《我们的国家处在千钧一发之际》。

勃兰登堡门被封锁。

在接下来的几周里，边界防御工事被一堵混凝土砌块墙所取代。这项措施将会是永久性的，这一点在边界将建筑物和街道实际分割开来的地方体现得尤为明显。在贝尔瑙尔大街，包括车行道在内的街道一侧是西柏林威丁区的一部分，而另一侧的房屋外墙则属于东柏林米特区。这里所有朝西侧的门窗全部被砖砌了起来，彻底堵死了，因而从这时开始，要想到房子里就只能从后院进了。但是，正是在这个地方，自由似乎比其他任何地方都更加触手可及：许多东柏林人试图从高层的窗户和阳台上用绳索吊着爬下来，或者跳到西柏林消防队伸出的安全垫上。早在1961年，人们就已经都从贝尔瑙尔大街东侧的房屋里搬了出来，后来，边境不断扩张，整个街区都被腾出来用于修建边境设施。只有被砖砌死的底层幸免，未被拆除，一直到1980年都还是“前墙”。然后它们也消失了，目的是确保岗哨守卫能更好地射击，有更开阔的视野。

1961年8月14日，也就是开始修建柏林墙的第二天，一万五千名民主德国的人民警察和工人阶级战斗队（一个从工厂招募的准军事部队）的成员聚集在东柏林，将一场可能爆发的起义扼杀在萌芽之中。另外，民主德国国家人民军的七千名士兵也在待命，等候部署。不过，尽管满腔怨愤，绝大多数雇员在这个工作日还是照常去上班了。对于那些在西柏林工作的通勤者，人们甚至还有一些幸灾乐祸，因为这些通勤者的工资一部分是用联邦德国马克支付的，享有优越的特权，但突然间他们就没了工作。 经历了短暂的动荡后，东柏林的生活依旧。西柏林的抗议也很快就平息了。

为什么美、英、法对柏林墙的建造无动于衷并选择了袖手旁观呢？也许对于它们来说，为了维持现状，城市的分裂是可以接受的代价。西柏林被孤立，事实上使各占领区的地位得到了有效巩固，也防止了苏联与西方国家在占领区问题上扯皮。当民主德国边防士兵在军事检查站查理检查哨（Checkpoint Charlie）要求检查美国士兵的身份证明文件，使盟军在所有占领区的行动自由受到了侵犯时，情况才恶化。10月25日，美国和苏联的坦克在这里对峙了长达十六个小时。 最终，在与美国总统肯尼迪进行了对话之后，苏联党及其国家最高领导人赫鲁晓夫做出了让步，保证了各占领区地位的延续。

通往自由的隧道

带刺的铁丝网被换成一道墙之后，东柏林那些想要逃跑的人不断发现一些新的漏洞，然后通过这些漏洞逃出去。西柏林那边帮助逃跑的人在边境设施下方挖了隧道，通过隧道将许多人带到了西边。第一条隧道于 1961 年 9 月完工，全长只有 25 米，是由两名西柏林的年轻人挖出来的，他们想帮助他们在东柏林的朋友逃出来。这条隧道一直通到如今的赫尔曼·黑塞大街（Hermann-Hesse-Straße）的潘科公墓（Friedhof Pankow），约二十名伪装成送葬者的东柏林人从那里得以逃到西柏林。到 20 世纪 80 年代，又修建了七十多条隧道，总共使大约三百名民主德国公民到了西边。他们之中有五十七人参与了 1964 年的一次引起轰动的隧道逃跑行动，行动中他们与边防部队发生了交火。总共有十五人帮忙修建了贝尔瑙尔大街和施特雷利茨大街（Strelitzer Straße）之间一条长 150 米、深 10 米的隧道。他们通过出售图片和电影版权，如将其卖给《亮点》周刊（*Stern*）来获得资金。此外，各地基督教民主联盟（CDU，以下简称“基民盟”）也给他们提供了捐款。许多帮助逃跑的人是以商业为目的实施这些逃跑行动的，这也给民主德国 “人口贩运”的说法提供了证据。逃跑协助者团体，比如，自由大学的学生们经营的“旅行社公司”（Unternehmen Reisebüro），负责搞到假护照；其他人则用车辆把那些想要逃跑的人偷运到另一边。而这些人会被藏在行李箱里或者绑在车子底下。

然而，也有一些试图逃跑的人最终落得个被逮捕，甚至送掉了性命的下场。据我们今天所掌握的信息，大概有九十九名逃跑者和三十八名其他人员（逃跑协助者、边防士兵或完全无关的平民）在柏林墙边丧生。其中，第一个逃跑的受害者是伊达·西克曼（Ida Siekmann），她就住在贝尔瑙尔大街上。1961 年 8 月 22 日，在她的房子被封锁后的第二天，她试图去西柏林的姐姐那里。她把被褥和衣服全部扔到西柏林的人行道上之后，从三楼跳了下来。于是，就在五十九岁生日前不久的一天，她因受伤而死亡。仅仅两天之后，二十四岁的京特·利特芬（Günter Litfin）也去世了。他是第一个因穿越柏林墙而被边防士兵开枪射杀的人。利特芬在柏林墙开始建造之前曾在西柏林当裁缝，并且在夏洛滕堡有一间公寓。他试图穿过洪堡港（Humboldthafen），游到西柏林。就在他到达施普雷河西岸之前，一颗子弹击中了他的头部。西边的公众对此震惊不已，而民主德国的媒体则污蔑利特芬是从同性恋红灯区出来的性工作者，柏林墙把他和他的客人给分隔开了。不久之后，开枪的士兵获得了民主德国人民警察的荣誉勋章、一块价值不菲的手表和 200 马克。

利特芬的死并不是孤例，从那时起，民主德国不断有试图穿越柏林墙的人被射杀。尤其令人惊骇的是彼得·费希特尔（Peter Fechter）的死。1962 年 8 月 17 日，当他在查理检查哨附近试图逃跑时，被开枪击中，最后伤重倒在了边界地带。边防士兵就这样让他无助地在那儿躺了五十分钟。匆忙赶来的西柏林警察用梯子爬到墙上，询问受伤者的名字，并用绷带给他包扎。从查理检查哨进来的美国士兵也不敢贸然进入东柏林领土："这不是我们的问题。"最后直到费希特尔的求救呼喊逐渐没了声息，民主德国的边防部队才在西柏林人愤怒的喊叫和

1961 年，贝尔瑙尔大街上建筑物的所有窗户都用砖封死了，以防人们从这里逃到属于西柏林的街上。

谋杀指控中把他抬走了，但为时已晚：费希特尔在两个小时后就死了。人们再次意识到边界局势的残酷。尤其让人失望的是，在人命关天的紧急情况下，在边界地区，无论是警察还是美、英、法人都选择了袖手旁观，没有人施以援手。当然，民主德国政府会对这一事件进行对他们有利的解释，他们认为，之所以对费希特尔较晚才进行救助，是因为据说西方警察有威胁行为，边防士兵担心他们会开火。民主德国的电视宣传员卡尔－爱德华·冯·施尼茨勒（Karl-Eduard von Schnitzler）评论："如果这样一个分子直接在边界旁边受伤，而没有立刻得到救援，那么他的叫声就会很大。对我们来说，每一位穿着制服的勇敢的男孩的生命都远比一个违法者的性命更有价值。要是人们可以远离我们的国家边界，流血、流泪和喊叫就可以避免。"

政府对"违法者们"的态度，他们的家人能够感受到。在那些成功或失败的逃跑事件发生之后，几乎都伴随着对相关人员住处周围的调查。他们的家人会被伪装成警察的斯塔西人员暗中监视。他们的邮件也会被拦截。逃跑者中死去的人会遭到诽谤，他们家人的工作也会受到不利影响。这样就掩盖了他们真正的死亡原因，其亲属们通常只能从斯塔西文件中获悉被歪曲的死因。

不过，那些致力于保护国家边界的边防卫兵到底是谁，以及为此而向自己的同胞开枪的又究竟是谁呢？政府在选拔这些士兵时事先需要审查他们的忠诚度。这不仅和他们的政治信仰有关，还会涉及一些其他方面，包括让他们不能临阵叛逃的因素，如亲密的家庭关系。在被召集到边防部队时，士兵们会被一再告知他们正在保护自己的国家。一直以来，政府不断强调柏林墙的作用，即作为"反法西斯保护墙"抵抗西方挑衅，而从民主德国逃跑的人则会被当作罪犯和阶级敌人加以谴责。尽管如此，统一社会党领导层为了保证万无一失，还是会在边防部队中安插斯塔西人员，以确保这些士兵仍然保持对体制的忠诚，并且在必要时会向包括妇女和儿童在内的逃跑者开枪。

在接下来的几年里，逃跑者的死亡人数逐渐减少，但这仅仅是因为边界设施不断扩建，逃出去也变得越来越困难。除此之外，20 世纪 80 年代初，防坦克障碍物和自动射击装置系统被拆除，民主德国边界在国际上呈现出“更加人性化的形象”。然而，在 1989 年 2 月，即柏林墙倒塌前几个月，出现了最后一名受害者——克里斯·居弗罗伊（Chris Gueffroy），他被边防警卫用子弹射杀。居弗罗伊以为开枪射杀的命令已被停止（4 月才废止），就和他的朋友冒险穿越柏林－特雷普托的边界。他的朋友被捕，而他则死于胸部的枪伤。

柏林的两种七百五十周年

尽管背景不同，但东柏林和西柏林的城市发展在 20 世纪六七十年代是非常相似的。霍恩舍恩豪森区、利希滕贝格或马察恩区（Marzahn）等东柏林郊区，出现了用标准化的预制构件建造的板式建筑社区。这些社区与它们今天给人的负面印象完全相反：社区内的公寓配有中央供暖系统、浴室和电话线，达到了现代化的标准，而市中心陈旧的老式公寓则很少具有这种现代设施。在西柏林，格罗皮乌斯城（Gropiusstadt）、勃

格罗皮乌斯城是西柏林新建筑的缩影。

兰登堡马克住宅区（Märkisches Viertel）或法尔肯哈格纳费尔德（Falkenhagener Feld）也建造起了新的高层住宅区，按照现代主义的理想，使“光线、空气和太阳”下的生活成为可能。随后，建筑也如原计划达到了四层楼的高度，格罗皮乌斯（Gropius）也被敦促在该区进行更密集的建设，并建成了高达三十层的高层建筑——这对于建筑师来说是极其沮丧的事。还有后来以瓦尔特·格罗皮乌斯（Walter Gropius）命名，位于布科（Buckow）、布里茨（Britz）和鲁多（Rudow，新克尔恩）之间的格罗皮乌斯城。但是，在柏林墙建成之后，西柏林附近需要更多的住房空间。于是，零星松散分布的房屋和低矮的建筑物与规划绿地最终被停车场和超市所取代，以满足更多居民的住房需求。自 20 世纪 70 年代中期以来，人们发现格罗皮乌斯城也像其他西柏林高层住宅区一样,发展成了一个“问题街区”（Problemviertel）。

1963 年的西柏林城市翻新改造计划导致了对旧建筑物的大规模破坏。在威丁的泉水街拆光重建式改造过程中，整个旧建筑区全部消失了，被现代化的建筑所取代。正如舍讷贝格的“社会宫”（Sozialpalast）或科特布斯门（Kottbusser Tor）旁边的“新克罗伊茨贝格中心”（Neues Kreuzberger Zentrum）一样，这一地区今天仍然被视为社会热点地区（问题街区）。直到 20 世纪 70 年代后期，人们才意识到旧建筑的价值，并且对于城市的翻新改造日益重视，采取了越来越谨慎小心的态度。1987 年国际建筑展览会也正是在这样的理念下举办的。

东柏林人在 20 世纪 80 年代初期也开始回忆那些历史建筑。1987 年，在柏林建城七百五十周年前夕，人们对尼古拉街区以板材建筑方式进行了重建。人们高度还原了历史上的城市景观，用山墙和外墙装饰对板式建筑进行了“改良”。因此，东柏林剧作家海纳·穆勒（Heiner Müller）将尼古拉街区称为“威廉二世时代的迪士尼乐园”。在普伦茨劳尔贝格的珂勒惠支广场和胡泽曼大街（Husemannstraße）周围地区，整条街道都进行了翻新，历史纪念物保护在这里首次占据了重要地位。

边界日常生活的荒谬景象

东西柏林之间的分界带来了各种各样特殊的事物，例如，数量众多的外飞地（Exklave）。最小的外飞地是伯彻贝格（Böttcherberg，策伦多夫区），面积仅有0.3公顷。这些年来，其中有一些由于领土交换而取消，还有一些则一直存在直到柏林墙倒塌为止。这座城市中最著名的外飞地要数施坦因施图肯（策伦多夫区）。这片面积12公顷的区域是1971年以前西柏林在民主德国唯一有人居住的外飞地。这里与西柏林之间唯一的连接是一条需要穿过民主德国的路线，施坦因施图肯的居民在该路线上必须经过两个边界管制站。西柏林人被完全禁止进入该地区。直到1971年的领土交换协议签订之后，人们才建立了通往西柏林的走廊，这条走廊两侧均被柏林墙包围着。

第三次也是最后一次领土交换发生在1988年，当时属于苏占区的西柏林波茨坦广场上所谓的莱内三角（Lenné-Dreieck）的顶角被割让了。随着交换时间的临近，数百名示威者占领了该三角地带，抗议政府兴建高速公路的拟议。西柏林警察对此无能为力，最终示威者来到了民主德国的领土。交接当天，当西柏林警察想要瓦解示威者的营地时，有一百八十名示威者爬过柏林墙到了民主德国，民主德国的边防部队用早餐招待了他们，然后他们经过边防检查站返回了西柏林。如今，几乎没有留下什么能让人回忆起这一地区的有历史意义的东西。这一地区从未建过高速公路，但取而代之的是高品质的办公楼与酒店建筑——可以在米特区的埃尔伯特大街（Ebertstraße）、莱内大街（Lennéstraße）和美景大街（Bellevuestraße）之间找到。

总体而言，20世纪80年代的民主德国一直在重新定义其与城市历史之间的关系。于是，1980年，腓特烈大帝骑马雕像被重新放置在菩提树下大街。此前，由于腓特烈大帝几十年来一直被视为普鲁士军国主义的象征，他的雕像因此被流放到了波茨坦。长期以来一直被当作“农民叛徒”而遭到人们痛恨的宗教改革家马丁·路德也得到了一定程度的平反。1989年，原本存放在柏林魏森湖地区（Weißensee）的路德纪念像，被带回到了米特区的圣玛丽教堂，不过不是放在教堂前那个原来的位置，而像是有意将它藏起来似的建在了侧面。

位于东柏林市中心的共和国宫和亚历山大广场之间，规模宏大的新建筑组合体现了社会主义的特征，而西柏林也在寻找其城市规划的特色。居民把陶恩沁恩大街（Tauentzienstraße）和选帝侯大街周围的购物和娱乐区作为新的市中心。同时，在与东柏林分隔开之后，西柏林必须建设独立的基础设施。尽管西柏林已经有了自己的高校——柏林自由大学（技术大学扩大了其研究范围），但仍然缺少很多行政大楼和文化机构，因为这些设施现在都被隔绝在墙的另一边。西柏林市政府搬到了舍讷贝格的市政厅，而波茨坦大街（Potsdamer Straße）上则建设了柏林文化广场（Kulturforum）。这组文化设施里包括汉斯·沙龙设计的柏林爱乐厅（Philharmonie）和国家图书馆（Staatsbibliothek），以及路德维希·米斯·范德罗厄（Ludwig Mies van der Rohe）设计的新国家美术馆（Neue Nationalgalerie）。在俾斯麦大街，曾经毁于战火的歌剧院重新开放，成为柏林德意志歌剧院（Deutsche Oper Berlin）。这是西柏林乃至整个联邦德国的国家歌剧院，相当于民主德国的柏林国家歌剧院（Staatsoper Unter den Linden）。尽管建设了这些工程项目，但由于缺少历史悠久的城市中心，这座城市仍然是极其不成熟、不完整的。之前，路牌都指向“米特区”；但是在此时，人们沿着路牌一路走，很快就被柏林墙挡住了去路，只能掉头返回。1987 年，当这座城市进行建城周年庆祝时，东西柏林的庆典节目是截然不同的。就在柏林墙倒塌仅仅两年之前，柏林已经呈现出前所未有的分裂状态了。

1970 年，今天的尼古拉街区所在之地仍是一片荒地，中间是尼古拉教堂的废墟（图中红色市政厅旁边的右上方）。

新柏林人

从1955年开始，第一批外籍劳工从意大利来到了德国。之前两国曾在罗马签署了一项劳工招聘协议。1960—1968年，德国与多个国家签订了更多的协定：来自西班牙、希腊、土耳其、葡萄牙、南斯拉夫、摩洛哥和突尼斯等国家的外籍劳工来到了这里。在人口老龄化的西柏林，西门子、AEG和德律风根（Telefunken）等大型工业公司需要新的劳动力，尤其是女性工人，因为她们在精密机械制造方面更为灵巧熟练。

1967年，土耳其总理叙莱曼·德米雷尔（Süleyman Demirel）访问西柏林时，来自土耳其的外籍工人成排聚集在大街上。

如今的柏林生活着十八万土耳其裔人，但在1961年，即与土耳其签署劳工招聘协议的那一年，只有二百八十四人。早期，外籍劳工大多被安置在宿舍里，并且和其他外籍劳工生活在一起。不过，即使他们之后分散到城市的各个地方，却还是和以前一样，仍然生活在社会的边缘。在威丁、克罗伊茨贝格或新克尔恩，他们搬进了简陋的公寓——通常都是在柏林墙附近破旧不堪、亟待翻新的老建筑里——这对于房东来说是不错的生意。但是，无论是在工作场所还是在日常生活中，很多外籍工人都还是会觉得很难融入。这不仅是由于语言和文化上的障碍，还因为许多柏林人的排外态度，这些柏林人会把他们贬称为“意大利佬”（Spaghettifresser）、“香菜土耳其人”（Kümmeltürkem）和“赶骆驼的人”（Spaghettifresser）等。

1973年的石油危机对联邦德国的经济造成了严重打击，劳工的招募也因此告一段落。那些外籍劳工，原本人们认为他们会在两年后回到自己的家乡，然而大量的劳工还是留在了西柏林，并在潜移默化中影响与塑造了所在社区的文化。土耳其与阿拉伯人的商店，以及清真寺和咖啡馆遍布西柏林。移民就像在自己的家乡一样，生活在自己熟悉的文化氛围中。于是这里就有了用面饼夹着烤肉的土耳其旋转烤肉（Döner Kebab），这种食物今天在欧洲大部分地区都很流行。它并不是来自土耳其，而是在20世纪70年代初由动物园车站（Bahnhof Zoo）的一家小吃店首次提供的。

从1967年开始，东柏林也招募来与其有友好关系的社会主义国家的工人——主要来自波兰、安哥拉、莫桑比克、越南和古巴。他们填补了由于人员大量西逃而产生的劳动力空缺。这些所谓的合同工人的工资一般都很低。当时，他们都不太能被当地人所接受，更不用说融入社会了。因此，那时也没有给他们提供德语课程。民主德国的外籍劳工忍受着非常不人道的待遇：他们的

西柏林人的身份证被标上了“临时”——直到1990年，关于他们的身份问题仍然悬而未决。

冷战之都

即使在柏林墙建成之后，柏林仍然是间谍活动的一个据点。作为那些阴谋诡计的象征，格林尼克桥（Glienicker Brücke，民主德国在1985年以前给予此桥的官方名称一直是“统一之桥”）横亘在万湖和波茨坦之间，将柏林分成东西两半。这里曾进行过三次秘密间谍交换工作且均是在夜晚完成的（1962年、1985年和1986年）。

万湖，国王大街（Königsstraße）/柏林大街（Berliner Straße），波茨坦

间谍无所不用其极，不断试图从对手那里获得或多或少的有价值的信息。例如，美国人在魔鬼山上建起了一座大型监听设施，上面有几个白色的圆顶。大约有一千五百名工作人员采用三班制监听半径300千米范围内的谈话内容。不过，英美两国是分开采取行动的——美、英、法之间的不信任感普遍存在。它们甚至可能也在互相监视。不过，要想了解确切的记录，就要等到2022年秘密档案解封。至于这些已经严重受损并且逐渐坍塌朽坏的设备究竟是否还存在，还有待于揭示。

魔鬼湖大道（Teufelssee-Chaussee），维尔默斯多夫

护照在机场就全部被收走了，他们被安置在偏僻的宿舍里，晚上也不能出去。20世纪70年代后期，排外的攻击事件日渐增多，但媒体对此缄口不提。民主德国极少会提供政治避难。1973年，奥古斯托·皮诺切特（Augusto Pinochet）发动军事政变后，东柏林破例接纳了智利人。不过，也有许多智利人逃到了西柏林，因此柏林墙两边的社区都得到了发展壮大。

叛逆之城

对于一些人来说，柏林的特殊地位也有好处：那些在联邦德国想要逃避服兵役的人在被征召之前躲到西柏林就能保证自己的安全了。20世纪60年代，这座被隔离墙包围起来的城市成了左翼知识分子、避世者和拒绝服兵役的人的游乐场。在西柏林，学生的批判性运动迅速蔓延开来，他们要求他们的父辈直面与思考纳粹的过去，并且谴责曾经的纳粹分子在政治和行政管理领域的渗透扎根。

1967年，当伊朗国王访问西柏林时，发生了针对他的示威抗议活动，示威者本诺·奥内佐格（Benno Ohnesorg）被一名警官开枪击毙。这件事成了引爆火药桶的导火索。但令学生们感到愤怒的原因不仅仅是警察向手无寸铁的示威者开枪，还有警察伪造证据和证词，将这起谋杀描述成一起意外事故。直到四十多年后，人们才发现射击者卡尔－海因茨·库拉斯（Karl-

在一次集会上的鲁迪·杜奇克（Rudi Dutschke）。

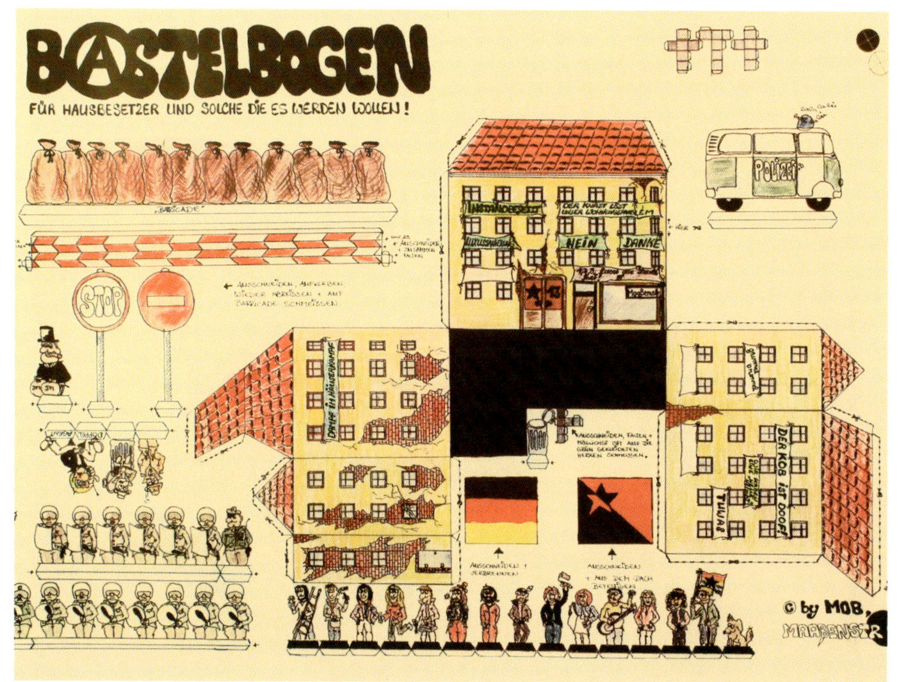

20 世纪 80 年代初，这张讽刺画海报在柏林流传。

Heinz Kurras）曾为民主德国国家安全部工作。那么，是斯塔西下令射杀奥内佐格的吗？这一点迄今为止尚未得到证实。学生们的愤怒集中在国家权力上，他们指责国家权力采用的独裁手段（如果不使用法西斯主义的方法）。许多警察都是有军事背景的，例如，西柏林警察局长埃里希·丁辛（Erich Duensing）曾在国防军担任过总参谋部军官。

学生的抗议活动愈演愈烈。自由大学的学生鲁迪·杜奇克是这场运动的关键人物，要求查明奥内佐格的死亡事件的真相。他使冲突升级，希望借此揭露实行资本主义制度的联邦德国作为独裁国家的面目。杜奇克的义愤也针对施普林格出版集团旗下的报纸，尤其是其发行的《图片报》（*Bild-Zeityng*），该报纸长期以来一直在鼓动反对左翼学生运动的情绪，并宣扬应该让这些学生看到鲜血。在这样激烈的氛围中，右翼极端分子约瑟夫·巴赫曼（Josef Bachmann）于 1968 年 4 月 11 日濯足节这天对杜奇克进行了暗杀，杜奇克虽头部中弹，但幸免于难。在长期休养之后，杜奇克最后移民到了丹麦。1979 年，他因伤势过重去世。

在损失了杜奇克这个能凝聚众人力量的关键人物之后，德

恐怖中心

民主德国监控国家（Überwachungsstaat）令人窒息的存在感在霍恩舍恩豪森的民主德国国家安全部拘留中心（Untersuchungshaftanstalten des MfS）体现得最为明显。成千上万的人受到了政治迫害，其中包括许多著名的民权活动家，如贝贝尔·波利（Bärbel Bohley）和于尔根·富克斯（Jürgen Fuchs），他们在1951—1989年被关押在该拘留中心。他们不仅被施加了身体上的酷刑，并且从20世纪60年代开始又遭受了复杂精密的心理拷问手段的折磨。这所监狱是一个规模更大的禁区的一部分，该禁区成了一个小型的城中城，这里除了有一个关押已定罪囚犯的劳改所之外，还设有斯塔西的各个部门。该禁区在任何东柏林城市地图上都没有标示记号。

柏林-霍恩舍恩豪森纪念馆（Gedenkstätte Berlin-Hohenschönhausen），根斯勒大街（Genslerstraße）66号，霍恩舍恩豪森

国六八学运逐渐瓦解，发展成了不同的城市游击队。一些活跃分子越发趋向激进，加入了从巴德尔和迈因霍夫团伙（Baader-Meinhof-Gruppe）中诞生的红军派（Rote Armee Fraktion，RAF），并继续以暴力手段进行地下斗争。红军派在1970年成立后的最初几年中，还能在破坏活动中获得左翼和学生群体的支持，但其越来越暴力的行径促使自己逐渐遭到了全社会的排斥与孤立。与此同时，政治上非常活跃的占据空屋运动（Hausbesetzerszene）也出现了。这场运动的起点是1971年占据贝塔宁（Bethanien）的前克罗伊茨贝格医院。但是，1980年和1981年的反对房地产投机的抗议活动使情况进一步恶化。最初，警察和行政部门容忍年轻人居住在空置的房屋中，但从1980年12月起开始试图阻止占屋行动，并且让占屋者从已经占用的房屋中搬出来。这样做的结果就是激烈的暴力骚乱——尤其是在克罗伊茨贝格——并且还导致了新一轮的占据空屋浪潮。到1981年中期，西柏林最终有一百六十所房子被占据——比德国其他城市都多。1978年，随着“另类清单”（Alternative Liste）的出现，一个新的“绿色”政党产生了，吸引了占屋者以及和平主义者、环保主义者和女权主义者，并于1981年成功进入众议院。

与此同时，朋克风潮也迅速发展，这一风潮下的人们断然拒绝当时的社会秩序——由此出现占屋行动也是很自然的事。20世纪80年代，土耳其移民文化、“左翼另类”组织（linksalternativ）的占屋行动和无政府主义的朋克氛围都集中在克罗伊茨贝格奥拉宁大街（Oranienstraße）周围极度狭小的空间里。西

柏林成了新音乐和艺术风格的实验场，从前人们根本无法想象在联邦德国会出现奢侈的享乐主义生活方式和突破禁忌的表演舞台。这座城市也吸引了戴维·鲍伊（David Bowie）和伊基·波普(Iggy Pop)等国际明星,他们在舍讷贝格主街(Schöneberger Hauptstraße）附近合租了一套公寓，并在这里一头扎进了另类古怪的西柏林亚文化。

在东柏林，这一切大多是地下的暗流涌动。不过，统一社会党政权也难以遏制可能会发生的冲突，这些冲突主要来自那些听着打击乐和摇滚音乐、留着长发、穿着牛仔裤且故意不遵守规则的年轻人。因此，民主德国试图在社会上开放一些东西。1973 年，东柏林成为 “第十届世界青年与学生联欢节”（X. Weltfestspiele der Jugend und Studenten）的主办地，来自一百四十个国家和地区的八百万年轻人聚集在这座城市。西柏林的代表团也出席了，其中甚至包括来自“青年联盟”（Junge Union，后来的执政市长埃伯哈德·迪普根 [Ebergard Diepgen] 也属于该联盟）的一个小组，他们在节日期间可以自由地与民主德国的年轻人进行交流。空气中仿佛有一丝伍德斯托克音乐节的气息，给人们留下了民主德国是一个全球性国家的错误印象，让人们以为它能容忍与之格格不入的青年文化。

霍恩舍恩豪森拘留中心的走廊和打开的房间门。

东柏林文化舞台上的人员外流事件中最具代表性的要数1976年词曲作者沃尔夫·比尔曼（Wolf Biermann）被开除民主德国国籍一事了。许多艺术家纷纷在一封公开信中表达了对这一措施的反对。比尔曼的继女尼娜·哈根（Nina Hagen）借此机会出境离开了。演员曼弗雷德·克鲁格（Manfred Krug）和阿明·穆勒－施塔尔（Armin Mueller-Stahl）由于声援比尔曼而实际上被禁止工作。最终他们申请离开了这个国家。同样也在这封公开信上签字的斯特凡·海姆（Stefan Heym），从此就只能在非社会主义国家出版他的书了。著名作家克丽斯塔·沃尔夫（Christa Wolf）不得不退出与体制相关的作家协会的理事会。物理学家罗伯特·哈费曼（Robert Havemann）是与比尔曼关系密切的朋友，他向民主德国国家领导人和党领袖埃里希·昂纳克求助——因为他与昂纳克在纳粹时代一起坐过监狱，但得到的回应是：两年的软禁。

许多被艺术家协会开除的艺术家纷纷在国家认可和审查的艺术行业之外证明了自己的存在，所以东柏林，尤其是普伦茨

1989年10月7日，在戈尔巴乔夫抵达柏林舍讷费尔德机场（Flughafen Schönefeld）时，埃里希·昂纳克（Erich Honecker）以社会主义的兄弟之吻欢迎来自莫斯科的国宾。左边背景中的女士是戈尔巴乔夫的妻子赖莎（Raissa）。

劳尔贝格，就成了批判知识分子的聚集地。他们大多不会公开发表对政权的异议，但许多人仅仅因为参与教会的和平运动就已经成了统一社会党的眼中钉了。环保与和平运动“铸剑为犁”在年轻人中很受欢迎。腓特烈斯海因的撒玛利亚教堂（Samariterkirche）和利希滕贝格的救世主教堂（Erlöserkirche）先后举行了“布鲁斯音乐集会”（Bluesmessen）。1979 年，大约有一千名年轻人参加了这样的活动，为了在活动之后讨论社会政治问题。即使作为和平运动高潮的 1989 年的“周一示威”（Montagsdemonstrationen）是从莱比锡开始的，但东柏林仍然是批评话语的中心。诸如“新论坛”（Neues Forum）之类的民权运动团体在这座城市的宗教和知识环境中兴起。他们公开批评政权的政治压迫和对个人自由的限制，从而加速了行将崩溃的民主德国的垮台。

1989 年 10 月 7 日，即民主德国成立四十周年这天，数千人在东柏林示威。新任苏联中央委员会总书记米哈伊尔・戈尔巴乔夫的到来给人们带来了希望。他推行的社会开放政策也使民主德国的公民燃起了他们进行社会变革的希望。但是，这遭到了民主德国的领导人的强烈拒绝，据说戈尔巴乔夫用这样一句话评论了他们的做法：“迟到者将受到命运的惩罚。”（Wer zu spät kommt, den bestraft das Leben.）这一说法迅速通过媒体传播开了，激发了聚集在亚历山大广场的示威者的勇气。他们要求自由的呼声越来越高涨，还大声高喊着“戈尔比，戈尔比”。戈尔巴乔夫刚从庆典上离开，民主德国国家安全部和警察就不再克制，采取了武力。高压喷水车和清障车都出动了——这也算是民主德国历史上一个前所未有的奇景了，众多参与者在警车上遭到了殴打，并被带到警局接受了数小时的审问。统一社会党想要维持党与群众之间团结一心的表面形象——甚至直到柏林墙倒塌前几个星期，人们根本就没有想过这个国家会崩溃。

Region Berlin Schnellbahnnetz 1992/1993

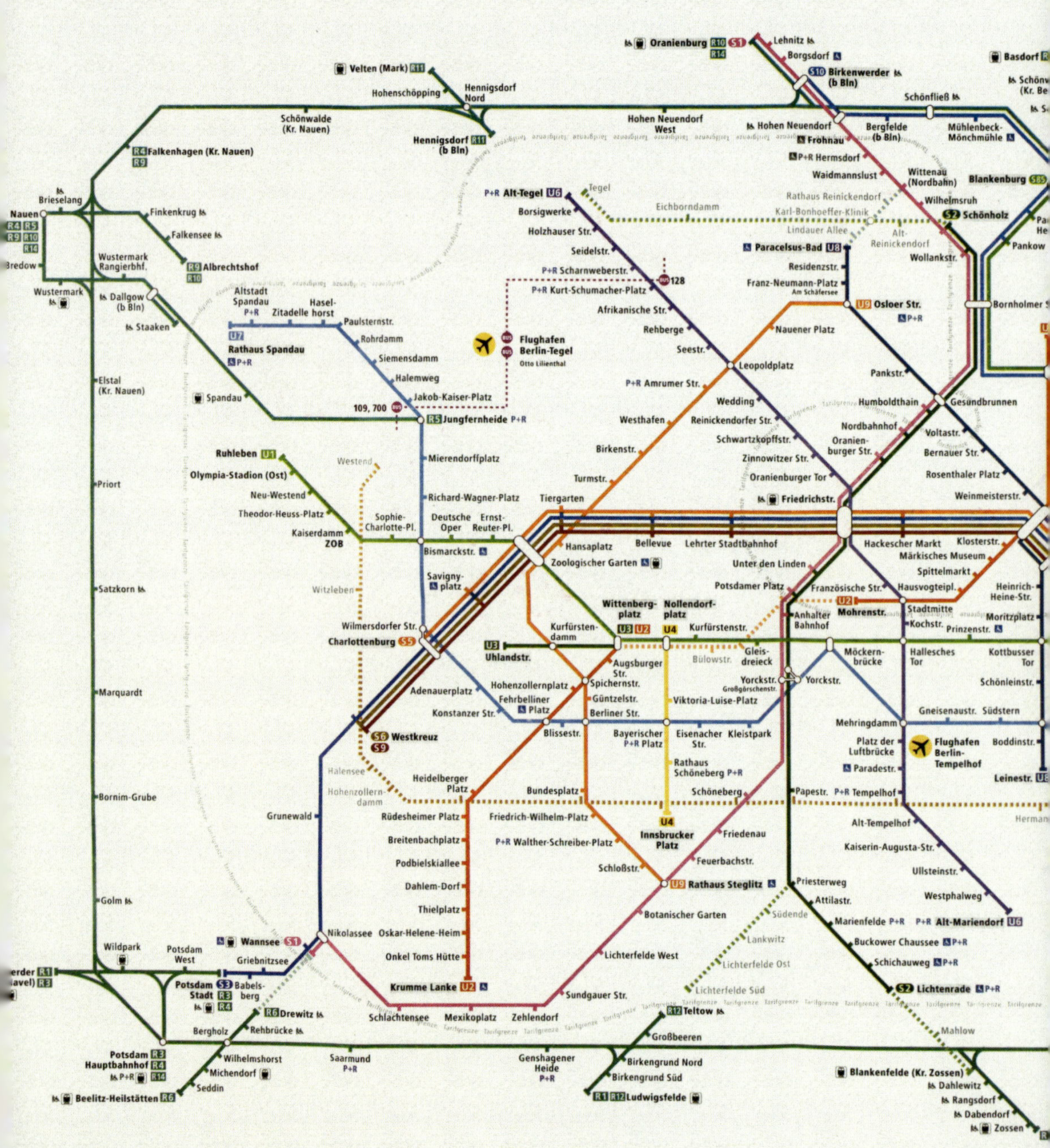

首都与文化中心：柏林重新合而为一

变革的前夕

“我们是一个民族”

起重机之城

寻找大都市

1990 年后，围绕市中心的轻轨环线花了十年时间才重新完成闭合。从这张 1991 年的柏林交通网络地图上还是可以清楚地看到这些空缺的部分。

1989 年秋天的一系列动荡事件过去之后，这座城市的东西两部分面临着在经历了数十年分裂后再次合并共同发展的挑战。公民运动的初衷是将民主德国引向改革后的民主社会主义，最终这意味着这座城市的两个部分将基于合作伙伴的关系作为独立实体继续存在。这种想法被证明只是虚妄的幻想。早在 1990 年 7 月 1 日联邦政府同意民主德国人民建立货币联盟的要求后，德国的统一以及柏林的统一就指日可待了。柏林现在是行政管理上的一个独一无二的存在：在同时并存的新旧联邦州中，几乎所有组织结构都有重复的，从政府部门到短途交通运输公司再到文化机构。大家很快就明白了，合并是不可避免的，而且随之而来的就是裁员这个令人不安的话题，这给人们对统一的兴奋热情也蒙上了阴影。

虽然柏林墙逐渐从城市的图景中消失了，但那堵墙却似乎仍然无处不在。这主要表现在建筑物的状况和人群的差异上。尽管很快建筑起重机就开到东柏林来了，但由于产权问题一直没有解决，东柏林的许多社区还是被荒废了多年。不过，这种隔阂不仅是社会上的，也是精神上的：许多东柏林人觉得西柏林人的内在隐藏着傲慢自大，他们唯物主义的倾向很是奇怪。许多西柏林人则认为他们的新同胞对于适应统一所面临的挑战的争执抱怨是在“怨天尤人”。这道鸿沟在逐渐缩小，但思想上的那堵墙还是深植在人们的心里。最初几个小时的欢乐消失后，剩下的是如宿醉后的失落与沮丧，“兄弟”和“姐妹”变成了“西德佬”（Wessis）和“东德佬”（Ossis），相互都以批判的目光挑剔着对方。

非常具有代表性的是，接下来的几年里，东柏林人和西柏林人在选举投票中体现出很大的差异：尽管基民盟和社民党（以及在克罗伊茨贝格的绿党）在西柏林占主导地位，但在东柏林，统一社会党的接班人一直到 20 世纪 90 年代末期都还能够在选举中取得成功。州政府主要是由基民盟和社民党组成的，这一事实使许多东柏林人产生了他们在整个柏林参议院中都没有代表的感觉。直到 2001 年，社民党政治家克劳斯·沃维莱特（Klaus Wowereit）上台出任市长，这种情况才发生了变化。他具有大胆的政治风格，公开承认自己是同性恋，一扫其前任埃伯哈德·迪

边界开放后，柏林西南部的格林尼克桥交通繁忙。

普根长达十五年的保守的城市政治体制的积弊。在与绿党组建少数派政府失败之后，沃维莱特在 2002 年大胆与民主社会主义党结盟：这种联合关系一直保持到了 2011 年。这不仅对于西方的资产阶级选民来说是禁忌，同样也犯了传统的社民党选民的忌讳。尽管如此，这个备受批评的联盟还是成功地使柏林摆脱了金融危机和政治僵局——正是在作为柏林的“首相和党魁”的沃维莱特的领导之下实现的。

虽然在 20 世纪 90 年代，社会差异就已经变得模糊（但在今天，情况甚至发生了逆转，如作为社会问题地区的威丁或新克尔恩），但人口的大量流动可能是使人们心中那堵墙最终被推倒的最大因素。仅在 1991—2002 年，就有一百四十八万人离开了柏林，同时又有几乎同样多的人（一百三十八万人）来到柏林。也就是说，将近有一半的人被“替换”了，与此同时，城市中还有许多居民从西柏林迁往东柏林，或是从东柏林搬到了西柏林。

整个城市的经济在统一之后遭受了挫折。20 世纪 90 年代后半期，虽然联邦德国的经济实力有所提高，但柏林的经济却出现了下滑现象。这主要是由于柏林仅在东西两个部分统一后的头五年就损失了将近一半的工作岗位。与人们原本以为的不一样，仅有少数企业将自己的德国或欧洲总部设在柏林。于是，失业率在 2005 年上升到了 19%，这真是令人难过。与此同时，低廉的租金和物价、空置的办公室和工作室吸引了众多国际艺术家和创意者，正是他们使得柏林从 20 世纪 90 年代后期开始跃升成为一座国际设计和文化大都会。从很早开始，参议院就对其他领域的新企业的落户提供支持，其中包括位于特雷普托 – 克珀尼克区内与地区同名的阿德勒斯霍夫高科技产业园。柏林也从失业之都成为德国的创业之都。

因此，这座城市非常具有吸引力，但并不富有。柏林“贫穷而性感”（arm, aber sexy），克劳斯・沃维莱特用语言如此形容这种矛盾。毕竟，因为依靠艺术和创意产业还不足以改善柏林的经济状况。到 2006 年，这座城市的债务已超过 600 亿欧元，只

阿德勒斯霍夫高科技产业园还得益于与洪堡大学的紧密联系。洪堡大学在园区内也有自己的校园。

有采取严格的储蓄政策，使每个居民的收入达到 1.8 万欧元这个惊人的数字，债务的增长才得以遏制（2011 年）。

1991 年 6 月 20 日，在关于将政府所在地迁至柏林的决定的投票中，联邦议院以微弱优势险胜。一方面这让人们对柏林的崛起产生了希望；但另一方面且事实后来证明这也是一种负担。尽管根据《首都经费筹措协议》（*Hauptstadtfinanzierungsvertrag*），柏林在 2004 年底之前一直得到了联邦政府的财政支持，但是，要将曾经分裂的两部分组建成一座新的首都，需要大量的对于基础设施建设的支出。世界各国的大使馆现在也都迁回了柏林。此外，联邦议院、联邦参议院、联邦总理府以及大部分联邦政府部门和机关都在千禧年之初从莱茵河迁到了施普雷河畔。但是，《柏林/波恩法案》（*Berlin/Bonn-Gesetz*）规定，柏林和波恩的各部门应各自在另一个城市中另设相应代表办事处，这就造成了许多政府部门官员和政界人士不得不两地来回奔波办公。因此，许多新柏林人一开始保留了他们在联邦德国的第一居住地，因为他们在内心里觉得自己并没有真正到达首都。就这样，柏林长期给人的印象一直都是一座“尚未建成”的首都。

变革的前夕

在德意志民主共和国成立四十周年之际，数千名东柏林人表达了他们的愤怒与不满，而在10月9日发生于莱比锡的周一示威活动中，面对这七万势不可当的和平抗议民众，安全部队也无能为力，只得撤退。这一系列事件也激发了东柏林反抗力量的勇气，他们想要更加公开地去表达他们的呼声。10月中旬，柏林的演员和艺术家协会的代表正式提出批准示威游行的申请，接着，11月4日举行了民主德国第一次非政府发起的集会。超过五十万人穿过市中心，聚集在亚历山大广场上。“我们是人民！”（Wir sind das Volk!）是这场运动的口号。二十多位优秀的演讲者向公众发表了讲话，其中包括演员乌尔里希·米厄（Ulrich Mühe）、作家克丽斯塔·沃尔夫，以及“国家机器”的代表。民主德国电视台甚至还对此进行了直播。安全部队一直暗中守在后面。只有剧院的工作人员在维持秩序，他们佩戴着彩色的绶带，上面写着“禁止暴力”。

1989年11月4日，在东柏林有五十多万人走上了街头。

短短几天之内，民主德国发生了比过去四十年还要多的改变。然而，示威者的喜悦中却夹杂着一种不安的情绪。牧师和民权活动家弗里德里希·朔尔勒默（Friedrich Schorlemmer）在集会上发表了演讲。他后来承认，在11月4日早上的时候，他十分担心斯塔西的人会激起这些和平参与者的暴力行为。不过，按当天的情形显然不会有什么骚乱发生。但是，人们还是在统一社会党官员京特·沙博夫斯基（Günter Schabowski）和马库斯·沃尔夫（Markus Wolf）演讲的时候吹了口哨。在这个"民主的节日"上，正如政权评论家和民权活动家延斯·赖希（Jens Reich）后来对这次示威活动的看法那样，民主德国领导人几乎没有发言权。

此时，"国家机器"从根基上已经被动摇了。不同于他的前任总理埃里希·昂纳克，民主德国新任国务委员会主席和统一社会党总书记埃贡·克伦茨（Egon Krenz）根本没有丝毫威信可言。尽管现在改革正在进行中，但难民潮并没有被阻断。11月9日，内政部和国家安全部的代表就一项新的出行法规进行了讨论。讨论结果认为，应该允许每个人以他们自己希望的时间和方式出行。与会者都清楚，这一决定会引起汹涌的人潮，但他们还是希望人们先去当局申请而不是涌向边防检查站。

新任政府发言人京特·沙博夫斯基在下午晚些时候的一次国际新闻发布会上宣布了这项新规定，并且对于规定何时生效的提问，他的回答是"即刻，马上"，于是，事情就一发不可收拾了。不过，这些责任人仍然未能意识到他们的宣布会产生什么样的后果。傍晚，多个检查点都出现了人群聚集的情况。边境守卫不能简单地把人们送回家，因为到了晚上九点，光是在博恩霍尔默大街（Bornholmer Straße）上就已经有一千多人了。国家安全部指示边防官员只放行挤在前排的人，但是，要在他们的护照上戳印，以注销护照，让他们无法再回来。对于许多人来说，这是一个信号：边界是开放的。当民主德国电视新闻中指出申请出境需要履行的种种义务，以阻止蜂拥而至的人时，"ARD今日主题"（ARD-Tagesthemen）等联邦德国的新闻节目则传达了截然不同的信息。"柏林墙的大门是敞开的。”新闻播音员这样说。在当时来说这虽然并非事实，但民主德国边境防线的崩溃却已是必然之势。此时，越来越多的东柏林人涌向边境关口，为了看一眼西边的样子。最终，边防卫队事实上打开了边境检查点——首先是博恩霍尔默大街旁的博泽桥（Bösebrücke），然后是所有其他检查站。民主德国领导层只能眼睁睁地看着，民主德国国家人民军也不知所措。夜间零点二十分，一万二千名边防士兵在警戒待命，以确保边境安全，必要时可以动用武力。但是，不久之后，当东西柏林成千上万的人来到勃兰登堡门前，站在柏林墙上庆祝“边界开放”时，柏林墙的历史已无可挽回地走到了尽头。东柏林人或步行，或开着他们的瓦特堡（Wartburg）汽车和卫星（Trabant，昵称Trabi）汽车穿越边境哨所。而在墙的另一边，无数的西柏林人已经聚集在那里，欢迎穿过边境到来的人。选帝侯大街上欢呼的人群聚集在一起，通宵达旦地狂欢。

要在第二天早上让回程的交通往来恢复控制是不可能的。第二天，城市的西部再次被人潮淹没了。与此同时，西柏林众议院开始就这一事件的政治意义进行争论。在一场转移到舍讷贝格市政厅前的广场上的小讨论中，德国基民盟主张将“统一”一词列入即将制定的议会决议中。社民党和绿党对此表示反对，

1989 年 10 月 3 日午夜，德国国旗在国会大厦前升起。此外，还可以看到十六个联邦州的州旗。

并希望以书面形式记录确认民主德国公民的“自决权”。在随后举行的一场有赫尔穆特·科尔（Helmut Kohl）、汉斯–迪特里希·根舍（Hans-Dietrich Genscher）、维利·勃兰特和西柏林市长瓦尔特·蒙佩尔（Walter Momper，社民党）参加的集会中，议会主席于尔根·沃尔拉贝（Jürgen Wohlrabe）（基民盟）当着在场的四万名柏林人的面投下了一颗“重磅炸弹”：他首先宣读了被议会否决了的基民盟版本的决议，接下来又投票赞成“统一、权利与自由”。科尔、根舍、勃兰特和蒙佩尔也表示了同意，这段不和谐的插曲最终在一片嘘声和口哨声中收场。

11 月 12 日，柏林墙倒塌后的第一个星期日，一百万民主德国公民到西柏林参观，与此同时，第一批“围墙啄木鸟”（Mauerspechte）也开始从曾经的“保护墙”上凿下混凝土墙体留作纪念品。军队仍在严阵以待，民主德国国家安全部也处于待命状态。但是，在苏联外交部部长爱德华·谢瓦尔德纳泽（Eduard Schewardnadse）宣布最近的事件是民主德国“自己的事情”，并且也并未动用驻扎在民主德国的三十五万苏联士兵之后，已经可以肯定的是，柏林墙将会永久性地开放。

“我们是一个民族”

11 月 4 日的时候，示威者们还打着“我们是人民”的口号走上街头，但在柏林墙倒塌后，口号就变成“我们是一个民族”了。还有像“德国——统一的祖国”这样的口号，其表达了人们对德国统一的愿望，至少是对实现平等的生活条件的渴望。后者变得越发突出，占据了中心地位，逐渐淡化了公民运动的政治愿景。因为在 11 月 9 日之后的几周内，在用完 100 联邦德国马克的“欢迎金”（Begrüßungsgeld）后，民主德国的公民不得不面临一个令人难堪的事实，即他们辛辛苦苦挣来的钱几乎一文不值：兑换所和动物园车站附近的黑市汇率行情现在是 1∶10，有时甚至是 1∶15。“如果联邦德国马克不到我们这边来，那我们就过去！”这是 1990 年上半年许多移居到联邦德国的民主德国公民的座右铭。

看看人民代表

具有政治象征意义的建筑结构应当反映出人们对于过去的反思与重整。向人们传达透明度和亲民感的目的在政府区建筑物正面大块的玻璃上体现得非常明显。计划中的“公民论坛”（Bürgerforum）位于联邦总理府和保罗·洛贝之家（Paul-Löbe-Haus）之间，“公民论坛”里面的咖啡馆和商铺会让这个地方充满生气；但这个计划却一直未实现。反而是所谓的“联邦纽带”（Band des Bundes）——政府区的城市设计的名称——在这里被打断了。由于有了这一片开阔的空间，联邦总理府与其他政治区域显得略微不同。按照民主的思想理念，国会大厦也应该设计得更加开放。为此，建筑师诺曼·福斯特（Norman Foster）设计了一个透明的圆顶，其置于旧的国会大厦的上方，游客可以从两个螺旋坡道上去，在那里看到会场大厅里的议员。哪里还会有这样作为国民议会的客人进入甚至还能在那里用餐的机会？

德国国会大厦甲壳虫屋顶花园餐厅（Dachgartenrestaurant Käfer），共和广场 1 号，蒂尔加滕

1989 年底，德国总理赫尔穆特·科尔表示，东西两边将形成一个联盟，其中民主德国拥有一个民主选举的政府，将保持独立，而其与联邦德国的统一可能还需要五年至十年。在东柏林，统一社会党、反对党和民权运动的代表共同参加了一场“圆桌会议”，讨论了国家的政治未来。其间，他们意识到，计划于 1990 年春举行的自由选举很可能是民主德国的第一次也是最后一次自由选举了。该来的还是来了：3 月 18 日的大国民议会选举，“德意志联盟”（Allianz für Deutschland）以压倒性优势赢得了胜利，其中包括基民盟、德国社会联盟（DSU）和民主觉醒组织（DA）。48% 的人不仅投票支持一个保守主义的联盟，而且更重要的是投票支持基民盟，因为基民盟一直希望能够迅速实现德国的统一。由“新论坛”等一些民权运动团体联合新成立的“联盟 90”（Bündnis 90）仅获得了 2.9% 的支持率。这些促成了和平革命并且对推倒柏林墙具有举足轻重作用的力量，在日常政治事务中无法实现其历史意义。它们关心的主要问题有解散国家安全部，确保作为清算斯塔西人员罪证的档案的安全。然而，1 月 15 日，在“新论坛”组织的一次抗议活动中，位于利希滕贝格区诺曼嫩大街（Normannenstraße）

德国国会大厦的圆顶已经成为新柏林的象征。

的斯塔西总部遭到示威者的袭击和破坏。由于这场运动一直宣扬的是非暴力，因此发生了这样的事情也极其严重地损害了其形象。

民主德国根据基本法第二十三条加入德意志联邦共和国，“联盟 90”对此表示了强烈的拒绝（他们的竞选海报上写着“第二十三条：此条之下绝无合作”），但此时已是大势所趋，无法阻止。“联盟 90”提出的在一个主权独立的民主德国实行民主社会主义制度的要求再也不可能实现，最晚是在科尔总理宣布建立货币联盟以制止民主德国的人员进一步外逃之后，这就成了显而易见的事实。许多联邦德国人纷纷跑到东柏林寻找机会，想要快速发财。东柏林人感觉到了民主德国正在被这些傲慢的“自以为是的西德佬”（Besserwessis）“大拍卖”，他们迫不及待地想要引入联邦德国马克。1990 年 7 月 1 日，当货币联盟成为现实时，银行员工不得不加班加点应对这一转变。至此，民主德国公民终于可以从账户里用联邦德国马克提取他们的存款了。这时的兑换比率已经调整为 1 : 1，但兑换的数额具有一定的限制，具体根据年龄段而有所不同——老年人可以按照这个兑换比率兑换更高的金额。超过规定数量的金额则适用 2 : 1 的比率。

与之前的兑换比率相比，这的确是非常优惠的汇率了，一开始也确实为公民们提供了相当充裕的启动资金——至少对于那些在柏林墙倒塌之后不久没有把所有积蓄花在昂贵的衣服、电视或音响上的人来说是这样的——并且提高了公民的购买力。例如，新车登记申报的数量迅速增加。但是，人们对新的西方产品的热捧抢购（它们在民主德国的价格要比在联邦德国昂贵得多），也导致了大量的民主德国的产品在很短的时间内从超市的货架上消失了。此外，很多民主德国的企业不得不倒闭，因为它们根本无法用联邦

在货币联盟建立之前，西柏林的零售业生意做得很好。

重返外交舞台

尽管大多数国家都在东柏林派驻了外交代表，在西柏林也至少设有总领事馆或军事使团，但在分裂期间，这里的外交区始终缺少人们所熟悉的其他大城市的外交区的那种辉煌。第二次世界大战之前的一些使馆建筑仍然还在，但它们却是阴影里被人忽略的存在。例如瑞士大使馆作为阿尔森区的最后一个见证者，孤零零地矗立在柏林墙附近的荒野中。统一之后，建筑事务所迪纳戈迪纳（Diener & Diener）对其进行了具有代表性的设计扩建，之后瑞士大使馆重新开放。政府区对此地进行了重新规划设计，它也不再是孤立的存在，而且突然之间，它还矗立在一个紧邻总理府的极为优越的位置。

瑞士大使馆，奥托·冯·俾斯麦大道4a号，蒂尔加滕

第三帝国时期，在蒂尔加滕南端建造的一些使馆，在柏林统一的时候处于荒废的状态，随后人们对其进行了整修。今天，这些宏伟的建筑再次被用作使馆。除西班牙大使馆外，日本和意大利大使馆也都迁回了原来的地方。其他大使馆（位于劳赫大街的北欧国家的大使馆以及位于蒂尔加滕大街上的沙特阿拉伯、土耳其、南非、

德国马克支付工资。因此，不久之后，民主德国人便面临着一个在那之前对他们而言完全陌生的现象：失业。

1990 年 10 月 3 日，时机终于到了：联邦总统里夏德·冯·魏茨泽克（Richard von Weizsäcker）在德国国会大厦前宣布德国统一。超过一百万人聚集在勃兰登堡门周围，高唱着国歌，庆祝这一天的到来。

柏林也在这一天实现了统一：一直到 1990 年 5 月，社民党才在东柏林的地方政府选举中取得了胜利。当时的市长是蒂诺·施维齐纳（Tino Schwierzina），他与同为社民党人的西柏林执政市长瓦尔特·蒙佩尔合作，共同促成这座城市的统一。西柏林市政府（Senat）和东柏林市政府（Magistrat）现在轮流在两个市政厅中举行议会，俗称“MagiSenat”（两个词的合并）。虽然两个柏林城市议会从德国统一日一直到 1990 年 12 月的联合选举都统一行动、并肩作战，但或许 1990 年 10 月 3 日晚上发生的政权更迭才是更为重要的变化：美、英、法、苏结束了对柏林的统治。

起重机之城

一片欢呼中也夹杂着一些引人深思的声音。一些东柏林人认为，统一进行得太快了。他们原本希望就如何进行社会主义国家模式改革展开政治社会辩论，然而现在不得不接受他们的国家已经消失了，随之消失的还有大量工作岗位的事实。那些负责管理前民主德国的所有国有企业的联邦信托机构在很多情况下没有

其他选择，往往只能关闭这些国有企业。只有极少数的企业在信托机构看来能够盈利，并被信托机构重组或出售。西柏林同样也面临着经济问题：由于失去补贴，这里有许多企业也不得不关闭。因此，很多公司搬到了柏林的周边地区，那里廉价的建筑用地对它们更有吸引力。

民主德国的那些被没收的财产的归属权问题，引发了旷日持久的法律诉讼：仅在东柏林，就有二十万起案件需要解决，因此许多地产在被闲置了多年后，其归属问题才被弄清楚。在关于私人房屋的法律纠纷中，奉行的是“归还优先于补偿”（Rückgabe vor Entschädigung）的原则。例如，在勃兰登堡州小马赫诺（Kleinmachnow），有80%的住宅建筑前业主或他们的继承人要求索回

印度和奥地利的大使馆）则搬进了宏伟的新建筑物里。由于这一地区各国使领馆的密度很高，因而这里非常适合散步。如果你仔细观察，还可以在一些房屋上找到象征国家的标志，这些标志显示了它们曾经作为大使馆的过去。比如在劳赫大街11号的阳台上，你仍然可以找到挪威的徽章。还有德拉科大街（Drakestraße）上一家酒店的名字，它被称为“Das Stue”（丹麦语，意思是“客厅”），也指早前的丹麦大使馆的驻地。

列宁像剩下的部分：1992年，塞迪内尔荒野的一个坑里的列宁纪念碑的残骸。

混乱的 20 世纪 90 年代留下了什么

柏林至今仍然以其不同寻常的地下场所独具的颓废魅力而闻名。但是，这些地方中只有少数几个还留着柏林墙倒塌后不久的那段混乱时期的痕迹。从罗森塔尔大街的左翼另类文化宫“桶”（Eimer）到莱比锡大街的具有标志性的泰克诺（Techno，一种电子舞曲音乐）夜总会“钱柜”（“Tresor”），很多这种传奇活动场所都已不再以这种形式存在了。很长时间以来，奥拉宁堡大街上的塔赫勒斯艺术馆（Tacheles）一直是“统一后”时期亚文化最著名的例子。这个在百货商店的废墟中工作的艺术家群体创造出了一处夜总会、咖啡厅、电影院、工作室和展览室俱全的独特场所，并且多年来，一直吸引着对此处地产感兴趣的投资者。不过，这里最终还是在 2012 年被关闭了。

作为最后一批原样，施瓦岑贝格之家（Haus Schwarzenberg）是保留了 20 世纪 90 年代粗犷色彩的地方之一。尽管现在游客众多，但它仍然充分展现出了其魅力。有一个由艺术家和创意者组成的社团在试图保留这里“统一后”时期的风格。与邻近的哈克庭院的高端精品店相比，它就似乎显得过时了。

施瓦岑贝格之家，罗森塔尔大街 39 号，米特区

原先属于自己的财产——这对于目前的住户来说非常困扰，因为数以千计的人不得不搬出自己的家。由于大量的财产被归还分配，新的联邦州的许多公民感觉自己成了统一的牺牲品。

此外，民主德国时期的城市建筑遗迹也被迅速清除，对此，人们的感受非常复杂。街道恢复了它们从前的名字——而威廉·皮克（Wilhelm Pieck）或格奥尔基·迪米特罗夫（Georgi Dimitroff）从柏林城市地图的名录中消失了。还有社会主义的纪念碑成了破铜烂铁，被当作废金属回收的案例。尤其值得一提的是，1991 年，位于腓特烈斯海因的 20 米高的列宁纪念碑被拆除，拆下来的一百二十九个部分至今仍被埋在塞迪内尔荒野的一个沙丘下面。围绕共和国宫进行的多番周折则格外具有象征意义。2006 年，拆除工作终于开始进行，因为据称这座建筑有石棉污染问题。之后，人们在城市宫的原址上重新建造了洪堡论坛，意大利建筑师佛朗哥·施特拉（Franco Stella）中标设计该建筑项目，但这并没有稳定人们的情绪。社会主义的历史被彻底从城市的形象中抹去，这是许多人的印象。

然而，在其他地方，过去的东柏林仍然被认为是社会主义模范：卡尔·马克思大街以及大街上的斯大林式建筑就是典型的例子。与此同时，“二战”的炸弹轰炸后留下的建筑空隙（Baulücke）也都被填补了，包括御林广场和巴黎广场，那里新建的现代房屋填补了大量的空置地块，同时也体现了广场本来具有的封闭性的特点。

柏林的市中心有大量的空地，成为每一位城市规划者的“黄金国”（El Dorado）。但是，人们并不想重复20世纪六七十年代的城市规划错误——当时野心勃勃的规划者们大拆大建，把整片整片的城区全部推翻重建。亚历山大广场周围被夷平的老城区就是城市建设留下的伤口，西柏林重建改造的地区如威丁或科特布斯门也是如此。参议院建设主任汉斯·史迪曼（Hans Stimmann）反对“重塑”柏林。事实上，在他看来，重要的反而是使柏林摆脱其目前支离破碎的现状。“批判性重建”是他的口号。其含义是：小心整合城市片区，以城市的历史格局为导向，保持柏林所特有的典型比例配置。巴黎广场堪称贯彻落实这个理念的经典范例。他们是这样做的：首先为勃兰登堡门打造了一个现代的框架，这个框架在材料和尺寸方面都与老建筑保持一致；但是，在几步之遥的波茨坦广场旁，人们却决定建造一个由多座高层建筑组成的现代建筑群。这曾经引起了巨大的争议：史迪曼的“批判性重建”（他列出了未来整个城市格局的构成比例配置）受到众多建筑师、开发商和其他城市规划者的批评，被认为是一种倒退的学说。高楼大厦在他的规划里并没有什么发挥空间。当时，很多建筑商对此非常不认同，但他们甚至没有参与波茨坦广场的项目竞赛。荷兰著名建筑师雷姆·库哈斯（Rem Koolhaas）对这座城市严格的规划要求也表示强烈反对，愤然退出了竞赛的评审团。最后的建造结果众所周知。正如史迪曼所想象的那样，从一座紧凑、简洁的建筑延伸过渡到整个建筑区南北两端的一些高层建筑。建筑商和建筑师也接受了这个结果。

史迪曼于2007年退休，诸多争议随之销声匿迹，但同时对于新柏林的十分清晰的城市规划的愿景也消失了。另外，他的继任者雷古拉·吕舍尔（Regula Lüscher）时不时会因其不一致的规划理念受到指责。比如他一会儿主张像博物馆一样保存现状，一会儿对城市空间重新进行大胆的设计。于是，作为设计者需要面对的城市规划的大型挑战之一，亚历山大广场到2014年仍然几乎没有发生任何改变。汉斯·科尔霍夫（Hans Kollhoff）在两德统一后不久提出的计划中提出环绕广场周围建造十层高的住宅区，并从中耸立起一排四十层的高层建筑。但

英格博格·莱乌托尔德（Ingeborg Leuthold）的画作《爱的大游行》（*Love Parade*）展现了柏林 1989—2006 年每年都会举行的大型泰克诺电子音乐舞会的情景。

这个计划经过了多年的公众辩论，最终还是被搁置了。至于亚历山大广场在 2030 年会是什么样子，没有人能够预测到。

围绕柏林城市规划设计的斗争，柏林人紧张不安了多年，但城市结构上的变化也确实产生了显著的影响：这座城市在 20 世纪 90 年代就像是一个巨大的建筑工地。起重机像森林一样覆盖整座城市。政府区、御林广场、波茨坦广场、巴黎广场、蒂尔加滕使馆区——无论看向哪个方向，入目的都是处在变化发展中的广阔区域。

除了这个亮眼夺目的新柏林之外，旧城区也焕发出了新的生机。另类的剧院和音乐舞台、画廊和展览区、酒吧和咖啡厅、电影院和泰克诺夜总会纷纷在后院、工业荒地和废弃住宅中大量开设起来，它们也塑造了柏林的新形象，使该形象成为远远超出德国边界的文化和派对城市。这种对比也使其具有非常独特的吸引力。在时尚的珂勒惠支广场，朴实庄重的“Café 1900”餐厅对面，开了一家时髦潮流的“Café Westphal”，这里用大件废旧家具摆设营造出一种充满野性的浪漫氛围，成了另类知识分子常去的餐馆。距离翻新改造后富丽堂皇的哈克庭院仅几百米远的地方就是“桶”文化之家，其作为棚户区项目，在日渐时髦繁华的地区中间显得格格不入，一直到2001年才撤了出来。随着新的派对和文化氛围的形成，西柏林的文化生活品质也得到了极大的提升，这从另类克罗伊茨贝格的复兴中可以看出，尤其是诸如贝塔宁艺术之家（Künstlerhaus Bethanien）之类机构，新克尔恩区的繁华也印证了这一点。

然而，以艺术家和寮屋居民为特征的城市地区很快就对游客和富有的家庭产生了很大的吸引力，于是那些购买力稍弱些的住户最终被

美国人克米特·伯格（Kermit Berg）在其2004年的印刷作品《幻影扶梯》（*Apparition Escalator*）中展示了波茨坦广场，将其作为21世纪城市规划的缩影。

柏林的新中心

柏林墙拆除后，城市中心留下了大片空置的土地。其中，将这一点体现得淋漓尽致的是波茨坦广场。虽然波茨坦广场在20世纪20年代还是欧洲最为繁忙的广场，但在柏林墙倒塌的时候只有三座建筑：胡特葡萄酒楼、滨海大酒店的遗迹及其幸存下来基本完好的皇帝大厅，以及作为唯一的战后建筑物——被严重忽视的望景楼（Bellevue-Tower），之前曾被用作学生和难民的住所，现在却不得不让位给投资者的计划。此外，还有一条磁悬浮列车线穿过这片荒地，由于柏林墙的修建而被关闭的地铁2号线的一部分也曾短暂地经过这里。那种在“统一前”时期完全不切实际的场景，即地铁2号线会在可预见的将来很快重新恢复运行，而磁悬浮列车线将变得多余，在柏林墙倒塌之后成为现实。于是，磁悬浮列车这种昂贵的项目被取消了。

波茨坦广场上几乎没剩下几座建筑物，因此重建还原这里的旧貌也就没什么意义。虽然城市规划者和建筑师们在重新设计时的目标是要展现这里富有历史感的道路，但是与此同时，他们也建成了一大批的高楼建筑，这些建筑物很快便引发了激烈的争论。参议院建设主任汉斯·史迪曼希望按照更为传统的方式进行建筑设计，建造较为低矮的房屋，但他的要求未能实现。

于是，不久这块巨大的荒地就成了欧洲最大的建筑工地。在不到十五年的时间里，这里建造了超过100万平方米的办公空间，花费了高达100亿欧元的惊人费用。曾经的滨海大酒店的重达1800吨的皇帝大厅，通过一次轰动一时的技术行动，被整体移动了75米，并入了今天的索尼中心建筑群中。尽管遭到了各种各样的批评，但现在的波茨坦广场展现出来的新形象仍然使其成为柏林的地标性建筑之一。

许多人已经负担不起普伦茨劳尔贝格的现代化居住空间了，就像这里的克纳克大街一样。

赶出了他们的居住区，20 世纪 90 年代初期的亚文化也变得商业化了。例如，奥拉宁堡大街上当时已被废弃了的塔赫勒斯艺术馆，到 20 世纪 90 年代末，已经成了吸引游客的一个旅游景点，也是导游带领游客体验酒馆之旅的起点。普伦茨劳尔贝格也以其独具风格又摇摇欲坠的建筑特点而变得越来越受欢迎，但在经过全面的翻新修缮之后又成了高收入者的迁入地。很快，对于居住在市郊的那些“施瓦本人”的歧视便出现了。即使到了今天，这种说法仍然代表着世代居于此的公民和那些之前使这一地段升值的艺术家对外乡人的排斥与不满。普伦茨劳尔贝格的“士绅化”，以及像克罗伊茨贝格这样的西部老区使得这些地方的生活和工作成本飞涨，让许多人负担不起。

从 20 世纪 90 年代开始，关于这座城市的东西部分都出现的贫民窟带来的威胁的讨论愈演愈烈。越来越多社会地位较低的家庭搬到了一些大型居住区，例如，西柏林的边界居民区（Märkisches Viertel）或格罗皮乌斯城；东柏林的霍恩舍恩豪森区或马察恩区。而威丁或新克尔恩区也形成了一批平行社会[“平行社会”指少数族群（通常是但不一定是移民群体）的自我组织，目的是最大限度地减少与迁入地主流社会群体的空间、社会和文化接触]结构的聚居区。2006年，新克尔恩的吕特利高中（Rütli-Schule）的教师在一封公开信中表达了自己对于校园暴力以及学生们拒绝学习的无能为力，这成为这一问题的一个标志性事件。新克尔恩区区长海因茨·布什科夫斯基（Heinz Buschkowsky，社民党）可谓是声名在外，他从2001年起一直在与该区内不稳定的社会局势做斗争。他与公民关系密切，并采取了强有力和两极分化的社会与融合政策，以应对这一问题区域不稳定的社会形势。

寻找大都市

作为统一后德国的首都，柏林的发展一直受到国外各方的密切关注。许多柏林人对于柏林突然成为德国的国家权力中心感到有些不安。如今议员代表们的轿车越来越频繁地出现在政府区周围，国际政要进行国事访问期间常会封路，还有诸如沿菩提树下大街修建地铁等树立声望的工程，这些都让人们感到不太习惯。柏林人互相之间或者与自己进行着斗争：一方面他们想要让柏林最终成为世界级的大都市，而另一方面又希望回到柏林墙时代西柏林的那种轻松的甚至显得有些与世隔绝的生活环境，过着那样连时钟的嘀嗒声仿佛都变慢了的生活节奏。这时，一些人的灰心绝望和另一些人的恶毒讽刺让柏林在其想要争取声望的项目上屡屡失败。一个典型的例子是柏林申办2000年奥运会事件：许多柏林人说，这太贵了，背后有太多小集团了。尤其是新社会运动开始动员起来，用他们的反奥林匹克运动（NOlympia-Bewegung），反对将奥运会重新带回柏林。有时他们还会采用非常激烈的手段：他们给国际奥委会成员传送了挑衅视频，视频里是一位手里拿着一块铺路石的嬉皮士，配上的字幕是“我们会等着你”。（We will wait for you.）资产阶级阵营被激怒了，但是这个项目背后的广泛共识早已不复存在。

交通运输也同样是多年来一直让柏林人争议不休的一个问题。虽然这座城市以令人惊叹的方式建设了一套全新的铁路

前事不忘，后事之师：勃兰登堡门与威廉大街之间的犹太人大屠杀纪念碑的场景。

系统，并且在两条主轴的交点处设了一座新的中央车站，但许多柏林人对这一项目的规模抱着怀疑的态度——尤其是在铁路部门与建筑师的意见发生分歧，并且一场暴风把一根钢筋横梁从刚刚完工的建筑立面上刮了下来之后。这种印象并没有持续多久，柏林人又因为轻轨交通的大规模削减而陷入不断的争执中。起因是机车的车轮和制动器存在结构缺陷。2008—2010 年，铁路部门花了整整两年的时间才解决了这个问题。沿用柏林舍讷费尔德机场的部分而扩建新修的大型机场——柏林勃兰登堡机场（BER）也引起了很大的骚动，因而自 2011 年以来，机场预计开张时间不得不一次次地推迟，即使在 2012 年，开张典礼的邀请都已经发了出去——在不堪重负的机场管理层拉动开伞索之前。两年之后，柏林勃兰登堡机场究竟何时会投入运作，人们仍然完全不清楚。

不过，柏林的新的首都角色还要求人们对外就自己的历史问题进行自我批评。新岗哨在 1993 年开幕，其被作为战争与

暴政牺牲者的中央纪念馆，这引发了一场辩论，因为有人质疑在那里放置的凯绥·珂勒惠支雕塑是否适合作为所有受害者的象征。关于如何对大屠杀进行适当的纪念的讨论演变成了一个政治问题。直到 2005 年，在勃兰登堡门的南边建造了其形式也同样引起了争议的“欧洲被害犹太人纪念碑”（Denkmal für die ermordeten Juden Europas），虽然人们对它的形式存在争议，但它也算是响应了人们对建立主要大屠杀纪念场所的呼声——在首次提出建造这样一个场所整整十八年之后。之后有越来越多的针对受迫害人群的纪念馆陆陆续续地出现，其形式设计也一直是公众讨论的焦点。诸如此类的辩论表明：柏林仍在继续为争取自身的地位和对外的影响力而努力。在谦逊的态度与追求极致的渴望之间，在对破碎与隔阂状态下，身份的留恋与勇于创新，以彰显城市特色之间不断寻求着平衡，并且在未来几十年中将继续制造紧张、矛盾和多样性。

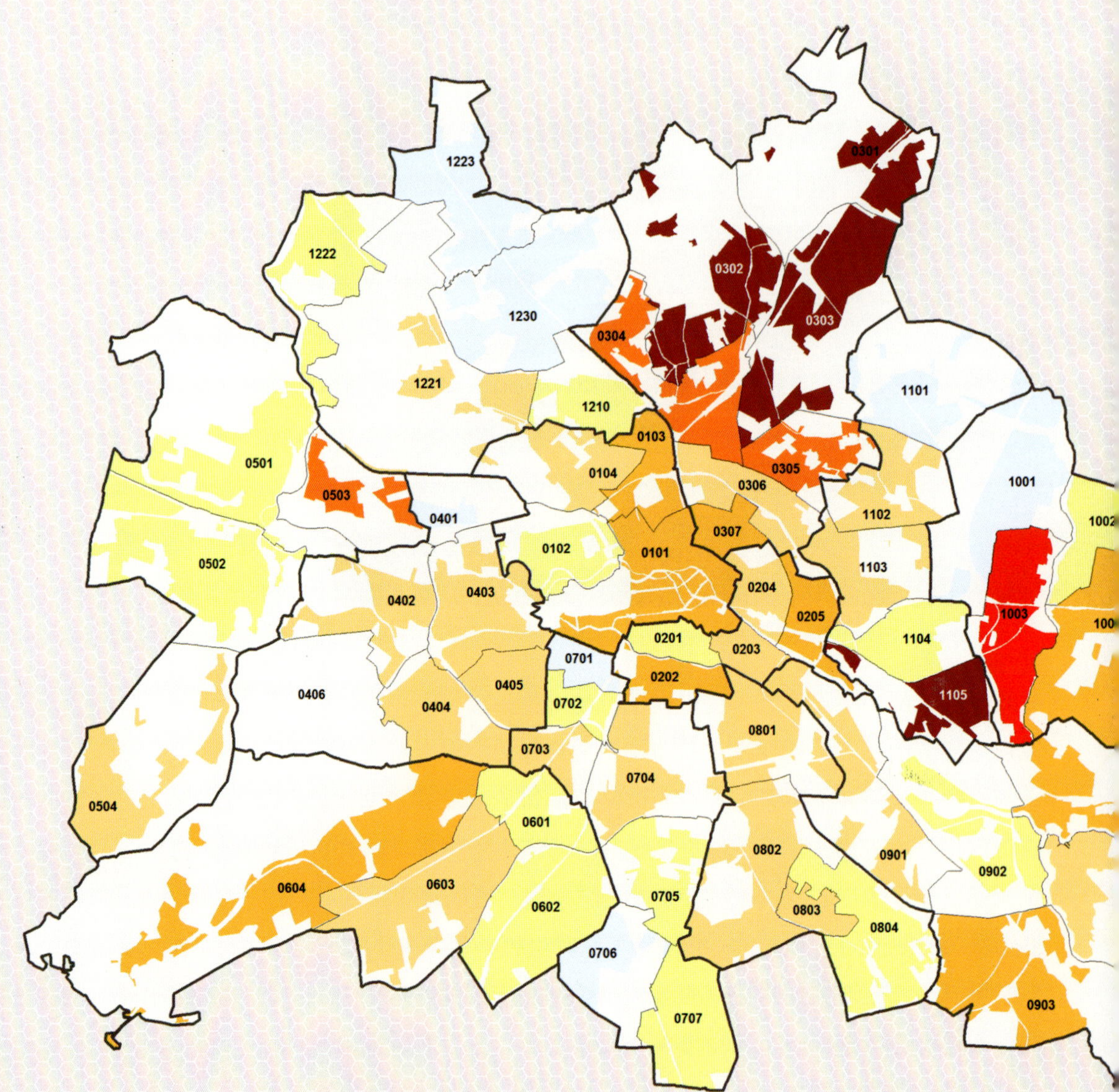

1223
1222
1230
0301
0302
0303
0304
1221
1210
1101
0103
0305
0104
0306
0501
0503
0401
1001
1102
1002
0307
0102
0101
0502
1103
0204
0403
0402
0205
1003
1104
0201
0701
0203
0405
0406
1105
0404
0202
0702
0801
0703
0704
0504
0601
0802
0901
0902
0604
0603
0602
0705
0803
0804
0706
0903
0707

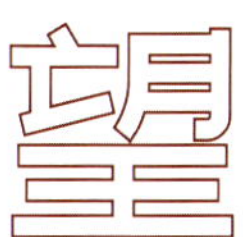

展望

2030

柏林的今天与明天

人口增长

热门与过气

走出城市

首都的高科技

文化与商业

Bevölkerungsprognose 2011 bis 2030

Veränderung der Gesamtbevölkerung in den Prognoseräumen in Prozent

15 bis unter 20

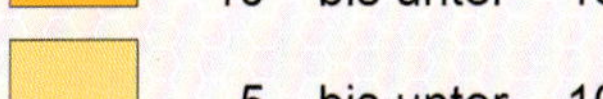

5 bis unter 10

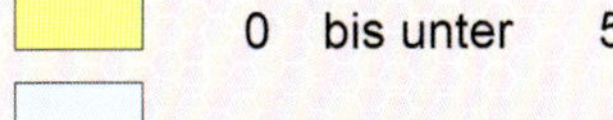

-5 bis unter 0

Mittelwert Berlin:

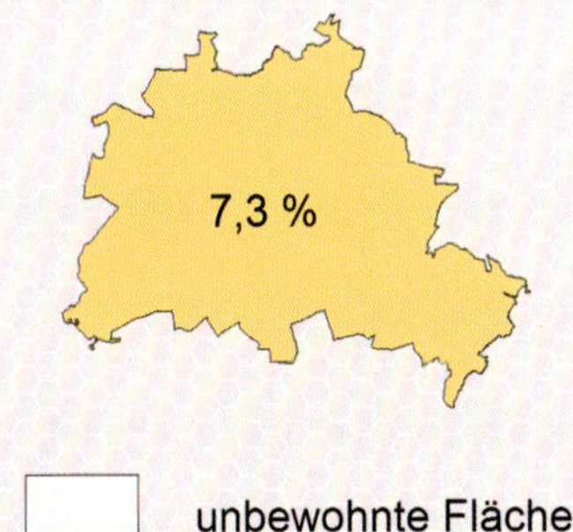

unbewohnte Fläche

Datenstand: 10/2012
Bearbeitung: I A 23, I A 26 Karte C 1

图为柏林参议院城市发展部拟制的一张城市地图，预测柏林各个城市社区的人口增长。

对于这样一座城市，它的历史充满了断裂与各种意想不到的曲折，人们会如何预测它的未来？可以肯定的是：城市的重新统一、人口的高流动性、社会问题以及重新获得的首都职能激发了柏林人政治上的创造意愿。多年来，政治、城市规划、经济和公民等方面一直在提出这样一个问题——柏林的未来将会如何？大都市的特征如何与人们对绿色、廉价并且充满爱意的混乱的城市的渴望相协调？未来的设计中必须有哪些政治和规划概念？迄今为止，这个问题仍未得到解答。不过，我们还是可以猜测到一些趋势的。那么，让我们透过“水晶球”来看一看：2030 年的柏林会是什么样的？

人口增长

毫无疑问，柏林将继续发展。近年来，这座城市已经在政治、经济和文化方面迅速跻身为欧洲的中心。来自世界各地的人会相聚于此，但也会再次离开。因此，目前三百三十万的人口可能最多会增加到三百五十万。 这就相当于在将近二十年的时间里，

绿色生活：马察恩区的现代化板式建筑。

人口增长不到 7%——这一数字在其他城市可能会更高。

缓慢的增长也提供了机会，尤其是为城市的可持续、谨慎发展提供了机会，因为城市中将会出现诸多关于人口、社会和经济的挑战：城市的人口老龄化会更严重，许多家庭将继续生活在贫困线以下，并且社会分化的趋势将会持续下去。但是也会有一些出人意料的发展：如果参议院的这项预测可信的话，那么预计六岁至十八岁的人口增长率可能会达到 20%。这听起来的确像是这座城市的机会；但是，这种增长只集中在城市的某些地区。诸如施泰格利茨 - 策伦多夫（Steglitz-Zehlendorf）等富裕地区的人口将会急剧老龄化，而像马察思 - 黑勒斯多夫等社会结构较弱的地区将会有越来越多的年轻人在那里生活——这是一个重大的挑战，因为这意味着将有许多儿童和青少年会在受教育程度低的家庭中成长。

热门与过气

多年来，一直流传着一些给新柏林人的内幕提示。哪个区域最时髦？哪里值得居住？哪里的环境最好？首先兴旺起来的是米特区和普伦茨劳尔贝格，后来是腓特烈斯海因和克罗伊茨贝格，最近是新克尔恩。下一个“士绅化”的热门地区预计将会是威丁。但是现在的问题是：到 2030 年哪个地区将会受到特别关注？令人惊讶的答案是：潘科区。预计该地区到 2030 年的人口增长率将达到 16.3%，而赖尼肯多夫区的人口（与滕珀尔霍夫 - 舍讷贝格相似）将仅仅增长不到 2%。不过，这并不意味着潘科将会成为一个“热门地区”。但是，由于在建筑用地上的潜力，它为新的居住区的建设提供了空间。米特区和腓特烈斯海因 - 克罗伊茨贝格区中心城区的居民人数预计也将以高于平均水平的速度继续增长。

普伦茨劳尔贝格，长期以来作为柏林时尚街区的代表，仍将受新柏林人的欢迎，并且还会促进潘科区的人口增长。只不过目前在普伦茨劳尔贝格的居民中，有许多人搬到了其他环境更清洁、更安静的地区。因此，该地区不会持续地老龄化下去。相较于变成“养老金领取者的天堂”，普伦茨劳尔贝格更有可能成为大多数富裕移民的过渡中转站。这对于保持这些地区的热门状态来说无疑是非常有利的，但这些地区将来也不太可能会出现成熟的邻里社区结构了。

走出城市

到 2030 年，柏林将会继续流失一部分人口到城市周边地区。根据预测，从城市迁到城郊地区的人数将会比城郊迁入城市的要多得多——大约十万人。这个数字虽然比二十年之前的减少了 40%，但仍然会导致城市出现“人口逆差”，与此同时，来自德国其他地区——特别是之前联邦德国的城市——以及国外的新移民的数量预计会有所增加，尤其是十八岁至二十八岁的年轻人。虽然柏林和勃兰登堡州不大可能会做出正式合并的新尝试，但可以肯定的是柏林还将继续向周边地区发展。“城市发展方案 2030”计划让两州实现商业的互动合作：南部在舍讷费尔德机场区周围，西部在施潘道和哈弗尔兰之间，北部在赖尼肯多夫和亨尼希斯多夫（Hennigsdorf）附近的工业园区之间，东部则直到与波兰接壤的边界地区。工业园区和物流枢纽将继续成为周边地区的首选，而研发和创新集群将聚集在柏林。

居民的流动性对于柏林的未来至关重要。

首都的高科技

尽管人口结构发生了变化，但到 2030 年，年龄在十八岁至六十五岁的劳动人口的数量可能仅会减少 0.2%。但是，与此同时，这也意味着，尽管城市在不断发展，但劳动力的潜力几乎不太可能会有什么改变，因此这座城市不得不寻找其他机会，以实现经济增长。这也正是柏林将科研与经济相结合的区位政策旨在实现的目标。近年来，这种方式取得了很好的效果，对此从阿德勒斯霍夫高科技产业园就可以看出来。在过去的几十年中，柏林的旧的工业结构在很大程度上几乎都已被废弃了，要使它“重新工业化”，可能会是一个挑战。但并不是要再现 19 世纪和 20 世纪初的重工业形式，而是要通过现代技术导向型产业的落地安家来实现。医疗保健行业和尖端技术行业（纳米技术和生物技术）已经在柏林建立了起来，预测未来几十年中，柏林将在环境行业领域蓬勃发展。此外，这座城市也许会发展出一个与蓬勃发展的创意经济相适应的产业。为此，在众多小型初创企业之外，还需要大型的公司。无论如何，如今的柏林对企业而言远比 20 世纪 90 年代更具吸引力。

柏林正发展成为一个热门的生物技术中心。

文化与商业

在柏林文化界，人们担心，随着这座城市吸引力的不断提升，演员、音乐家和其他艺术家的自由空间将会减少。柏林的文化景观变得越来越商业化并且也越来越定制化，这座城市失去其吸引力、原始魅力和野性的风格的风险就越大。事实上，这种不循规蹈矩的地下文化与国际知名的成熟文化机构之间的共生，使得柏林在艺术家和游客眼中别有意趣。迄今为止，联邦和州每年的财政补助中有95%用于剧院和博物馆等主要大型机构，而用于自由艺术家的项目的只占很小一部分。当然，因为公寓、工作室和活动室几乎是免费提供的，这样也还算可以了。但是，到2030年，这些场所将不再可用或再也负担不起了，自由艺术和文化领域的再融资压力将会增加。因此，柏林作为文化之城的成功与生存将取决于所制定的文化政治策略能否取得成功，该策略不仅要确保文化内容的多样性，同时也要保证文化的空间分配。因为柏林人对于自己城市的文化服务的使用频率是普通德国公民的两倍——这也与以下一些因素有关：文化设施本身就扎根在各个社区中，而不是仅仅在市中心的某个地方。这方面一个非常典型的例子是新克尔恩母港（Heimathafen Neukölln），作为里克斯多夫地区的文化中心，它是进行各种戏剧、舞蹈和音乐表演的热门场所。

那么有什么其他选择吗？柏林会只专注于旅游业从而在活动和派对文化中迷失自我吗？自从柏林墙倒塌以来，人们纷纷涌向柏林，享受这座城市的活力，彻夜狂欢，通宵达旦。2013年，柏林的住宿登记人数超过了两千六百万，并且这一数据还在上升。俱乐部和小型咖啡馆也影响并塑造着柏林的文化景观，这些地方会举行读书会和音乐会，艺术家也会在这里展出他们的作品。像在其他世界名城一样，将来国际艺术家也会不断地来到这里，并帮助塑造这座城市的文化景观。但是，柏林和纽约或伦敦这样的大都市的区别在哪里呢？柏林的活力在西方世界是独一无二的。这就是柏林的精髓：始终在变化，永远未定型。

1300年以前

7世纪：该地区的西边，赫弗尔人生活在从勃兰登堡经波茨坦直到哈弗尔兰的地区（主要定居点：今天的勃兰登堡的勃伦纳堡，以及施潘道）。在东边，施普雷万人生活在从泰尔托到巴尔尼姆的区域（主要定居点：今天的城堡岛的克珀尼克）。

983年：在亨利一世国王，然后是奥托大帝的统治下，德意志的影响力向东扩展了。勃兰登堡于929年被征服。在斯拉夫人的起义中，卢提岑人成功地将其势力重新扩展到了易北河边界。

1134年：洛塔尔三世皇帝任命阿斯坎尼家族的亲王阿尔布雷希特一世为北方马克（现在被称为“阿尔特马克”）的藩侯，北方马克被并入罗马-德意志帝国。（继承了罗马法统的德意志帝国，英译为：神圣罗马帝国）

1180年：熙笃会修建了莱宁修道院。圣殿骑士在滕珀尔霍夫、马林多夫和马林费尔德定居。

1197年：文献记载中第一次提到施潘道。

1200年：施潘道城堡迁到了北方，也是今天施潘道古堡的前身。

1232年：施潘道获得了城镇特权。

1237年10月28日：柏林的姐妹城克尔恩于文献中首次被提及。

1239年：在施潘道修建了一座本笃会修道院。

1244年：柏林于文献中首次被提及。

1250年左右：方济各会修建了“灰色修道院”。

1251年：柏林首次作为城市被提及，克尔恩至少是在十年之后。

1270年左右：柏林的市政厅迁至今天的“红色市政厅”所在地。

13世纪中叶：柏林和克尔恩首次建造石头城墙作为防御工事。

1280年：文献第一次提到柏林的藩侯造币厂。第一次出现有两只柏林熊的印章。

1300—1450年

1307年：柏林和克尔恩结成城市联盟。长桥上将建造一座联合市政厅。

1319年：阿斯坎尼家族的瓦尔德马藩侯的逝世引发了王室家族之间的权力斗争。

1321年：勃兰登堡城市同盟建立，米特尔马克和下劳西茨地区共二十三个城市加入。

1323年：维特尔斯巴赫家族的国王路德维希四世将藩侯爵位授予了他的儿子勃兰登堡人路德维希。

1325年：贝尔瑙的教长尼古劳斯·西里亚库斯在圣玛丽教堂被杀死。罗马教廷发布将柏林人逐出教会的禁令以作为回应，这一禁令直到1346年才被取消。

1348年：鼠疫肆虐造成大量的人死亡，紧接着发生了针对犹太人的大屠杀。

1348—1350年：国王查理四世将勃兰登堡侯国作为封地授予了“假瓦尔德马”。

1358年：柏林-克尔恩成了汉萨同盟的成员。

1376年和1380年：大火烧毁了克尔恩和柏林。

1396年：柏林获得了邦国的铸币权。

1411年：来自纽伦堡的霍亨索伦家族的腓特烈六世成为勃兰登堡地区的最高长官。

1415年：腓特烈六世被西吉斯蒙德国王授予勃兰登堡选帝侯封号，两年后，进一步成为选帝侯。

1433年：柏林和克尔恩结成联盟，相当于城市的合并。

1448年：“柏林愤慨”暴动反抗选帝侯腓特烈二世及其建造城堡。

1450—1700年

1451年：施普雷河畔的城市宫建成。

1486年：选帝侯的藩侯官邸永久设在了当时新建的城堡中。

1510年：对犹太人进行大屠杀。

1539年：选帝侯约阿希姆二世将新的信仰引入勃兰登堡。他没收了许多教会财产。这位选帝侯还宣布这座城市重新对犹太定居者开放。

1573年：又一场针对犹太人的大屠杀。约阿希姆二世的“宫廷银行家”利波尔德被处决。

1576年和1637年：城市暴发瘟疫。

1618年：勃兰登堡－普鲁士君合国建立。

1618—1648年：三十年战争使这座城市的三分之一都被摧毁。瓦伦斯坦于1628年和1630年两度进驻这座城市，瑞典国王古斯塔夫二世也于1631年入驻。

1647年：在宫殿和蒂尔加滕之间修建了菩提树下大街。

1657年：大选帝侯腓特烈·威廉将柏林和克尔恩建成驻军城市。

1662—1688年：出现了弗里德里希韦尔德、多罗廷城、谷仓区、格奥尔格郊区和腓特烈施塔特等新的郊区和居住区。

17世纪下半叶：围绕柏林、克尔恩和弗里德里希韦尔德的带有十三个堡垒的星形要塞扩建完成。

1671年：大约五十个来自奥地利的犹太家庭在大选帝侯的保护下迁往柏林。

1685年：“波茨坦敕令”颁布之后，法国胡格诺派教徒来到了柏林。

1696年：艺术学院成立。

1700年：科学院成立。

1701—1800年

1701年：随着选帝侯腓特烈一世加冕成为“在普鲁士”的国王，选帝侯官邸所在的都城也成为普鲁士的国都。

1709年：柏林、克尔恩、弗里德里希韦尔德、多罗廷城和腓特烈施塔特这些以前独立的城市合并成为王都。

1710年：夏里特医院成立，当时是一所瘟疫病院。

1712年：夏洛滕堡宫建成。

1713年：“士兵王”腓特烈·威廉一世登基。

1734—1736年：随着14.5千米长的设有十四个城门的关税城墙的建造，城区面积扩大到1330公顷。

1737年：大约两千名在自己的家乡遭受迫害的波希米亚新教徒来到普鲁士，其中大多数人来到了柏林。

1740年：腓特烈二世（“腓特烈大帝”）登基。

1740—1745年：第一次和第二次西里西亚战争。

1749年：“星期一俱乐部”成立，通过摩西·门德尔松、莱辛和尼古拉等著名学者的活动，成为柏林启蒙运动的中心。

1751年：第一家瓷器厂成立，从1763年起成为皇家瓷器工厂。

1756—1763年：七年战争。奥地利和俄国军队短暂占领柏林。

1786年：腓特烈·威廉二世登基后，建造了许多古典主义建筑，如于1791年建成的勃兰登堡门。

1792年：从柏林到波茨坦的第一条柏油路开通。

1795年：蒸汽机在柏林首次使用。

1800—1838年

1806—1808年：拿破仑军队占领柏林。

1807—1812年：在施泰因和哈登贝格（Hardenberg）的主持下进行了普鲁士改革：农民解放、城镇秩序、贸易改革、海关法、犹太人的“解放诏令”。

1810年：建立了柏林的第一所大学（今天的柏林洪堡大学）。随着海因里希·冯·克莱斯特的《柏林晚报》的出版，柏林的第一份日报发行了。

1811年：弗里德里希·路德维希·雅恩在哈森海德建立了德国第一座体操运动场。

1812年：拿破仑军队再次占领柏林。

1813年8月23日：大贝伦战役。普鲁士军队击败法国军队。

1815年：柏林沙龙的鼎盛时期，例如，拉埃尔·瓦恩哈根、亨利埃特·赫茨以及贝蒂娜·冯·阿尼姆的沙龙。

1816年：卡尔·弗里德里希·申克尔设计了位于御林广场的新岗哨、柏林老博物馆和歌剧院以及弗里德里希韦尔德教堂。

1819年：“卡尔斯巴德决议”被通过，内容包括限制言论自由、出版审查、对大学进行监视、解除教授职务，以及关闭所有体操运动场。

1826年：第一批煤气路灯照亮了菩提树下大街。

1832年：德国的第一条电报线，从柏林经科隆到达科布伦茨。

1835年：在所谓的“烟花革命”期间，大街上的乱斗持续了三天。

1837年：奥古斯特·博尔西希创办了自己的铸造厂。

1838年：波茨坦车站建成，位于波茨坦门前面，是柏林第一个火车站。1841年又建了安哈尔特车站，然后是1842年的什切青车站（后来的火车北站）和法兰克福车站（现在的火车东站），以及1846年的汉堡车站。

1840—1871年

1840年：腓特烈·威廉四世登基。

1844年：景观设计师彼得·约瑟夫·伦内在柏林设计修建了德国的第一座动物园。

1847年：农作物歉收和长期的供应短缺引发了“马铃薯革命”。Telegraphen-Bauanstalt von Siemens & Halske（西门子-哈尔斯克电报机制造公司）在安哈尔特火车站附近成立。

1848年3月18日：“三月革命”中有二百多人丧生。

1848年：成立了专业的消防队，建设城市清洁卫生设施，建立了中央供水系统，铺设了人行道。

1850年：制定普鲁士宪法和三级选举制。

1856年：警察局局长卡尔·路德维希·弗里德里希·冯·辛克尔迪在决斗中被枪杀。

1861年：威廉一世登基。

1861年：威丁、健康泉和莫阿毕特以及夏洛滕堡、舍讷贝格、滕珀尔霍夫和里克斯多夫的部分地区被并入。

1862年：奥托·冯·俾斯麦被任命为首相。

1864年：恩斯特·舍林在米勒街建立了他的第一家化工厂。

1864年：对丹麦发动战争。

1866年：在奥地利领导的德意志邦联的战争。奥拉宁堡大街的新犹太教堂建成开放。

1869年：红色市政厅开放。

1870—1871年：进行普法战争。

1871—1917年

1871年：德意志帝国建立。柏林是德意志帝国的首都。

1873年：出现股市危机，“创建者的崩溃”。

1875年：全德工人联合会（Allgemeiner Deutscher Arbeitervereins）与德国社会民主工党（Sozialdemokratische Arbeiterpartei Deutschlands）合并成为德国社会主义工人党（Sozialistische Arbeiterpartei Deutschlands）。

1877年：柏林人口突破百万。

1878—1890年：《社会党人法》禁止德国的社会主义和社会民主团体。

1879年：技术高等学校（现为技术大学）成立。

1879年和1896年：举办两次行业展览会。1879年，西门子推出了第一台电力机车。

1882—1886年：通往格吕内瓦尔德的骑马沙路被拓宽改建成了53米宽的林荫大道选帝侯大街。

1882年：柏林轻轨投入运营。到1892年，轨道线路包含114座车站，长达412千米。

1884年：城市电气工程公司成立。

1890年：德国社会主义工人党改组为德国社会民主党。

1893—1905年：柏林大教堂被重新设计建造。

1894年：德国国会大厦落成。

1898年：艺术家协会“柏林分离派”成立。

1902年：华沙大桥与克尼（今天的恩斯特－罗伊特广场）之间建设了第一条地铁线路。

1903年：柏林人口增长到二百五十万。

1905年：西方百货大楼建成。

1910年：在马克斯·佩希施泰因的领导下创立了“新分离派”。

1911年：威廉皇帝协会（今天的马克斯·普朗克学会）成立。

1912年：柏林与夏洛滕堡、舍讷贝格、维尔默斯多夫、利希滕贝格、新克尔恩和施潘道，以及下巴尔尼姆和泰尔托等周围城镇合并，组成了一个拥有三百八十万居民的区域协作联合的“大柏林”。

1916年：德国国会大厦上刻上了“为了德意志人民”的字样。

1917年：饥荒和大规模罢工。

1918—1932年

1918年11月9日：菲利普·沙伊德曼和卡尔·李卜克内西分别宣布德意志共和国成立。

1919年1月5—12日：“斯巴达克同盟起义”。斯巴达克团领导人卡尔·李卜克内西和罗莎·卢森堡被杀害。

1919年1月19日：举行制宪国民议会的选举。

1920年：《大柏林法案》将城市区域范围扩大到包括七个周边城镇、五十九个村庄和二十七个地产区。柏林成为世界第三大城市，举办了“第一届国际达达艺术博览会”。

1921年：举办“国际汽车展”（IAA）。“汽车交通和练习道路”建成开通。

1923年：出现恶性通货膨胀。随着地产抵押马克的引入，1924年情况才稳定了下来。

1923—1924年：城市煤气厂（GASAG）和柏林城市水厂成立。

1924年：波茨坦广场上建造了德国第一个交通信号灯系统。滕珀尔霍夫机场扩建。“大德意志广播展”在新建的柏林会展中心举行。

1926年：“柏林国际绿色周”在会展中心举行。会展中心的广播塔投入使用。

1927年：弗里茨·朗的电影《大都会》首映。

1927年5月13日：柏林“黑色星期五”，股市崩盘。

1928年：柏林交通公司（BVG）成立。阿道夫·希特勒在柏林体育宫向广大听众发表了演讲。

1929年：“血色五月”时，工人与警察之间发生巷战。世界经济大萧条开始。

1931年：德国共产党政治家瓦尔特·乌布利希和约瑟夫·戈培尔在腓特烈斯海因礼堂展开舌战对决，后来发生了斗殴事件。

1932年：柏林的失业人数达到六十四万的峰值。

1933—1945年

1933年1月30日：阿道夫·希特勒被任命为总理。

1933年2月20日："帝国战旗黑红金"在卢斯特花园组织举行了最后一次公开集会。

1933年2月27—28日：国会大厦大火和《国会纵火法令》。许多共产党人和社会民主党人遭到逮捕。

1933年4月1日："抵制犹太人"。

1933年5月10日：书籍在歌剧院广场上被焚烧。

1933年6月："克珀尼克流血之周"，逮捕和谋杀了约五百名政治对手。全市正在建造五十多个"野集中营"。

1935年9月15日：通过《纽伦堡法案》。

1936年8月：举办柏林夏季奥运会。

1938年11月9日：展开针对犹太人的大屠杀（"水晶之夜"）。

1939年9月1日：第二次世界大战开始。

1940年：英国发动第一次空袭。

1941年：第一次将犹太人运往劳工营，他们从1942年开始被驱赶到集中营。五万五千名柏林犹太人被驱逐出境。

1942年1月20日：举行"万湖会议"，讨论"犹太人问题的最后解决办法"。

1943—1945年：地毯式轰炸。

1943年2月：展开"工厂行动"，军备工厂的犹太人强制劳工被驱逐，波兰的强制劳工取而代之。

1943年2月18日：约瑟夫·戈培尔在柏林体育宫呼吁发起了"总体战"。

1944年7月20日：克劳斯·申克·格拉夫·冯·施陶芬贝格企图暗杀阿道夫·希特勒。共谋者在本德勒街区被枪杀。

1945年4月25日：苏联军队穿越柏林市区。

1945年4月30日：阿道夫·希特勒在帝国总理府的地堡中自杀。

1945年5月1日：约瑟夫·戈培尔在帝国总理府的花园中自杀。

1945年5月2日：柏林投降。

1945年5月8日：德国国防军在柏林卡尔霍斯特（karlshorst）宣布全部投降。

1945—1961年

1945年7月：西方国家进入其西柏林占领区。

1946年：苏联占领区的德国共产党（KPD）和社会民主党（SPD）合并为德国统一社会党（SED）。德国电影股份公司（DEFA）成立。"美国占领区广播电台"（RIAS）开始运营，直到1990年的唯一的柏林市议会选举。苏占区的柏林大学（1949年更名为洪堡大学）重新开放。

1946—1947年：超过一千人在严冬冻死了。

1948年：柏林自由大学在达勒姆成立。货币改革。

1948年：小弗里德里希·埃伯特（德国统一社会党）成为东柏林市长（直到1967年）。

1948年6月24日—1949年5月12日：柏林封锁和空运补给。

1948年9月9日：恩斯特·罗伊特在德国国会大厦废墟前演讲。

1948年12月5日：西柏林第一次众议院选举。恩斯特·罗伊特成为西柏林市长。

1949年9月：德意志联邦共和国成立，定都波恩。

1949年10月7日：德意志民主共和国成立，东柏林成为民主德国的首都。

1950年：民主德国国家安全部成立。柏林城市宫被炸毁。

1952年：大法兰克福大街和法兰克福大道被扩建并合并，更名为"斯大林大道"（1961年起更名为"卡尔·马克思大道"）。

1953年6月17日：民主德国的人民起义。

1955年：第一批外籍劳工从意大利来到了德国。从1960年开始，又有更多来自西班牙、希腊、土耳其、葡萄牙、南斯拉夫、摩洛哥和突尼斯等国家的外籍劳工来到西柏林。

1957年：维利·勃兰特成为西柏林的市长（直到1966年）。作为国际建筑展览会的一部分，汉萨区设计建成。

1958年：尼基塔·赫鲁晓夫发出"柏林最后通牒"。

1961年8月13日：修建柏林墙。

1962—1989年

1962—1975年:西柏林建成了格罗皮乌斯城。

1963—1966年:西柏林与民主德国之间达成了四项通行许可证协议。

1963年6月26日:美国总统约翰·肯尼迪访问柏林。肯尼迪在舍讷贝格市政厅前讲话。

1967年:东柏林从波兰、安哥拉、莫桑比克、越南和古巴招募工人。

1967年6月2日:在抗议到西柏林访问的伊朗国王的示威活动中,示威者本诺·奥内佐格被开枪击毙。

1967年:克劳斯·许茨(Klaus Schütz,社民党)担任西柏林市长(直到1977年)。

1968年:学生暴动事件。

1968年4月11日:学生运动和(议院)院外反对派(APO)领袖鲁迪·杜奇克遭遇暗杀。

1970年:恐怖组织红军派(RAF)成立。

1971年:随着贝塔宁的前克罗伊茨贝格医院被占据,形成了在政治上非常活跃的占据空屋运动。

1972年:签署《柏林四强协定》。

1973年:石油危机。东柏林成为"第十届世界青年与学生联欢节"的主办地。

1976年:词曲作者沃尔夫·比尔曼被开除了民主德国国籍。许多艺术家在公开信中抗议。共和国宫在曾经的城市宫原址开幕。

1977年:迪特里希·施托贝(Dietrich Stobbe,社民党)出任西柏林市长(直到1981年)。

1978年:随着"另类清单"的出现,一个新的"绿色"政党产生了。

1981年:里夏德·冯·魏兹茨克(德国基督教民主联盟)成为西柏林市长(直到1984年)。

1984年:埃伯哈德·迪普根(德国基督教民主联盟)担任西柏林市长(直到1989年)。

1987年:在城市建城七百五十周年前夕,尼古拉街区进行了完全重建。东西柏林分别举行了城市周年纪念庆典。

1989年:瓦尔特·蒙佩尔(社民党)成为西柏林市长(直到1991年)。

1989年10月7日:民主德国成立四十周年。新任苏联中央委员会总书记米哈伊尔·戈尔巴乔夫访问东柏林。

1989年至今

1989年10月18日:埃里希·昂纳克辞去所有党内和政府职务。

1989年11月4日:五十多万人在亚历山大广场上示威集会。

1989年11月9日:民主德国政府发言人京特·沙博夫斯基宣布了一项新的出行法规,该法规"即刻,马上"生效。柏林墙倒塌。

1990年3月18日:"德意志联盟"成为民主德国民众选举的获胜者。

1990年6月17日:联邦信托机构成立。

1990年7月1日:建立货币联盟。

1990年10月3日:联邦总统里夏德·冯·魏茨泽克在德国国会大厦前宣布德国统一。

1990年12月:柏林市议会第一次联合选举。

1991年:埃伯哈德·迪普根(德国基督教民主联盟)再次出任西柏林市长(直到2001年)。

1991年6月20日:联邦议院决定将政府所在地从波恩迁至柏林。

1991年:位于腓特烈斯海因的20米高的列宁纪念碑被拆除。

1993年:新岗哨开幕,其被作为战争与暴政牺牲者的中央纪念馆。

1995年:艺术家克里斯托(Christo)与让娜-克劳德(Jeanne-Claude)创作《包裹德国国会大厦》。

1998年:新建成的波茨坦广场开业。

1999年:德国联邦议院在改建过的德国国会大厦中举行第一次会议。

2001年:社民党政治家克劳斯·沃维莱特出任市长。

2005年:勃兰登堡门以南的"欧洲被害犹太人纪念碑"建成。

2006年:共和国宫被拆除。

2009年:博物馆岛上修复后的新博物馆重新开放。

2012年:贝尔瑙尔大街上的柏林墙纪念馆扩建。

2013年:洪堡论坛作为城市宫重建的一部分开始建设。

参考文献

Cobbers, Arnt: *Kleine Berlin-Geschichte. Vom Mittelalter bis zur Gegenwart.*
Berlin: Jaron Verlag, 2012.

Härtel, Christian: Eine kleine Geschichte Berlins.
Berlin: be.bra Verlag, 2003.

Holtze, Friedrich: *Geschichte Berlins.*
Hamburg: Severus Verlag, 2012.

Walther Kiaulehn: *Berlin. Schicksal einer Weltstadt.*
München: Verlag C. H. Beck, 1997.

Large, David Clay: *Berlin. Biographie einer Stadt.*
München: Verlag C. H. Beck, 2002.

Meier, Norbert W. F.: *Berlin im Mittelalter.*
Berlin/Cölln unter den Askaniern. 2. Auflage,
Berlin: Berlin Story Verlag, 2012.

Ribbe, Wolfgang: *Geschichte Berlins.*
2 Bände, 2. Auflage,
Berlin: Berliner Wissenschafts-Verlag bwv, 2012.

Ribbe, Wolfgang und Jürgen Schmädeke: *Kleine BerlinGeschichte.*
Berlin: Landeszentrale für politische Bildungsarbeit in Verbindung mit der Historischen Kommission zu Berlin, 1988.

Schoeps, Julius H.: *Berlin. Geschichte einer Stadt.*
Berlin: Berlin Edition im be.bra Verlag, 2012.

Stöver, Bernd: *Kleine Geschichte Berlins.*
München: Verlag C. H. Beck, 2000.

Seldeneck, Lucia J. von, Carolin Huder und Verena
Eidel: 111 *Orte in Berlin, die Geschichte erzählen.*
Köln: Emons, 2012.

Stratenschulte, Eckart D.: *Kleine Geschichte Berlins.*
München: Deutscher Taschenbuch Verlag, 2000.

Wildt, Michael und Christoph Kreutzmüller (Hgg.):
Berlin 1933–1945. München: Siedler Verlag, 2013.

Winteroll, Michael: *Die Geschichte Berlins. Ein Stadtführer durch die Jahrhunderte.*
Berlin: Nicolai Verlag, 2012.

图片来源

SSB= 柏林城市博物馆基金会；LAB= 柏林国家档案馆。

此处仅列出未在相应图片文字说明中提及的艺术家和作品的名称。

Titelbild: Johann Wilhelm Brücke, Parade vor dem Königlichen Palais, um 1839, Ⅶ 59/433 x, © SSB, Repro: Christel Lehmann. 2: GEM 75/5, © SSB,Repro: Hans-Joachim Bartsch. 4: GEM 67/2, © SSB, Repro: Hans-Joachim Bartsch. 10/11: © SSB, Repro: SSB. 13: SM 2012-4276, © SSB, Repro: Michael Setzpfandt. 14: Brakteat, Jaxa Fürst von Köpenick, vermutl. 1150–1157, Ⅳ 68/650 o, © SSB, Repro: SSB. 15: © SSB, Repro: Elsengold. 17: ©Domstift Brandenburg. 18: fotolia, © Udo Kruse. 20: Ⅶ 61/606 Y, © SSB,Repro: Michael Setzpfandt. 21: GE 09/74 OZ, © SSB, Repro: Oliver Ziebe.22/23: Ⅱ 84/198 Z, © SSB, Repro: Michael Setzpfandt. 24: Ludwig Burger,Der falsche Waldemar, aus: Ferd. Schmidt, Preußens Geschichte, 1862, ©akg-images. 26: Ⅳ 59/944 Q, © SSB, Repro: Michael Setzpfandt. 26/27: Ⅵ 6487, © SSB, Repro: Michael Setzpfandt. 28/29: GDR 66/44, © SSB,Repro: SSB. 30: Ludwig Burger, Burggraf Friedrich von Nürnberg beschießt im Jahre 1414 mit der „Faulen Grete “ die Quitzowburg Friesack, 1876, Ⅶ 59/477 x, © SSB, Repro: Oliver Ziebe. 31: Armin Luda, Modell der Residenzstädte Berlin, Cölln und Friedrichswerder, um 1688, SM 2011-2327,© SSB, Repro: Elsengold. 32: Ⅶ 59/443 x, © SSB, Repro: Oliver Ziebe. 33:um 1310/20, © SSB, Repro: Michael Setzpfand. 34: Ⅱ 80/3 F, © SSB, Repro:Elsengold. 35: SM 2011-2327, © SSB, Repro: Elsengold. 36: Rudolf Schick,1860, XⅢ 829, © SSB, Repro: Oliver Ziebe. 37: © SSB, Repro: Elsengold.39: Giovanni Battista Perini, Ⅶ 60/642 x, © SSB, Repro: Christel Lehmann.40: © SSB, Repro: Elsengold. 41: 1573, © akg-images. 42: Ⅳ 85/105 o a, ©SSB, Repro: SSB. 43: Mathias Czwiczek, Ⅶ 59/1209 w,

© SSB, Repro: SSB.45: GEM 66/36, © SSB, Repro: Hans-Joachim Bartsch. 46/47: GDR 63/1,© SSB, Repro: Oliver Ziebe. 48/49: 1897, Ⅳ 86/44 Vi, © SSB, Repro: SSB.50/51: Johann Friedrich Walther, Die Königl. PREVS: u. Churf. BRANDENBVRG. RESIDENZ-STADT BERLIN, 1738, SM 2012-1198, © SSB, Repro: SSB.52/53: Wilhelm Barth, Berlin von den Rollbergen her gesehen, 1834, GHZ 77/20, © SSB, Repro: Hans-Joachim Bartsch. 54: Raimund Faltz, Ⅳ 91/152o, © SSB, Repro: SSB. 55: Gedeon Romandon (zugeschrieben), Ⅶ 60/245x, © SSB, Repro: SSB. 57: Peter Paul Werner, Ⅳ 91/149 o, © SSB, Repro:Oliver Ziebe. 58: Franz Skarbina, Böhmische Kirche am Heiligen Abend,um 1903, Ⅶ 61/454 x, © SSB, Repro: SSB. 59: SKU 78/4, © SSB, Repro: Elsengold. 60: Christian Gottfried Matthes, GHZ 66/44, © SSB, Repro: HansJoachim Bartsch. 62: Johann Gregorius Höroldt, 1761-1763, Ⅱ 95/519 B,© SSB, Repro: Michael Setzpfandt. 63: Samuel Mohn, Ⅱ 63/284 A, © SSB,Repro: Oliver Ziebe. 65: GHZ 64/2, © SSB, Repro: Oliver Ziebe. 66: Jacques François Joseph Swebach, 1806, GDR 64/11,217, © SSB, Repro: SSB. 67 oben: KGK 75/1, © SSB, Repro: SSB. 67 unten: © SSB, Repro: Elsengold.68: SKU 73/6, © SSB, Repro: Elsengold. 69: Friedrich August Calau, Ⅶ 62/598 a w, © SSB, Repro: SSB. 70: Ⅶ 84/70 W, © SSB, Repro: SSB. 71:Carl Röchling, um 1900, © akg-images. 72: Ⅶ 61/703 x, SSB, Repro: HansJoachim Bartsch. 73: Andreas Ziegler, 1848-1850, GR 99/47 DR, © SSB,Repro: Oliver Ziebe. 74: Eduard Gärtner, 1848, Ⅶ 60/614 w, © SSB, Repro:SSB. 76: GS 07/35 GM, © SSB, Repro: Oliver Ziebe. 78: Julius Straube,1882, Ⅳ 59/516 R, © SSB, Repro: SSB. 79: Michael Adam, GEM 81/8, ©SSB, Repro: Hans-Joachim Bartsch. 80/81: Ⅳ 59/14 R, © SSB, Repro: SSB.82: Ⅶ 59/940 x, © SSB, Repro: SSB. 83: GHZ 72/12, © SSB, Repro: HansJoachim Bartsch. 84: um 1895, GEM 68/16, © SSB, Repro: SSB. 86: Ⅶ 60 1216 W, © SSB, Repro: SSB. 87: Carl und Richard Bieber, SKU 82/4, © SSB,Repro: Elsengold. 89 oben: Ⅶ 59/773 x, © SSB, Repro: Oliver Ziebe. 89 unten: Wikimedia Commons. 90: GEM 80/13, © SSB, Repro: Hans-Joachim Bartsch. 91: 1896, Ⅱ 82/295 D, © SSB, Repro: Michael Setzpfandt.92: 1913, GEM 92/15, © SSB, Repro: Michael Setzpfandt. 93: Gustav Boese, 1915, Ⅶ

95/136 x, © SSB, Repro: SSB. 94/95: © LAB, F Rep. 270 a 9054. 96: GEM 86/23, © SSB, Repro: SSB. 98: © SSB, Ⅳ 96/97 o, Repro:SSB. 99: 1919, Ⅳ 61/2549 V, © SSB, Repro: SSB. 100: Ⅳ 61/1963 S, © SSB,Repro: SSB. 101: Ⅳ 63/1895 V, © SSB, Repro: SSB. 103: aus: Kriegsmarmelade, 1919, Ⅶ 87/136 W, © SSB, Repro: Oliver Ziebe. 104: Ⅶ 93/53 x, ©SSB, Repro: Christel Lehmann. 106: Hansa Luftbild G.m.b.H., Ⅳ 98/1 V, ©SSB, Repro: SSB. 107: Leichtathlet Richard Rau, 1924, GE 2005/266 Vfa, ©SSB, Repro: SSB. 108: GEM 92/13, © SSB, Repro: Hans-Joachim Bartsch.109: E. Dörfel, Restaurant Jannowitzbrücke/ Belvedere, GDR 87/69, ©SSB, Repro: SSB. 111: Ⅶ 65/7487, © SSB, Repro: SSB. 112: Ⅶ 59/234 x,© SSB, Repro:Christel Lehmann. 113: 1933, Ⅳ 87/229 Vi, © SSB, Repro:SSB. 114/115: 1938, Ⅳ 60/747 R, © SSB, Repro: SSB. 116: DeutschlandFahrten: Berlin, Königsplatz, 1930er, Ⅳ 91/441 V, © SSB, Repro: SSB. 118:© LAB, 04 A 139704. 119: Otto Winkel, 1935, Inv.-Nr.: Ⅱ 60/215 i, © SSB,Repro: Elsengold. 120: © LAB, F Rep 290 0109476. 122: © LAB, 01 NS68714. 123: GEM 66/12, © SSB, Repro: SSB. 125: © LAB, F Rep 290 (03)0180488. 126: © LAB, F Rep 290 38039. 127: SM 2013-0130, © SSB, Repro: Michael Setzpfandt. 128: SM 2009-0548 VP, © SSB, Repro: SSB. 129:© akg-images, 399893. 130: SM 2011-1391 1-5, © SSB, Repro: SSB. 131:© LAB, 01 WR 77444. 133: © LAB, 019 Rel 77150. 135: Wolfgang Krüger,© LAB, F Rep 290-02-01. 136: © LAB, F Rep 290 0252906. 138: © LAB, F Rep 290 0195128. 139: © akg-images, 1004284. 140/141: © SSB, Repro:SSB. 142: Cecil F. Newman, 1945, SM 2011-1683,004, © SSB, Repro: SSB.143: Cecil F. Newman, 1946, SM 2011-1627, © SSB, Repro: SSB. 144: ©SSB, Repro: Elsengold. 145: Ⅱ 76/6 B, © SSB, Repro: Elsengold. 147: Harry Croner, SM 2013 2060, © SSB, Repro? 148: Cecil F. Newman, 1946, SM 2011-1589, © SSB, Repro: SSB. 149: Cecil F. Newman, 1945, SM 2011-1683,078, © SSB, Repro: SSB. 150: Harry Croner, SM 2013-1414, © SSB,Repro: SSB. 151: 1948, © LAB, 17 Th 277853. 152: Edo Dietrich, um 1949,SK 03/815 VF, © SSB??, Repro: SSB. 153: Jürgen Henschel, um 1948, GE 2006/181 VF, © SSB, Repro: Jürgen Henschel. 154: © LAB, 1 Dem 81763.155: ©

Senatsverwaltung für Stadtentwicklung/ SSB, Repro: Elsengold.157: 1957, © LAB, F Rep 290 0069238. 158: © SSB, Signatur SSB, Repro:Elsengold. 159: © LAB, F Rep 290 54145. 161: Herbert Maschke, SM 2013-2890,25, © SSB, Repro: SSB. 162/163: © LAB, A 240 123 1981. 164: GEM 86/11, © SSB, Repro: SSB. 165: GEM 86/2, © SSB, Repro: SSB. 167: SM 2012-0755, © SSB, Repro: Michael Setzpfandt. 168: Herbert Maschke,1961, SM 2013-2890,135, © SSB, Morlind Tumler/Cornelius Maschke, Repro: Cornelius Maschke. 169: Herbert Maschke, 1961, SM 2013-2890,133,© SSB, Morlind Tumler/Cornelius Maschke, Repro: Cornelius Maschke.171: Herbert Maschke, um 1961, SM 2012-0653, © SSB, Morlind Tumler/Cornelius Maschke, Repro: Cornelius Maschke. 173: um 1970, Ⅳ 80/345V, © SSB, Repro: SSB. 175: Klaus Morgenstern, © akg-images / ddrbildarchiv.de. 176: Gert Schütz, © akg-images. 177: © SSB, Repro: SSB. 178:Jürgen Henschel, 1967, GE 2006/170 VFb, © SSB, Repro: SSB. 179: 1981,SM 2013-8834, © SSB, Repro: SSB. 181: fotolia, © NovoPicsDE. 182/183:AP, © akg-images. 184/185: SM 2013-7056, © BVG, Repro: SSB. 186/187:GE 2002-1,1 QK 4, © SSB, Repro: SSB. 188: fotolia, © Tom Hanisch. 189:Peter Krajewsky, 1989, GE 2008/314 VF, © SSB, Repro: SSB. 190: Erhard Pansegrau, © akg-images, 6608050. 192: fotolia, © Michael Rosskothen.193: GE 2002-1,1 QK2, © SSB, Repro: SSB. 195: © akg-images, 136138.197: 2000, GS 07/2 GM, © SSB, Repro: SSB. 198: fotolia, © Till Beck. 200:GR 07/62 DR, © SSB, Repro: Oliver Ziebe. 201: fotolia, © Stefan Balk.202/203: © Senatsverwaltung für Stadtentwicklung. 204: © Elsengold.206: © Elsengold. 207: fotolia, © ra2 studio. 208/209: fotolia, © Marco 2811.